\みんなの疑問に答える/

つぶやきの
フランス語文法

田中善英 著

白水社

《解説動画》

特に分かりにくいと思われる項目については、動画でも解説しています。

https://www.hakusuisha.co.jp/book/b602603.html

《質問箱》

インターネット上で、本書や『1日5題文法ドリル つぶやきのフランス語』でフランス語を学んでいる皆さまからの質問にお答えします。

https://peing.net/ja/pr_hashibiroko

執筆協力：Team IG（松本卓也＋渡邉修吾）
装丁・本文レイアウト：多田昭彦

まえがきにかえて：フランス語の文法が難しいと“誤解”される理由

　フランス語の文法は難しいと“誤解”されることがよくあります。その理由を考えてみましょう。

　まずは、フランス語を学ぶ日本人の多くが英語を先に学んでいます。中学校で3年間、そして高校で3年間、大学でも英語を学ぶ人は多いでしょう。中学校3年間＋高校3年間で学んだことで、ある程度（失礼！）英語ができるようになり、英語に慣れ親しめるようになります。その後、大学でフランス語を学ぶ際には、英語の発音や文法が基準となります。フランス語を始めてみると、「名詞には文法上の性がある」、「動詞は主語によって形が変わる＝活用する」など、英語に比べて複雑で覚えることが多い印象を持ちます。しかし、発音に関しては、英語に比べるとフランス語のつづり字と発音の関係は単純なので、実際にはそうとは限らないかもしれません。

　フランス語を学び始めてからある程度経ったところで、冠詞や時制が難しいと思う人が増えてきます。その理由は、関係代名詞 qui, que の使い分けなどと比べて、白黒付かないことが多いからです。多くの場合、白黒には分けられず、グレーゾーンは広いのですが、実は、これは英語も同じです。中学校や高校で、「こういう時は定冠詞（the）を使います」などと習ったかもしれませんが、「こういう時」に、英語のネイティブが全員 the を使うとは限りません。

　フランス語も英語も人が使うものです。十人十色、いろいろな人がいるということは、いろいろなフランス語があるのです。

　まずは、男性名詞の前では女性形の定冠詞 la ではなく男性形の定冠詞 le を用いる、のように、白黒はっきりしているところをおさえておきましょう。白黒はっきりするところが理解できてきたら、グレーゾーンを楽しんでください。「あ、この人はこういうときにこの形を使うんだ」のような感想を持てるようになってきたら、それは上級者の証です。

　フランス語も生きていることばであるということを味わいながら、フランス語の勉強を楽しめるようになっていただけることを願っています。

　そして、よろしければ、本書の姉妹書『1日5題文法ドリル　つぶやきのフランス語』もお手にとってみてください。

　2022 年 春

著　者

本書の執筆・編集方針

　この本は、著者が本書執筆時点までに入手・閲覧することができた、主に日本人大学生向けに編集されているフランス語の文法の教科書（下記一覧参照）を分析し、そのすべて、あるいはそのほとんどで扱われていた項目について網羅しています。そしてさらに「もう少し詳しく説明すると ...」といった点、あるいは「ちなみにこれはね ....」といった点を解説しましたので、大学生の方であれば、大学の授業で習ったことプラス α の知識が得られるよう配慮しました。

参考にさせていただいた教科書：

白水社刊：『マ・グラメール（三訂版）』『《新版》ル・フランセ』『フランス文法 —かたちとしくみ—』『新初等フランス語教本＜文法編＞（五訂版）』、早美出版社刊：『システマティックフランス語文法』『明快フランス語文法』、第三書房刊：『フランス語初級 文のかたち』、朝日出版社刊：『新・フランス語文法 三訂版』『フランス文法要説（第 3 版）』『レヴォリューション I』『レヴォリューション II』

本書の活用法

　この本は、フランス語を学び始めて少し経ったくらいの方に向けて執筆しています。最初のページから順に読み進めていただいても構いませんが、目次や巻末の索引などを活用して、日々のフランス語学習において気になった点、復習したい点などを調べることを念頭に置いています。まえがきにも書きましたが、本書には姉妹書『1 日 5 題文法ドリル　つぶやきのフランス語』があります。関連する問題がある場合には〔➡ ドリル p.14〕のように示していますので、よろしければそちらもご覧ください。

本書で用いられている記号など

A ： 　Attribut 属詞／属辞（ p.189 **§ 28. ❹**）

CC ： 　Complément Circonstanciel 状況補語（ p.190 **§ 28. ❺**）

COD ： 　Complément d'Objet Direct 直接目的語（ p.187 **§ 28. ❷**）

COI ： 　Complément d'Objet Indirect 間接目的語（ p.188 **§ 28. ❸**）

*h*ibou ： 有音の h（ p.16 **§ 0. ❼**）

inf. ： 　Infinitif 不定詞・不定法（ p.168 **§ 25. ❸**）

[m] ： 　nom Masculin 男性名詞（ p.19 **§ 1. ❶**）

[f] ： 　nom Féminin 女性名詞（ p.19 **§ 1. ❶**）

[pl] ： 　Pluriel 複数形

S ： 　Sujet 主語（ p.186 **§ 28. ❶**）

V ： 　Verbe 動詞（ p.186 **§ 28. ❶**）

* ： 　文法的に誤りの文（文頭に付加）

?? ： 　文法的には正しいが意味的におかしい文

目　次

5

§0. 発音とつづり字

❶ アルファベ

フランス語の表記には、次の 26 文字を使います。これをアルファベと言います。

A a [ɑ]	B b [be]	C c [se]	D d [de]	E e [ə]	F f [ɛf]	G g [ʒe]
H h [aʃ]	I i [i]	J j [ʒi]	K k [kɑ]	L l [ɛl]	M m [ɛm]	N n [ɛn]
O o [o]	P p [pe]	Q q [ky]	R r [ɛr]	S s [ɛs]	T t [te]	U u [y]
V v [ve]	W w [dubləve]		X x [iks]	Y y [igrɛk]	Z z [zɛd]	

　このうち、a, e, i, o, u, y は一般に母音を表す「母音字」で、これ以外は子音を表す「子音字」と言います。26 文字のうち、k と w は、外来語とその派生語にしか用いません。フランス語には 26 文字＝ 26 音しかないわけではありません。26 文字を補うつづり字記号（❾）や、複数の文字を組み合わせて 1 つの音を表す「複母音字」、「複子音字」などがあります。発音されない文字も少なくないので、フランス語のつづり字は難しいという印象を持たれるかもしれませんが、法則性を理解すれば初めて見る単語でもほぼすべて正しく発音できるようになります。

　フランス語の発音には、日本語にはないものもあります。しかし、フランス人と日本人とで、口や口の中の作りが大きく異なることはありません。フランス語の発音ができないのは、その音を出すための筋肉などの使い方を理解できていない、慣れていないからです。理論的には、練習すれば発音できない音などないのです。

❶ 母音

　日本語の母音は 5 種類ですが、フランス語には 16 種類の母音があります。ただし、区別が曖昧になっているものもあり、16 種類の区別をしていない人もいます。この 16 の母音は、口からしか息が出ない「口腔母音」と、鼻からも息が出る（「鼻から抜ける音」などと言うことも）「鼻母音」とに分けられます。おそらく "フランス語らしい発音" と思われている音の 1 つが鼻母音ではないでしょうか。この母音とは別に、「半母音（半子音）」が 3 種類あります。

❷ 子音

　フランス語の子音は 17 種類あります。特に、日本人学習者が悩むのが rare [rɑːr] などに含まれている [r] の音でしょう。水を口に含まずにうがいをするようにして練習する、などと言うこともありますが、一朝一夕で出せるようになるものではありません。母音も含めて、ネイティブの発音を何度も聞きながら練習してみましょう。

 ❸ 発音とスペル（つづり字）の関係

　母音を表す文字を「母音字」と言いますが、英語と異なり、1 つの母音字が表す母音は 1 つです。例えば、-i- を「アイ」（＝ 2 音）などと読むことはありません。逆に、複数の母音字が 1 つの母音を表すことがあり（「複母音字」と言います）、例えば「水」を意味する eau は、3 つの母音字で [o] という 1 つの音を表します。この音はこのスペルで表される、という典型例を示していきます。

🍓**母音**

[i]：i, î, ï, y

　idolâtrie [i-dɔ-lɑ-tri]「偶像崇拝」　huître [ɥitr]「牡蠣」　maïsiculture[◎] [ma-i-si-kyl-tyːr]「トウモロコシ栽培」　crypte [kript]「地下納骨堂」

　　　[◎] maïsiculture：maïs「トウモロコシ」+ culture「栽培」

[e]：é, e

　égrapper[◎] [e-gra-pe]「葡萄の粒を房から摘む」　volatilité [vɔ-la-ti-li-te]「揮発性」

　protège-nez[◎] [prɔ-tɛʒ-ne]「（ゴーグルの）鼻当て」　trépied[◎] [tre-pje]「三脚台」

　　　[◎] égrapper：é「抽出・離脱」+ grappe「房」+ -er（動詞を作る）
　　　[◎] protège-nez：protéger「守る」+ nez「鼻」。日焼け防止のためスキーのゴーグルなどに付けるもの。
　　　[◎] trépied：tri-/tré「3」+ pied「足」

[ɛ]：e, ê, ë, è, ai, aî, ei

　fennec [fe-nɛk]「フェネックキツネ」　espiègle [ɛs-pjɛgl]「やんちゃな」　bien-être [bjɛ̃-nɛtr]「満足感」　Noël [nɔ-ɛl]「クリスマス」　fainéantise [fɛ-ne-ã-tiːz]「怠惰」　veine [vɛn]「静脈」

[a]：a, à

　bactériologie [bak-te-rjɔ-lɔ-ʒi]「細菌学」　tapioca [ta-pjɔ-ka]「タピオカ」　à [a]（前置詞）

[ɑ]：â, as

　mât [mɑ]「（船の）マスト」　las [lɑ]「疲れた」

> 辞書などでは [a] と [ɑ] が区別されているけれど、この 2 種類を区別しないネイティブも多いので、区別する必要はないよ。

9

[o] : o, ô, au, eau

pot [po]「つぼ」 côte [ko:t]「あばら骨」 landau[◎] [lɑ̃-do]「（フード付きの）ベビーカー」

vipereau [vi-pro]「マムシ」 　　　　　　　　　[◎] landau : ドイツの町の名前 Landau から。

[ɔ] : o

sol-air [sɔ-lɛ:r]「地対空の」 gorge [gɔrʒ]「のど」 doter [dɔ-te]「お金を持たせる」

[u] : ou, où, oû

couver [ku-ve]「卵を抱く」 oubli [u-bli]「忘却」 où [u]「どこ？」 goût [gu]「味」

[y] : u, û

puce [pys]「ノミ」 ruse [ry:z]「策略」 affût [a-fy]「待ち伏せ」

[ø] : eu, œu

émeu [e-mø]「（鳥）エミュー」 pneu [pnø]「タイヤ」 jeudi [ʒø-di]「木曜日」 vœu [vø]「願い」

[œ] : eu, œu

brûleur[◎] [bry-lœ:r]「バーナー」 apeurer[◎] [a-pœ-re]「おびえさせる」 œuf [œf]「卵」

　　　　　　　　　　[◎] brûleur : brûler「燃やす」+ -eur「〜する人（もの）」

　　　　　　　　　　[◎] apeurer : à + peur「恐怖」+ -er（動詞を作る）

[ə] : e

fermeté [fɛr-mə-te]「意思の固さ」 propreté [prɔ-prə-te]「清潔さ」

🍓 半母音（半子音）

[j] : i, -il, -ill-

diable [djɑ:bl]「悪魔」 vivier [vi-vje]「養魚池」 télétravail[◎] [te-le-tra-vaj]「在宅勤務」

antiquaille [ɑ̃-ti-kaj]「がらくた」 　　　　[◎] télétravail : télé-「遠く離れた」+ travail「仕事」

[ɥ] : u

ruade [rɥad]「馬が後脚で蹴ること」 acuité [a-kɥi-te]「五感の感度」

[w] : ou

relouer [rə-lwe]「再び貸す」 oui [wi]「はい」

[wa] : oi, oî

anchois [ɑ̃-ʃwa]「アンチョビ」 surchoix[◎][syr-ʃwa]「極上の」 benoît [bə-nwa]「善人面した」

　　　　　　　　　　[◎] surchoix : sur-「上の、〜を超えた」+ choix「選択」

🍓 鼻母音

[ɛ̃] : in, ain, ein, im, aim, eim

aigrefin [ɛ-grə-fɛ̃]「詐欺師」　complainte [kɔ̃-plɛ̃:t]「哀歌」

chanfrein [ʃɑ̃-frɛ̃]「馬の額から鼻先までの前額部」　grimpe [grɛ̃:p]「フリークライミング」

essaim [e-sɛ̃]「ミツバチの群れ」　Reims [rɛ̃:s]「ランス（マルヌ県の都市）」

[œ̃] : un, um

alun [a-lœ̃]「ミョウバン」　embrun [ɑ̃-brœ̃]「波しぶき」　humble [œ̃:bl]「謙虚な」

> [ɛ̃] と [œ̃] も辞書などでは区別されているけど、現在では、[œ̃] の代わりに [ɛ̃] で発音するのが普通。これで、フランス語の鼻母音は実質3種類に区別すればよいことになるね。

[ɑ̃] : an, en, am, em

abandon [a-bɑ̃-dɔ̃]「放棄」　indigent [ɛ̃-di-ʒɑ̃]「貧弱な」　amphibie [ɑ̃-fi-bi]「水陸両用の」

empêtré [ɑ̃-pɛ-tre]「身動きが取れなくなった」

[ɔ̃] : on, om

caméléon [ka-me-le-ɔ̃]「カメレオン」　jonc [ʒɔ̃]「イグサ」　plongeoir [plɔ̃-ʒwa:r]「飛び込み台」

gombo [gɔ̃-bo]「オクラ」　thrombose [trɔ̃-bo:z]「血栓症」

> mm, nn と文字が重なる時には、鼻母音にならないよ。
> ammonite [a-mɔ-nit]「アンモナイト」, surhomme [sy-rɔm]「超人」, gazonner [ga-zɔ-ne]「芝を植える」, mitonner [mi-tɔ-ne]「とろ火で煮る」

🍓 子音

[p] : p, b の後に s / t が来るとき

paléographe[◎] [pa-le-ɔ-graf]「古文書学者」　pochoir [pɔ-ʃwa:r]「ステンシル（型板）」

abscisse [ap-sis]「横座標」　subtropical[◎] [syp-trɔ-pi-kal]「亜熱帯の」

　　　　　[◎] paléographe : palé[o]-「古、旧」+ -graphe「書かれたもの、書く人」

　　　　　[◎] subtropical : sub-「下、〜に準じる、〜に従属した」+ tropical「熱帯の」。「亜熱帯」とは「熱帯」に次いで気温の高い地域のこと。

[b] : b

babélisme[◎] [ba-be-lism]「難解な語や専門用語の乱用」　alibi [a-li-bi]「アリバイ」

vulnérabilité [vyl-ne-ra-bi-li-te]「脆弱性」　　[◎] babélisme : Babel「バベルの塔」+ -isme「〜主義」

[t] : **t, th**

taupinière[◎] [to-pi-njɛːr]「モグラの巣穴」 tuber[◎] [ty-be]「配管する」

théisme[◎] [te-ism]「有神論」

[◎] taupinière : taupe「モグラ」+ -ier/-ière「場所」

[◎] tuber : tube「管」+ -er（動詞を作る）

[◎] théisme : théo-「神」+ -isme「～主義」

[d] : **d**

dédaigner [de-dɛ-ɲe]「軽蔑する」 double-clic [du-blə-klik]「ダブルクリック」

idiotie [i-djɔ-si]「愚かさ」

[k] : **c** の後に **a / o / u** が来るとき、**k, qu**

câblerie[◎] [kɑ-blə-ri]「ロープ製造／販売業」 coaguler [kɔ-a-gy-le]「凝固させる」 cuirasser [kɥi-ra-se]「よろいを着せる」 trac [trak]「緊張であがること」 kilométrage[◎] [ki-lɔ-me-traːʒ]「走行距離」 quadrillage[◎] [ka-dri-jaːʒ]「方眼」 quolibet [kɔ-li-bɛ]「冷やかし」

[◎] câblerie : câble「ロープ」+ -erie「店」

[◎] kilométrage : kilo-「1000」+ métrer「メートルで測る」+ -age（行為を表す）

[◎] quadrillage : quadriller「碁盤目状に線を引く」+ -age（行為を表す）

[g] : **g** の後に **a / o** が来るとき、語末の **gu** のあとに **e / i** が来るとき、語末の **gu**

gabier [ga-bje]「甲板員」 gousse [gus]「豆のさや」 urologue [y-rɔ-lɔg]「泌尿器科医」 guêpe [gɛp]「スズメバチ」 guindé [gɛ̃-de]「もったいぶった」 aigu [ɛ-gy]「とがった」

[f] : **f, ph**

fauve [foːv]「野獣」 fève [fɛːv]「ソラマメ」 futilité[◎] [fy-ti-li-te]「くだらなさ」 phéromone [fe-rɔ-mɔn]「フェロモン」

[◎] futilité : futile「くだらない」+ -té（性質を表す）

[v] : **v, w**

vacherie[◎] [vaʃ-ri]「牛小屋」 veiné [vɛ-ne]「静脈の浮き出た」 fumivore[◎] [fy-mi-vɔːr]「煙を吸収する」 wagon-citerne [va-gɔ̃-si-tɛrn]「タンク車」

[◎] vacherie : vache「牛」+ -rie「場所」

[◎] fumivore : fumi-「煙」+ vore「～を食う・吸収するもの」

[s] : **s, ss, c** の後に **e / i / y** が来るとき、**ç**

sapajou [sa-pa-ʒu]「オマキザル」 silex [si-lɛks]「火打ち石」 vissage[◎] [vi-saːʒ]「ネジで締めること」 cèdre [sɛdr]「ヒマラヤスギ」 citronnade[◎] [si-trɔ-nad]「レモネード」 cynique [si-nik]「反世間的な」 caleçon [kal-sɔ̃]「トランクス」 trop-perçu [trɔ-pɛr-sy]「税の過重徴収」

[◎] vissage : visser「ネジを締める」+ -age（行為を表す）

[◎] citronnade : citron「レモン」+ -ade（製品を表す）

[z] : 母音字に挟まれた **s, z**

arobase (arrobase) [a-ɾɔ-bɑːz]「アットマーク（@）」　poison [pwa-zɔ̃]「毒」

zébrer[◎] [ze-bre]「しま模様にする」　　[◎] zébrer : zèbre「シマウマ」+ er（動詞を作る）

poison「毒」は [pwa-zɔ̃] と発音するのに対して、poisson「魚」を [pwa-sɔ̃] と発音することに注意してね。s が 1 つか 2 つかで変わるよ。

[ʃ] : **ch**

chahuter [ʃa-y-te]「大騒ぎする」　tricherie [triʃ-ri]「いかさま」　échoppe [e-ʃɔp]「露店」

ただし、ch の次に子音が来る時には [k] と発音するよ。例えば、christianisme [kris-tja-nism]「キリスト教」、chromage [kro-maːʒ]「クロムめっき」、chronologie [krɔ-nɔ-lɔ-ʒi]「年譜」、chrysanthème [kri-zã-tɛm]「菊」、biotechnologie [bjo-tɛk-nɔ-lɔ-ʒi]「バイオテクノロジー」などね。

[ʒ] : **j, g** の後に **e / i / y**

jachère [ʒa-ʃɛːr]「休耕」　gélatine [ʒe-la-tin]「ゼラチン」　verger [vɛr-ʒe]「果樹園」

bagagiste [ba-ga-ʒist]「ポーター」　gyrophare[◎] [ʒi-rɔ-faːr]「（緊急車両の）回転警告灯」

[◎] gyrophare : gyr[o]-「回る」+ phare「灯台」

[l] : **l**

apologie [a-pɔ-lɔ-ʒi]「弁明」　lacérer [la-se-re]「ずたずたに引き裂く」

paranormal[◎] [pa-ra-nɔr-mal]「超常的な」　[◎] paranormal : para-「外れた、超えた」+ normal「正常な」

[r] : **r**

ragondin [ra-gɔ̃-dɛ̃]「ヌートリア（南米原産のネズミの仲間）」　rural [ry-ral]「農村の」

oursin [ur-sɛ̃] ウニ

[m] : **m**

mâchonner [mɑ-ʃɔ-ne]「もぐもぐ噛む」　mijaurée [mi-ʒo-re]「気取った女」

amerrir[◎] [a-mɛ-riːr]「着水する」　muscat [mys-ka]「マスカット」

[◎] amerrir : à + mer「海」+ ir（動詞を作る。現代では、新しい動詞を作る場合には -er を使うのが普通）

[n] : **n**

s'agenouiller [saʒ-nu-je]「ひざまづく」　penaud [pə-no]「呆然とした」

ballonner [ba-lɔ-ne]「ふくらませる」

[ɲ] : **gn**

cigogne [si-gɔɲ]「コウノトリ」　magnanerie[◎] [ma-ɲan-ri]「養蚕場」

peignoir [pɛ-ɲwaːr]「バスローブ」　　[◎] magnanerie : magnan「蚕」+ -rie「場所」

❹ リエゾン

「リエゾン」とは、もともとは発音しない語末の子音字の後に、母音または無音のh（❼）で始まる語が続く時、発音しなかった子音字が発音されるようになる現象です。例えば、定冠詞の複数形は les で、「家」を表す maison の複数形 maisons の前に付けた場合（les maisons）、les の s は発音しませんが、「友だち」を表す ami の複数形 amis の前では、les amis となり、この s は [z] と発音されます（🦆 [z] の発音）。リエゾンは、「フランス語らしい発音」に関する現象かもしれませんが、（1）必ずリエゾンする場合、（2）絶対にリエゾンしない場合以外に、（3）リエゾンしてもしなくてもよい場合 の3つがあり、（3）については大きな個人差があります。まずは、（1）と（2）の場合をおさえるとよいでしょう。

🦆 必ずリエゾンする場合

● 冠詞＋名詞

(1) **un arbre**「木」〔不定冠詞＋名詞〕

(2) **les écoles**「学校」〔定冠詞＋名詞〕

● 形容詞＋名詞

(3) **ces enfants**「これらの子どもたち」〔指示形容詞＋名詞〕

(4) **mon ardillon**「私の留め金」〔所有形容詞＋名詞〕

(5) **petit objet**「小さなもの」〔品質形容詞＋名詞〕

● 副詞＋形容詞

(6) **très impressionnant**「とても印象的な」〔副詞＋品質形容詞〕

● 前置詞＋冠詞／名詞／代名詞

(7) **dans un instant**「ちょっとしたら」〔前置詞＋不定冠詞＋名詞〕

(8) **sans argent**「お金なしで」〔前置詞＋名詞〕

(9) **chez elle**「彼女の家で」〔前置詞＋人称代名詞（強勢形）〕

● 主語人称代名詞＋動詞／助動詞

(10) **ils achètent**「彼らは買う」〔主語人称代名詞＋動詞〕

(11) **vous avez compris**「あなたは理解した」〔主語人称代名詞＋助動詞〕

(12) **vous êtes arrivés**「あなた方は到着した」〔主語人称代名詞＋助動詞〕

● 主語人称代名詞＋中性代名詞 y / en

(13) **Elles y vont.**「彼女たちはそこへ行く」〔主語人称代名詞＋中性代名詞 y〕

(14) **Nous en mangeons.**「私たちはそれを食べる」〔主語人称代名詞＋中性代名詞 en〕

ここでは「それを」と訳しているけれど、これは誤解を招く訳し方かもしれない。
詳しくは、 p.76 §10. ❸ 中性代名詞 en を見てね。

● **補語人称代名詞／中性代名詞 en ＋動詞／助動詞**

(15) **Elle les achète.**「彼女はそれらを買う」〔直接目的の人称代名詞＋動詞〕

(16) **Il les a achetés.**「彼はそれらを買った」〔直接目的の人称代名詞＋助動詞〕

(17) **Elle en a.**「彼女はそれを持っている」〔中性代名詞 en ＋動詞〕

(18) **Il en a acheté.**「彼はそれを買った」〔中性代名詞 en ＋助動詞〕

● **肯定命令形の動詞（＋補語人称代名詞）＋中性代名詞 y / en**

(19) **Allez-y!**「そこへ行ってください」〔肯定命令形＋中性代名詞 y〕

(20) **Mangez-en**「それを食べてください」〔肯定命令形＋中性代名詞 en〕

(21) **Donnez-nous-en**「それを私たちにください」

　　〔肯定命令形＋間接目的の人称代名詞 nous ＋中性代名詞 en〕

● **動詞 être の 3 人称の活用形＋属詞／状況補語／過去分詞**

(22) **Michiko et Yui sont aimables.**「倫子と優衣は愛想が良い」〔être ＋属詞〕

(23) **Masahiro est à Itabashi.**「昌大は板橋にいる」〔être ＋状況補語〕

(24) **Takahiko est arrivé à Ikebukuro.**「高彦は池袋に到着した」〔助動詞 être ＋過去分詞〕

義務と言われながらも、リエゾンしない人もいるよ。

● **quand / dont ＋後続の語**

(25) **quand elle est ivre**「彼女が酔っている時には」

(26) **la chanteuse dont on parle**「話題の歌手」

quand と grand が次の語とリエゾンする時には、語末の d を [t] と読んでリエゾンするよ。
これは、quand と grand が一時期、grant、quant のように書かれて、語末で [t] が発音さ
れていたことの名残だよ。

🐦 絶対にリエゾンしない場合

● **主語名詞＋動詞／助動詞**

(27) **Les Japonais | aiment le riz.**「日本人はお米が好きだ」〔主語名詞＋動詞〕

(28) **Yves | a dormi.**「イヴは眠った」〔主語名詞＋助動詞〕

(29) **Bertrand | est arrivé à Nantes.**「ベルトランはナントに到着した」〔主語名詞＋助動詞〕

● 単数形の名詞＋形容詞

(30) **un enfant | intelligent**「頭のいい子ども」〔名詞＋形容詞〕

● et の後

(31) **du lait à la fraise et | un bec-en-sabot**「イチゴ牛乳とハシビロコウ」

 ❺ エリズィオン（母音字省略）

ce, de, je, jusque, la, le, lorsque, me, ne, puisque, que, quoique, se, te の後に母音または無音の h（❼）で始まる語が続く時、si の後に il か ils が続く時、それぞれの最後の母音字を省略し、アポストロフを打ってつなぐことを「エリズィオン」と言います。ここであげた語でのみこの現象が起こります。

(32) **Je ai un hippopotame.**

　➡ **J'ai un hippopotame.**「私はカバを飼っています」〔エリズィオンする〕

(33) **Tu as un hippopotame ?**「君はカバを飼ってるの？」〔エリズィオンしない〕

(34) **Elle a un hippopotame ?**「彼女はカバを飼ってるの？」〔エリズィオンしない〕

(35) **Si il a un hippopotame ...**

　➡ **S'il a un hippopotame ...**「もし彼がカバを飼っていたら…」〔エリズィオンする〕

(36) **Si elle a un hippopotame ...**「もし彼女がカバを飼っていたら…」〔エリズィオンしない〕

 ❻ アンシェヌマン

後続の語が母音または無音の h（❼）で始まる時、語末の子音を後続の母音とつなげて発音することを「アンシェヌマン」と言います。例えば、une は [yn]、école [e-kɔl] ですが、une école は [y-ne-kɔl] と発音します。同様に、une heure は [y-nœr] になります。

 ❼ 無音の h と有音の h

フランス語の h の文字は常に発音しませんが、語頭の h には、「無音の h」と「有音の h」の 2 種類があります。無音の h の場合、その h を発音しないのはもちろん、そこには h の文字がないのと同じように扱います。例えば、動詞 habiter の h は無音の h です。事実上、abiter と同じように扱われ、「私」を意味する主語の代名詞 je を付けると、× je habite ではなく、j'habite となります（je の e と abiter の a が連続するのを避けるため）。本書では、有音の h をイタリック体で表し

ています（*h*ache など。無音の h の場合には hôtel のように通常の書体）。辞書などでは、有音の
h で始まる語に † などの記号が付いていることが多いです。

🐦 無音の h の場合：発音せず、文字もないものとして扱う

(37) × **le hôtel** ➡ ○ **l'hôtel**「ホテル」〔エリズィオンする〕

(38) **Elle_s habitent à Vienne.**「彼女たちはウィーンに住んでいる」〔リエゾンする〕

(39) **il hésite [il][ezit]** ➡ **[i-le-zi-t]**「彼は躊躇している」〔アンシェヌマンする〕

🐦 有音の h の場合：発音しないが、そこに文字はあるものとして扱う

(40) × **l'*h*areng** ➡ ○ **le *h*areng**「ニシン」〔エリズィオンしない〕

(41) **Elles | *h*aïssent le professeur.**「彼女たちは先生を嫌っている」〔リエゾンしない〕

(42) **il *h*ennit [il | e-ni]**「彼は馬のように鳴く」〔アンシェヌマンしない〕

 ❽ 音節

「音節」というのは音のまとまりのことです。音節の分け方は、おおよそ以下の通りです。

- 母音字に挟まれている子音字は、後の音節に入れます。

  Pa|ris [pa-ri]「パリ」　a|mibe [a-mib]「アメーバ」

- 連続する子音字は、その間で音節を分けます。

  es|sart [e-sa:r]「開墾地」　cor|vée [kɔr-ve]「つらい仕事」　pin|cer [pɛ̃-se]「つまむ」

- ただし、ch, ph, rh, th, gn の間と、子音字＋l または r の間では原則として音節を分けません。

  cher|cher [ʃɛr-ʃe]「探す」　al|pha|bé|tique [al-fa-be-tik]「アルファベット順の」
  rho|do|den|dron [rɔ-dɔ-dã-drɔ̃]「シャクナゲ（石楠花）」　o|to|-rhi|no|-la|ryn|go|lo|gie
  [ɔ-tɔ-ri-nɔ-la-rɛ̃-gɔ-lɔ-ʒi]「耳鼻咽喉科」　té|lé|pa|thie [te-le-pa-ti]「テレパシー」
  ré |pu|gnant [re-py-ɲã]「不快な」　mi|gnard [mi-ɲa:r]「気取った」　cla|quoir [kla-kwa:r]
  「かちんこ」　ven|tru [vã-try]「腹の出た」　sa|bler [sɑ-ble]「砂をまく」　a|cro|pho|bie[◎]
  [a-krɔ-fɔ-bi]「高所恐怖症」　bre|bis [brə-bi]「雌羊」　ex|cen|trer[◎] [ɛk-sã-tre]「中心をずらす」

  > [◎] acrophobie : acro-「先端、高所」＋ phobie「恐怖症」
  > [◎] excentrer : ex-「外へ」＋ centre「中心」＋ er（動詞を作る）

- 連続する母音字の間では音節を分けます。

  a|é|ro|graphe [a-e-rɔ-graf]「エアブラシ」　zo|o|phile[◎] [zɔ-ɔ-fil]「動物愛護の」

  > [◎] zoophile : zo(o)-「生物・動物」＋ -phile「〜を愛する」

ただし、ai [ɛ], eau [o] のように、複数の母音字で１つの母音を表す複母音字は分けません（🐦❸）。

● i / u / ou ＋母音字は半母音を表すので、音節を分けません。

　　dia|blo|tin [djɑ-blɔ-tɛ̃]「小悪魔」　bis|cuit© [bis-kɥi]「ビスケット」　a|ca|cia [a-ka-sja]「ア
　　カシア」　oua|ter [wa-te]「綿をつめる」　a|ma|douer [a-ma-dwe]「〜の機嫌をとる」
　　　　　　　　　© biscuit : bis-「2」＋ cuit「焼かれた」。もともとは「二度焼いた」もの。

　　母音で終わる音節を「開音節」、子音で終わる音節を「閉音節」と言いますが、フランス語で
は開音節（つまり音節の最後が母音で終わる）が基本です。

 ❾ つづり字記号

　　つづり字の一部を成す記号で、原則として省略できません。ただし、3つのアクサンとトレマ
は大文字の上では省略可能です（Être でも Etre でもよい）。

🐦 アクサン・テギュ accent aigu (é)

　　e の上にのみ付き、[e] の音を表すのが普通ですが、このアクサンなしでも [e] の音を表すこと
はあります。

　　écale [e-kal]「（クルミなどの）殻」　pied [pje]「足」

🐦 アクサン・グラーヴ accent grave （à, è, ù）

　　a, e, u の上にのみ付きますが、à, ù はアクサンを付けても付けなくても音は変わらず、同音異
義語の区別のために使われます。

　　fève [fɛːv]「ソラマメ」　à（前置詞）/ a（avoir の活用形）
　　où（関係代名詞・疑問代名詞）/ ou（接続詞）　là（副詞）/ la（定冠詞・人称代名詞）

🐦 アクサン・スィルコンフレックス （â, ê, î, ô, û）

　　â, ê, ô はアクサンの有無によって発音が変わることもありますが、同音異義語の区別をするた
めにも用いられます。

　　gêner [ʒɛ-ne]「邪魔する」　pôle [pol]「極地」　dû（devoir の過去分詞）/ du（部分冠詞）
　　sûr「確かな」/ sur（前置詞）

🐦 トレマ （ë, ï, ü）

　　トレマが付いた ë, ï, ü は、直前の母音字と区切って発音します。

　　maïs [ma-is]「トウモロコシ」　mais [mɛ]（逆接の接続詞）

🐦 セディーユ （ç）

　　セディーユが付くと、c を [s] で発音します。

　　ça [sa]（指示代名詞）　cacao [ka-ka-o]「カカオ豆」

§1. 名詞

　フランス語の名詞には文法上の性の区別があり、男性名詞と女性名詞があります。名詞を覚える時には、（1）スペル、（2）発音、（3）意味に加えて、その名詞の（4）性を覚える必要があります。例えば、「斜辺」という日本語に相当するフランス語の名詞を覚えるには、（1）hypoténuse、（2）[i-pɔ-te-ny:z]、（3）「斜辺」、（4）女性名詞 をひと組みにして覚えなければなりません。ただし、（2）発音に関しては、§0. で述べたように、フランス語のスペルと発音の関係は比較的規則的ですので、基礎が分かればわざわざ覚えなくてもよいようになります。

❶ 名詞の性

　人や動物を表す名詞には、生物学上の性と同じ文法性を持つものもありますが、生物ではないもの、抽象的な概念を表す名詞にも性があります。家畜として飼育されるような人間と親しい関係にある動物の場合、例えば「雄牛」は bœuf（男性名詞）、「雌牛」は vache（女性名詞）ですが、「象」は éléphant（男性名詞）など、人間との関係がそれほど近くないものについては、オス・メスの区別がないものもあります。名詞の性は、「マットレス」matelas（男性名詞）、「空調」climatisation（女性名詞）、「悲しみ」chagrin（男性名詞）、「憎しみ」*h*aine（女性名詞）のようにそれぞれ決まっていて、辞書を見れば男性名詞 [n.m.][m]、女性名詞 [n.f.][f] のように書かれています。

> いくつかの分野の名詞は性が決まっていることもあるよ。例えば、(1) 木の名前（cerisier [m] 桜の木、sapin [m] もみの木 など）、(2) 言語の名前（français [m] フランス語、italien [m] イタリア語 など）、(3) 月の名前（janvier [m] 1月、août [m] 8月 など）、(4) 曜日の名前（lundi [m] 月曜日、jeudi [m] 木曜日 など）は男性名詞なんだ。

🍓 語尾による名詞の性の識別
　男性名詞あるいは女性名詞特有の語尾がいくつかあります。それぞれごくわずかの例外もありますが、覚えておいて損はないかもしれません。

- **男性名詞に多い語尾**
  - **-age**：affinage「精錬」　copiage「カンニング」　épouillage「シラミとり」　など
  - **-eau**：anneau「輪」　moineau「スズメ」　naseau「馬の鼻孔」　など
  - **-ement**：dénigrement「中傷」　miaulement「ネコの鳴き声」　pavement「舗装」　など

-et：adret「山の南側斜面」 duvet「鳥の綿毛」 muguet「スズラン」 など

-ier：amandier「アーモンドの木」 fumier「堆肥」 levier「レバー」 など

-isme：bouddhisme「仏教」 clientélisme「ばらまき政策」 simplisme「単純化傾向」 など

-oir：abreuvoir「家畜の水飲み場」 désespoir「絶望」 mouchoir「ハンカチ」 など

● **女性名詞に多い語尾**

-aison：couvaison「鳥の抱卵」 terminaison「語尾」 など

-ance：contenance「容量」 incroyance「無信仰」 mouvance「支配圏」 など

-elle：chamelle「雌ラクダ」 poubelle◎「ゴミ箱」 semelle「靴底」 など

-ence：adhérence「密着」 impudence「厚かましさ」 virulence「とげとげしさ」 など

-esse：allégresse「歓喜」 grossesse「妊娠」 tigresse「嫉妬深い女性」 など

-ette：amourette「浮気」 chouette◎「フクロウ」 pommette◎「ほお骨」 など

-sion：allusion「暗示」 érosion「浸食」 répulsion「反感」 など

-té：acidité「酸味」 complicité「共犯」 iniquité「不公平」 など

-tion：adoration「熱愛」 désinfection「消毒」 obtention「取得」 など

-ude：habitude「習慣」 lassitude「無気力」 platitude「単調さ」 など

　　　◎ poubelle：ゴミ箱の設置を義務づけた当時セーヌ県の知事だった Poubelle 知事の名から。パリの公衆衛生の発展に大きく寄与しました。

　　　◎ chouette：「フクロウ」から「かわいい」という意味の形容詞が生まれました。これには諸説ありますが、フクロウが毛繕いが好きであること、ヒナをかわいがることなどがきっかけで、「フクロウ」を意味する名詞が「かわいい」を意味する形容詞としても使われるようになったという説があります。

　　　◎ pommette：pomme「リンゴ」+ -ette「〜に似たもの」

〔**チェック問題**〕

次の名詞の性を予想で答えてください。

□ 1. ficelle「ひも」　➡ _____　　□ 4. verticalité「垂直」　➡ _____

□ 2. étendoir「物干しロープ」➡ _____　　□ 5. complétude「完全性」➡ _____

□ 3. palier「階段の踊り場」　➡ _____

〔チェック問題 解答〕
□ 1. 女性名詞 (-elle) □ 2. 男性名詞 (-oir) □ 3. 男性名詞 (-ier) □ 4. 女性名詞 (-té)
□ 5. 女性名詞 (-ude)

❷ 名詞の種類

文法上の性による区別以外にも、名詞の分類ができます。

🌱 形による分類

- **単一名詞**：cheville「くるぶし」、trahison「裏切り」、brocoli「ブロッコリー」など1語のもの
- **合成名詞**：bec-en-sabot「ハシビロコウ」、eau-de-vie「ブランデー」などのように2語以上を組み合わせてできている名詞

🌱 意味による分類

- **固有名詞**：Albert Camus「アルベール・カミュ（フランスの作家）」、Madagascar「マダガスカル（アフリカ大陸南東にある島国）」などのように、人名、地名、団体名など、同じ種類のものから1つを区別するために付けられた名前を表す名詞。
- **普通名詞**：rasoir「カミソリ」、cochon「ブタ」、télécommande「リモコン」のように、同じ種類のものに共通した呼び方があるものの名前、一般的なものの名前を表す名詞。
- **物質名詞**：eau「水」、ciel「空」、zinc「亜鉛」など、分割して数えることのできないものを表す名詞。単数・複数の区別をしないことが多い。
- **抽象名詞**：tendresse「愛情」、violence「暴力」など抽象的な概念を表す名詞。これに対して、具体的な事物を表す普通名詞を具体名詞・具象名詞などと言うことも。
- **集合名詞**：classe「クラス」、foule「群衆」などのように、同じような性質をもった人やものの集合体を表す名詞。形は単数形でも、意味的には複数。

> 例えば classe という名詞も、「クラス（学級）」の意味では集合名詞だけど、「教室」の意味なら具体名詞・具象名詞扱いになるね。要するに、文脈などによって、どの分類に入るかが変わる、ということ。

 ❸ 名詞のように機能する語

　フランス語の名詞には原則として冠詞（☞ p.25 §2.）、あるいはそれに代わる所有形容詞（☞ p.43 §5. ❷）、指示形容詞（☞ p.43 §5. ❶）、不定形容詞（☞ p.47 §6.）などが付きますが、裏を返せば、冠詞、所有形容詞、指示形容詞などを付ければ、名詞以外の品詞の単語を"名詞化"し、主語や直接目的語（☞ p.187 §28.）などとして用いることができます。一部の語は、冠詞などを付けずに"名詞化"することもできます。S、V などの記号は4ページ参照。

(43) ₛLe moi ᵥest insaisissable. 〔moi = 人称代名詞強勢形➡名詞を主語として〕

自我はとらえられない。

(44) ₛLe devant de notre maison ᵥest utilisé comme parking.

〔devant = 前置詞➡名詞を主語として〕

我が家の前は駐車場として使われている。

(45) ₛMa femme ᵥa mis ᴄᴏᴅlongtemps pour me répondre.

〔longtemps = 副詞➡名詞を直接目的語として〕

妻は私に答えるのに手間取った（←私に答えるのに長い時間をかけた）。

 ❹ 名詞の複数形

　名詞を複数形にするには、単数形の最後に s を付けます。例えば、「ペリカン」が 1 羽の場合には pélican ですが、 2 羽以上の場合には pélicans となります。しかし、以下のような例外もあります。形容詞の複数形も、名詞の複数形の作り方に準じます。

🍓 形が大きく変わるもの

(46) 目　un œil ➡ des yeux

(47) Monsieur, Madame, Mademoiselle

　➡ Messieurs, Mesdames, Mesdemoiselles

日本では、学生が先生に呼びかける時「先生！」と呼びかけるけど、これをそのままフランス語にして « Professeur ！» « Maître ！» などと言うのはおかしいよ。先生が男性なら « Monsieur ！» 女性なら « Madame ！» と言うのが普通。初対面の相手に対しても、少し丁寧な呼びかけで使うこともあるんだ。« Monsieur, vous avez oublié votre fausse dent sur la table ！「すみません、テーブルに入れ歯をお忘れですよ」»

🍓 s, x, z で終わる名詞：複数形でも不変

(48) アホウドリ　un albatros ➡ des albatros

(49) 重圧　　　　un faix ➡ des faix

(50) キロヘルツ　un kilohertz ➡ dix kilohertz　※振動数の単位、Khz。

🍓 eu, (e)au で終わる名詞：x を付ける

(51) 車軸　un essieu ➡ des essieux

(52) パイプ　un tuyau ➡ des tuyaux

　※ un pneu ➡ des pneus など少数の例外があります。

🍓 ou で終わる名詞：s を付ける

(53) クギ　　　**un clou ➡ des clous**

　※次の 7 語は例外的に -x を付けます。

　　des bijoux「装身具」、des cailloux「小石」、des choux「キャベツ」、des genoux「膝」、

　　des *h*iboux「ミミズク」、des joujoux「おもちゃ（幼児語）」、des poux「シラミ」。

🍓 al で終わる名詞：aux にする

(54) 馬　　　　**un cheval ➡ des chevaux**

　※以下は例外的に -als にします。

　　un bal ➡ des bals「舞踏会」、un carnaval ➡ des carnavals「カーニバル」、un festival ➡

　　des festivals「フェスティバル」など。

🍓 ail で終わる名詞：ails にする

(55) レール　　**rail ➡ rails**

　ただし、bail「賃貸借」、travail「仕事」、vitrail「ステンドグラス」などは baux, travaux,

　vitraux にします。

〔**チェック問題**〕───────────────────────────────

それぞれ複数形にしてみましょう。

□ 1. ぜんまい　ressort　　　➡＿＿＿＿＿＿　　□ 4. 三叉神経 trijumeau ➡＿＿＿＿＿＿

□ 2. カンガルー kangourou ➡＿＿＿＿＿＿　　□ 5. 運河　　　canal　　➡＿＿＿＿＿＿

□ 3. 火打ち石　silex　　　　➡＿＿＿＿＿＿

〔チェック問題 解答〕
□ 1. ressorts　□ 2. kangourous　□ 3. silex（不変）　□ 4. trijumeaux　□ 5. canaux
➡ ドリル p.10

23

🦫 合成名詞の複数形

2つ以上の要素が組み合わさってできている名詞を「合成名詞」と言いますが、構成要素がもともと何であるか、どういった意味を持っているかによって、複数形の作り方が異なります。主なものを見ていきましょう。

- 〔名詞＋名詞〕〔名詞＋形容詞〕〔形容詞＋名詞〕：共に複数形になるのが普通

(56) プチトマト　**une tomate cerise ➡ des tomates cerises**〔名詞＋名詞〕

(57) 義理の母親　**une belle mère ➡ des belles mères**〔形容詞＋名詞〕

(58) 凧（タコ）　**un cerf-volant© ➡ des cerfs-volants**〔名詞＋形容詞〕

    © cerf-volant：cerf「シカ」＋ volant（voler「飛ぶ」の現在分詞 🦫 p.170 § 25. ❺）。

    シカの角が飛んでいるように見えたのでしょうか。ただ、cerf は古フランス語で「ヘビ」を意味した serpe が変化したもの、つまり「飛ぶヘビ」が語源という説もあります。

- 〔名詞＋前置詞＋名詞〕：最初の名詞だけ複数形になるのが普通

(59) じゃがいも　**une pomme de terre ➡ des pommes de terre**

    〔名詞＋前置詞 de ＋名詞〕

- 〔動詞＋名詞〕：意味に応じて（数えられるかどうかなどによって）名詞のみ複数形に

(60) 名義人　**un prête-nom ➡ des prête-noms**〔動詞＋名詞〕

(61) 防風林　**un brise-vent ➡ des brise-vent**〔動詞＋名詞〕（不変）

❺ 名詞の女性形

国籍や職業などを表す名詞には女性形がある場合があります。

(62) **un Japonais** 男性の日本人 ➡ **une Japonaise** 女性の日本人

(63) **un étudiant** 男性の大学生 ➡ **une étudiante** 女性の大学生

女性形の作り方は、形容詞の女性形の項をご覧ください。🦫 p.38 § 4. ❶

> 性の多様化によって、将来、フランス語の名詞性の概念に変化が生じるかもしれないね。性の概念を持たない新しい人称代名詞が生まれたこともその1つ。🦫 p.67 § 9. ❶

> 名詞の性の覚え方は人それぞれだと思うけれど、不定冠詞を付けて覚えるというやり方があるよ。un ongle「爪」、une déchiqueteuse「シュレッダー」のようにね。定冠詞を使うと、l'ongle のようになってしまい、性が分からなくなってしまうよ。

§2. 冠詞①

フランス語には、定冠詞、不定冠詞、部分冠詞という3つの冠詞があります。英語と比べると、名詞に冠詞が付かない「無冠詞」の用法は少なく、例外的と言ってよいでしょう。

❶ 冠詞の概要

フランス語には3種類の冠詞がありますが、英語には2種類しかないことから予想できるように、不定冠詞・定冠詞の用法も、英語とフランス語で微妙に異なっています。

	男性単数 [m]	女性単数 [f]	複数 [pl]
定冠詞	le (l')	la (l')	les
不定冠詞	un	une	des
部分冠詞	du (de l')	de la (de l')	—

3つの冠詞の使い分けについては後述しますが、どの冠詞の場合でも、後に来る名詞の性と数に応じて形が変わります。男性名詞でも女性名詞でも複数の場合には同じ形を用います。また、母音または無音の h（ p.16 §0. ❼）で始まる語の前では（　）内の形を使います。

(64) マゼランペンギン	<u>un manchot</u> [m] de Magellan（不定冠詞）
(65) 乳歯	<u>la dent</u> [f] de lait（定冠詞）
(66) 豆電球	<u>des lampes</u> [f][pl] miniatures（不定冠詞）
(67) チーズ	<u>du fromage</u> [m]（部分冠詞）
(68) 油	<u>de l'huile</u> [f]（部分冠詞）
(69) 憎しみ	<u>de la *h*aine</u> [f]（部分冠詞）

実は、冠詞の使い分けは、フランス人であればみな同じ、ではありません。男性名詞の前ならla ではなく le を使うことは文法上のルールですが、ある男性名詞の前で le にするか un にするかは文法的には決まっておらず、個人差があります。白黒付けられないところがあるというのが、冠詞の用法が難しい理由の1つです。以下はルールというより、主な傾向とご理解ください。

❷ 定冠詞

　フランス語の定冠詞は、「探せば見つけることができ、特定できるもの」を表す名詞に付くのが基本です。定冠詞が付いている名詞が表しているもの〔人〕は、どこかに存在していることが前提になります。

(70) **Passe-moi le foie gras.**　フォアグラをとってくれたまえ。

　フォアグラ自体は初めて話題に登場したとしても、周りを見れば「ああ、これか」と特定できれば、初出の語でも定冠詞を付けることができます。もし、近くにフォアグラがあるかどうか分からなければ、

(71) **Est-ce que vous avez du foie gras ?**　フォアグラはありますか？

のように定冠詞ではない冠詞、例えば部分冠詞が付きます。次の例では、すでに一度文脈に出てきた名詞に定冠詞が付いている例です。

(72) **Madame Tanaka a acheté des fraises et des oranges. Les fraises étaient très bonnes.**
　田中夫人はイチゴとオレンジを買ってきた。イチゴはとても美味しかった。

　文脈に初めて出てくる場合でも、「一般常識」「教養」のようなものによって、誰でもその存在を知っていると思われるものを表す名詞には、定冠詞を付けることができます。

(73) **Mayumi écoute souvent la radio.**　　麻由美はよくラジオを聞く。

(74) **M. Tanaka aime les becs-en-sabot.**　　田中氏はハシビロコウが好きだ。

(75) **M. Tanaka aime le lait à la fraise aussi.**　田中氏はイチゴ牛乳も好きだ。

　目の前に、そのもの自体はなくても構わず、どこかに存在すれば問題ありません。このような定冠詞の使い方を「総称用法」などと言うことがあります。

> 「好き」「嫌い」を表す動詞、aimer, préférer, détester などの直接目的語として使われる名詞に付く定冠詞は、数えられるものを表す名詞の場合には複数形、数えられないものを表す名詞の場合には単数形にすることが多いよ。また、単数形にする時と複数形にする時とで意味が変わることもあるよ。J'aime le poisson. は食べ物として魚が好きだ、J'aime les poissons. はペットとしての魚や釣りが好きだ、の意味。この le poisson や les poissons を代名詞で置き換えようとする時には注意が必要なんだ（☞ p.70 §9. ❹）。

(76) **Attention aux autruches !**　ダチョウに気をつけろ！〔前置詞 à + 定冠詞 les の縮約形〕

この例の場合、それまで存在に気付いていなかったとしても、すぐに注意しなければならないのがダチョウだということが分かれば十分です。どんなダチョウかも不問です。

(77) Le soleil se lève à l'est et se couche à l'ouest.

太陽は東から昇り、西に沈む。

la France「フランス」、le Japon「日本」、le Niger「ニジェール川（西アフリカを流れる川）」など、固有名詞に定冠詞が付くのも同じような理由です。実際には読み手、聞き手がそれを知らなかったとしても、地図上であれ探せば特定できるので構いません。

(78) On trouve des becs-en-sabot par exemple dans le Lac Victoria.

ハシビロコウは、例えばヴィクトリア湖にいる（←で見つかる）。

ヴィクトリア湖というのは、ケニア、ウガンダ、タンザニアの3国に囲まれたアフリカで最大の湖だよ。名前だけでも覚えておいてね。

(79) M.Tanaka a mal à l'estomac.　田中氏は胃が痛い。

常識的に人間にはみな胃があります。他人の痛みを感じることはできないので、l'estomac と言えば、田中氏のものしか考えられません。また、Monsieur Tanaka という「人」が出てきた段階で、一般常識により「人」から予想されるもの、例えば、その人の体の一部を表す名詞には定冠詞を付けることができます。これと同様に、

(80) Ryoji a essayé de grimper à l'arbre mais le tronc était trop étroit, et l'écorce trop lisse.

良次は木に登ろうとしたが、幹は細すぎ、樹皮はつるつるすぎた。

この例においても、l'arbre「木」が出てきた段階で、木には葉、幹、枝、根などがあることが予想され、それらを表す名詞には定冠詞を付けることができます。

定冠詞のその他の用法を見ておきましょう。〔les ＋苗字〕で「～家」を表すことができます。

(81) Les Terashima sont allés dîner à la Brasserie Grâce à Vous.

寺島家は、ビストロ・グラスアヴーに夕食をとりに行った。

〔le ＋曜日名〕で「毎週～曜日」を表すことができます。

(82) Shigemi a beaucoup de réunions le mercredi.

重美は水曜日会議が多い。

それぞれ名詞の前に適切な定冠詞を付けてください。

□ 1. (自転車の) サドル　selle [f]　　➡ _____

□ 2. 樫の木　　chêne [m]　　➡ _____

□ 3. ドアノブ　poignées de porte [f]　➡ _____

□ 4. 落花生　　arachide [f]　　➡ _____

□ 5. 日焼け　　*h*âle [m]　　➡ _____

〔チェック問題 解答〕
□ 1. la selle　□ 2. le chêne　□ 3. les poignées de porte　□ 4. l'arachide（本来 la だが、母音で始まる名詞の前なので la ➡ l'）　□ 5. le *h*âle（有音の h の前なので le ➡ l' にならない。 ☞ p.16 §0. ❼）
➡ ドリル p.6

🦤 総称文

1つ1つのものについてではなく、あるものについて、例えば、自宅で飼っているハシビロコウに限らず、ハシビロコウ全般について当てはまるようなことを述べる文を「総称文」と言います。数えられるものを表す名詞か、そうではないかなどによって冠詞が異なります。

● 定冠詞複数形 （les）

(83) **Les becs-en-sabot font leur nid au sol.**　ハシビロコウは地面に巣を作る。

(84) **Les Japonais aiment le riz.**　日本人は米が好きだ。

定冠詞複数形が表すことができる数量は文脈により「2以上すべて」ですので、日本人全員が米好きでなくても構いません。定冠詞複数形を用いると、「名詞が表すもの（ハシビロコウ、日本人）にもいろいろなもの・人がある（いる）けど、全体的に…」というような伝え方になります。

leurs nids になっていないのは、1羽につき巣が1つだからだよ。主語が複数でも、それぞれ1つの時は単数にすることが多いんだ。例えば、「彼らは家へ帰った」Ils sont rentrés à la maison. と言うよ。

● 定冠詞単数形 （le/la）

(85) **Le bec-en-sabot vole lentement.**　ハシビロコウはゆっくり飛ぶ。

定冠詞単数形の場合、種類（ここでは「スズメ」「ハト」「アカアシカツオドリ」ではなく「ハシビロコウ」という鳥の種類）のみを意識させ、ハシビロコウ1羽1羽を意識させません。

● **不定冠詞単数形（un/une）**

不定冠詞が付いた名詞を主語にする場合もあります。

(86) **Un bec-en-sabot fait claquer son bec.**　ハシビロコウは嘴をカタカタ鳴らす。

この場合、ハシビロコウの中から1羽を選び、その1羽について述べ、その1羽について述べたことは、他のハシビロコウにも当てはまるだろう、という解釈をさせます。いわば、1つのものにその種全体を代表させます。このように、（1）Les + 名詞、（2）Le/La + 名詞、（3）Un(e) + 名詞 の3つが考えられますが、Des + 名詞 は用いられません。不定冠詞複数形（des）が表すことができる数量は「2以上99%まで」で、当てはまらないものが必ず存在することが前提になってしまうからです。

(87) **?? Des becs-en-sabot font leur nid au sol.**　ハシビロコウは地面に巣を作る。

このように不定冠詞を用いると、地面に巣を作らないハシビロコウも存在することになってしまいます。この文は、文法的には正しいですが、意味的に不自然（??）です。

 ❸ **定冠詞の縮約**

前置詞 à または de （🐀 p.109 §16. ❷❸）の後に定冠詞が来ると、下表の通り、à または de と定冠詞が"合体"します。これを「縮約」と言います。

	男性単数形 le (l')	女性単数形 la (l')	複数形 les
à +	**au (à l')**	**à la (à l')**	**aux**
de +	**du (de l')**	**de la (de l')**	**des**

à または de の後に女性単数形が来た場合と、エリズィオンした形（l'）が来た場合には縮約せず、そのまま並べて置きます。

(88) **On a pris un bon dîner au Bistrot Sucre.**〔à + le〕

ビストロ・シュークルで美味しい夕食をいただいた。

(89) **Kei joue du sanshin.**　桂は三線を演奏している。〔de + le〕

(90) **M. Tanaka donne beaucoup de devoirs aux étudiants.**〔à + les〕

田中氏は学生にたくさん宿題を出す。

(91) **Le bec-en-sabot est le roi des oiseaux.**　ハシビロコウは鳥の王様だ。〔de + les〕

(92) **J'ai mis le jeune homme à la porte.**〔à + la〕

私はあの若い男を追い出した（←ドアのところに置いた）。

(93) La capitale de la Papouasie-Nouvelle-Guinée est Port Moresby. 〔de + la〕

パプアニューギニアの首都は、ポートモレスビーです。

(94) Ma femme est sortie avec un homme à l'instant. 〔à + l'〕

ついさっき、妻は一人の男と出かけた。

(95) Je ne me rappelle pas le nom de l'homme. 〔de + l'〕

私は男の名前を思い出せない。

冠詞付きの地名の前では縮約しますが、人名の前では縮約しないのが原則です。

(96) Ce train arrive au *H*avre à 7h15. 〔à + Le *H*avre〕

この列車はル・アーヴル（フランス北西部、大西洋に面した都市）に 7 時 15 分に着く。

(97) 1965, c'est l'année de la mort de Le Corbusier. 〔de + Le Corbusier〕

1965 年はル・コルビュジエが亡くなった年だ。

ル・コルビュジエはスイスで生まれ、主にフランスで活躍した建築家。東京・上野にある国立西洋美術館の基本設計も担当しているよ。

〔**チェック問題**〕

下線部を必要に応じて縮約させてください。

□ 1. le titre de le livre 「本のタイトル」　　　　　➡ _____

□ 2. les pattes de les becs-en-sabot 「ハシビロコウの脚」

　➡ _____

□ 3. le lait à le citron 「レモン牛乳」　　　　　➡ _____

□ 4. Je parle à les becs-en-sabot. 「私はハシビロコウたちに話しかけている」

　➡ _____

□ 5. le phare de la voiture 「車のヘッドライト」　　➡ _____

〔**チェック問題 解答**〕
□ 1. le titre du livre　□ 2. les pattes des becs-en-sabot　□ 3. le lait au citron　□ 4. Je parle aux becs-en-sabot.　□ 5. le phare de la voiture　　➡ **ドリル** p.18

30

§3. 冠詞②

 ❶ 不定冠詞

何か（誰か）について初めて話題にする時に用いるのが、最も基本的な「不定冠詞」の用法です。聞き手・読み手にとって不特定のもの、まだ特定できていないものを表す時に用います。数えられるものを表す名詞の前に付けるのが不定冠詞、数えられない・数えにくいものを表す名詞の前に付けるのが部分冠詞です。この２つの冠詞には「不特定のものを表す」という共通点があります。

(98) **Il y a un grand bec-en-sabot dans la salle de bain.**

　　風呂場に大きなハシビロコウがいる。

(99) **Minori a une voiture verte.**　みのりは緑の車を持っている。

(100) **Junichi achète des mangas.**　淳一はマンガを買う。

> 不定冠詞複数形の des は、「部分」を表す前置詞の de と定冠詞の les が合体してできたものだよ。les hommes と言えば「すべての人間」を指すことができるけど、des hommes は「すべての人間」を意味することはできないんだ。les hommes が表す人数は文脈により「２人以上全員まで」だけど、des hommes は「２人以上、99％の人」までしか表せないんだ。Les hommes sont mortels.「人間は死すべきものだ（死を免れない）」という文は正しい。Des hommes sont mortels. という文も文法的には正しいけれど、mortels ではない人がいること（＝不死身の人がいること）を暗に意味してしまうので不自然なんだ。

🦤 不定冠詞 des の変形

フランス語の形容詞は、原則として名詞の後に付きますが、一部の形容詞は名詞の前に置かれます（🦤 p.40 §4. ❹）。そのさらに前にある不定冠詞の複数形は des ではなく de とします。

(101) **un** 名詞**bec-en-sabot** 形容詞**intelligent**　頭のいいハシビロコウ

　　➡ **des** 名詞**becs-en-sabot** 形容詞**intelligents**

(102) **un** 形容詞**jeune** 名詞**bec-en-sabot**　若いハシビロコウ

　　➡ **de** 形容詞**jeunes** 名詞**becs-en-sabot**

ただし、〔形容詞＋名詞〕が意味的に一体化しているような場合には、de にしないことがあります。

(103) **M. Tanaka évite de manger des** 形容詞**petits** 名詞**pois.**

　　田中氏はグリーンピースを食べないようにしている。〔petit(-)pois が一体化〕

それぞれ名詞の前に適切な不定冠詞を付けてください。

☐ 1. チェーン　chaîne [f]　➡ _____

☐ 2. カピバラ　cabiai [m]　➡ _____

☐ 3. 電球　　　ampoules [f]　➡ _____

☐ 4. かかと　　talons [m]　➡ _____

☐ 5. 習慣　　　habitude [f]　➡ _____

〔チェック問題 解答〕
☐ 1. une chaîne　☐ 2. un cabiai　☐ 3. des ampoules　☐ 4. des talons
☐ 5. une habitude（母音や無音の h で始まる語の前でも、une は不変）　➡ ドリル p.6

 ❷ 部分冠詞

　数えることができないものを表す名詞の前に付ける不定冠詞のようなものです。例えば、「いちご」は１個、２個と数えることができ、フランス語でも une fraise, deux fraises と言うことができます。しかし「愛情を17個持っている」と言うのは不自然で、「愛情」という概念は数えにくい、と言えます。このように、（計ることはできても）数えることができない・数えにくいものを表す名詞の前では、不定冠詞ではなく部分冠詞を付けます。

(104) **Il y a une personne dans la chambre.**　部屋には１人の人がいる。

　〔人は数えられる➡不定冠詞〕

(105) **Il y a de l'eau dans la bouteille.**　ビンには水が入っている。

　〔水は数えられない➡部分冠詞〕

　英文法では「不可算名詞」という表現をよく耳にしますが、フランス語には「不可算」としてしか扱わない名詞はありません。例えば「コーヒー」は、100cc のように計ることはできても「数えられない」と思われがちですが、カフェに１人で入り、コーヒーを頼む場合には du café とは言わず、un café と注文します。また、例えば「ワイン」であっても、un bon vin blanc「美味しい白ワイン」のように修飾する語句を付けていくと不定冠詞になりやすくなります。

「美味しい白ワイン」というのは「美味しくない白ワイン」の存在が前提になるよね。この世に存在する白ワインの美味しさが全部同じだったら、区別はしない。「美味しい白ワイン」と「美味しくない白ワイン」があるなら、「白ワイン」には少なくとも２種類あることになるので「数える」ことができる。

逆に「数えられ」そうなものを表す名詞に部分冠詞を付けることもあります。

(106) **Il y a des truites dans ce lac.**

この湖には鱒がいる。〔不定冠詞〕

(107) **Il y a de la truite dans ce lac.**

〔部分冠詞〕

不定冠詞を用いた場合（des truites）、鱒を1匹、2匹と数えるように、1匹1匹の姿や形をイメージしますが、部分冠詞を用いると（de la truite）、鱒を1匹、2匹とは数えず、1匹1匹の姿や形もイメージせずに「鱒の集合体」のようにとらえます。

「数えられる」「数えられない」という概念が日本とフランスで異なるのは、広い意味での「文化の違い」があるかもしれないね。例えば「チーズ」は、フランスでは大きな円形のチーズを1人で一回の食事で食べきるというより、その一部分を食べるイメージの方が強いんじゃないかな。

〔**チェック問題**〕 ───────────────────

それぞれ名詞の前に適切な部分冠詞を付けてください。

□ 1. 恥　　　　*h*onte [f]　　　　➡ _____

□ 2. 密封性　　herméticité [f]　➡ _____

□ 3. コニャック cognac [m]　　➡ _____

□ 4. 肉汁　　　jus de viande [m]　➡ _____

□ 5. 美しさ　　beauté [f]　　　➡ _____

〔チェック問題 解答〕
□ 1. de la *h*onte（有音のhの前なので de la ➡ de l' にならず）　□ 2. de l'herméticité
□ 3. du cognac　□ 4. du jus de viande　□ 5. de la beauté　　➡ ドリル p.6

なお、否定文になると冠詞が変わることがあります（ p.194 § 29. ❸）。

コニャックは、フランス西部にあるコニャックという町で作られているブランデーの一種だよ。

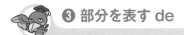 **❸ 部分を表す de**

　部分冠詞は「部分」を表す前置詞 de と定冠詞から生まれたものですが、現代において、部分冠詞として用いられているものからは「部分」という印象は持たないかもしれません。例えば、

(108) M. Tanaka boit du lait à la fraise.

　　田中氏はイチゴ牛乳を飲んでいる。

という文を見聞きして、「世界中に存在しているイチゴ牛乳のうちの一部を飲んでいる」と想像する人は著者のゼミ生以外にはいないでしょう。部分冠詞に含まれる de を不定冠詞、指示形容詞など、定冠詞以外の前でも用いることがあります。次の 2 文を比較してみましょう。

(109) Ma femme a mangé de tous les plats.

　　妻はすべての料理に箸をつけた（←すべての料理・お皿から食べた）。

(110) Ma femme a mangé tous les plats.

　　妻はすべての料理を食べた。

　de tous les plats の場合には、すべての料理から一口でも食べれば成立しますが、de なしで tous les plats と言うと大食いの印象を与える可能性があります。

　さらに、次のふた組みを見てください。

(111) J'ai mangé les rhizomes de lotus que tu m'avais donnés.

　　私は君からもらったレンコンを（全部）食べたよ。

(112) J'ai mangé des rhizomes de lotus que tu m'avais donnés.

　　私は君からもらったレンコンを（一部）食べたよ。〔部分を表す de ＋定冠詞 les〕

　ここで話題になっているレンコンはいずれも「君」からもらったもので、「君」にとっては特定のレンコンです。les rhizomes de lotus の場合には、君からもらったレンコンを全部食べた感じがします。これに対して、des rhizomes de lotus の場合には、特定のレンコン les rhizomes de lotus のうちの一部（de）を食べた、という意味になるのです。

> この des rhizomes de lotus の、文中での働きは何かな？　この des は、前置詞 de ＋定冠詞 les。つまり、rhizomes de lotus は前置詞 de を介して動詞 manger に付いているので、間接目的語とか状況補語？実は曖昧なんだ。「全部」食べた場合は直接目的語で、「一部」食べた場合は直接目的語にならない、というのも変な話だよね。だから、「部分を表す de」と呼んで、この de の品詞が何であるかは「冠詞に準ずるもの」などと、ごまかしちゃうんだ。「否定の de」も似たような感じだよ。「否定の de（👉 p.194 §29. ❸）」も歴史的には前置詞。beaucoup de, un peu de と同じように、取るに足らないゼロに近い量を表す名詞 pas「一歩」に de を付けて数量表現として使うようになったのが起源なんだ。

34

どの冠詞が付いているかによって、聞き手・読み手の態度が変わります。不定冠詞／部分冠詞が付いている名詞が表すものは、聞き手・読み手にとってまだ詳しく知らない内容なので、聞き手・読み手はそこに集中したくなります。逆に、定冠詞が付いている名詞が表すものは、聞き手・読み手にとってすでに知っている（と予想される）ものです。従って、あまり集中しなくてもよいかなと思ってしまいます。

例えば、フランスの作家カミュの『異邦人』の冒頭を見てみましょう。

(113) **Aujourd'hui, maman est morte. Ou peut-être hier, je ne sais pas. J'ai reçu un télégramme de l'asile : « Mère décédée. Enterrement demain. Sentiments distingués. »**

養老院(asile)にいた母親の死を電報(télégramme)で知らされた場面です。「電報(télégramme)」も、「養老院（asile）」も初めて文脈に登場します。しかし、asile には定冠詞（l' ← le）が付いています。これはなぜか。直後では、電報の内容（« Mère décédée. Enterrement demain. Sentiments distingués. »）が述べられており、読者には「電報」に注目して欲しいのです。「養老院」については、なんとなく一般常識によりみんなが持っているイメージの「養老院」という場所を想像してもらえれば十分で、どんな「養老院」であるかを詳しく掘り下げる意図はないのです。定冠詞を付けることにより、「定冠詞が付いた名詞が表すものは、読み手・聞き手の皆さんにとってはすでに知っているものだから、これ以上、説明しないよ」と宣言することになります。逆に不定冠詞／部分冠詞を付けることにより、「これから説明するから注目してね」と宣言することになるのです。

文脈に初めて登場するものを表す名詞に、機械的に不定冠詞が付くのであれば、小説の最初の1ページは不定冠詞だらけになるでしょう。しかし、そうなると、舞台上にいる 10 人の俳優さんに同時にピンのスポットライトが当たり、観客側として舞台上の誰を、どこを見ればよいのか分からないのと同じような状態になります。

次の2つの文の違いは何でしょうか。

(114) **C'est un livre** que j'ai acheté hier.
(115) **C'est le livre** que j'ai acheté hier.

どちらも que j'ai acheté hier という関係詞節が付いています。このまとまりは livre がどんな本であるかを補足説明している形容詞のように働いています。不定冠詞にするか定冠詞にするか

は、livre という名詞のみではなく、〔livre que j'ai acheté hier〕という名詞のまとまり全体で考える必要があります。このまとまりの中に聞き手・読み手にとって知らない情報があるかどうか、このまとまりに注目して欲しいかどうかです。例えば、一昨日、「本を買う」ということをすでに話してあって、昨日、実際に本を買い、その本を今日見せるのであれば、このまとまりの中には聞き手・読み手にとって知らない情報はないので、「これが、（一昨日君にはもう話してあって、君も知っているはずの）昨日買った本だよ」というイメージで定冠詞を付けます。逆に、昨日本を買うことを言っていなかった場合には、不定冠詞を付けます。このように、名詞を修飾する関係詞節があれば自動的に定冠詞になる、というわけではないのです。

 ❺ 冠詞の省略

英語と比べると、名詞に冠詞が付かないことははるかに稀ですが、それでも以下のような場合に冠詞が省略され「無冠詞」になることがあります。動詞＋無冠詞名詞の多くは成句の一部であることが多いので、辞書で調べてみると別に説明があるかもしれません。

● 国籍、民族、職業、身分などを表す属詞の働きをする名詞
(116) **Ian Fleming est anglais.** イアン・フレミングはイギリス人である。
(117) **Cette fille est** étudiante. この女の子は大学生だ。

上の例の anglais は実は、名詞なのか形容詞なのか曖昧だよ。

属詞の働きをする名詞に修飾語句が付く時や c'est (ce sont) の後では不定冠詞が付きます。

(118) **Cette fille est** une étudiante **en droit.** この女の子は法律を学ぶ大学生だ。
(119) **C'est** une étudiante. この人は大学生だ。

● 前置詞 de の後の不定冠詞 des、部分冠詞 du, de la
(120) **Nous avons beaucoup** de perruches.〔de + des の des を省略〕
インコをたくさん飼っています。

● 呼びかける時
(121) **Taxi !** タクシー

● 祭日名、月名、曜日名など
(122) **Ma femme est partie** lundi. **Elle reviendra à** Pâques.
妻は月曜日に出て行った。復活祭には帰ってくるだろう。

- **ことわざ**

(123) **Contentement passe richesse.**　満足は富に勝る。

- **動詞＋直接目的語の形の成句**

(124) **Ma femme** $_V$**a** $_{COD}$**faim. Moi, j'ai** $_{V\,COD}$*h*onte.
　　妻はお腹がすいている。私は恥ずかしい。

この構文で用いられる名詞は抽象名詞（🐟 p.21 **§1.❷**）が普通です。ただし、この無冠詞名詞に形容詞、または形容詞に相当する表現が付くと、名詞を "一人前の名詞" として働かせるために、冠詞、特に不定冠詞が付きやすくなります。

(125) **Ma femme** $_V$**a** $_{COD}$**une faim de loup.**
　　妻はひどくお腹がすいている（←オオカミの空腹感）。

> よく使われる avoir ＋無冠詞名詞の成句をまとめておくよ。avoir besoin de「〜が必要だ」、avoir chaud「(人が) 暑い」、avoir envie de「〜が欲しい」、avoir froid「(人が) 寒い」avoir *h*onte de「〜が恥ずかしい」、avoir mal à「〜が痛い」、avoir peur de「〜が怖い」、avoir raison「〜が正しい」、avoir soif「喉が渇いた」、avoir sommeil「眠い」、avoir tort「間違っている」などがあるよ。

- **複数の名詞を列挙する時**

(126) **M. Tanaka aime les oiseaux : becs-en-sabot, pélicans blancs, aigrettes...**
　　田中氏は鳥好き：ハシビロコウ、モモイロペリカン、シラサギ…

- **前置詞 en の後で**

(127) **Il est** <u>en</u> **réunion, sa femme est** <u>en</u> **colère.**
　　彼は会議中だ。妻はお怒りだ。

- **前置詞 avec の後の抽象名詞**

(128) **Mie conduit toujours** <u>avec</u> **prudence.**
　　美恵はいつも慎重に車を運転している。（🐟 p.114 **§16.❼**）

- **名詞＋ de ＋名詞で、2 つ目の名詞が形容詞的に働く場合**

(129) **C'est un roman** d'amour**.**　これは恋愛小説だ。

この場合、誰と誰の「恋愛」のように具体化していません。SF 小説や推理小説ではなく恋愛小説である、と小説の種類、ジャンルを表しているに過ぎません（🐟 p.111 **§16.❸**）。

§4. 形容詞

　形容詞は原則として、修飾する名詞や代名詞の性と数に合わせて変化します。これを「性数一致」と言います。例えば、「頭のいい男の子」は garçon intelligent ですが、「頭のいい女の子」は fille intelligente となります。一般的に「形容詞」と言われているものは、「品質形容詞」のことで、属性や様態などを表します。ここでは品質形容詞について説明していきます。他には、「指示形容詞」（☞ p.42 §5. ❶）、「所有形容詞」（☞ p.43 §5. ❷）、「疑問形容詞」（☞ p.44 §5. ❸）、「感嘆形容詞」（☞ p.46 §5. ❹）、「不定形容詞」（☞ p.47 §6.）などがあります。

 ❶ 形容詞の性数一致

　辞書などに見出し語として載っているのは男性単数形です。原則として、形容詞を女性形にするには男性形の後に e、複数形にするには s を付けます。複数形にする方法は、名詞の場合と同じです（☞ p.22 §1. ❹）。もともと e で終わっている形容詞の場合には、女性形になっても変わりません。

	男　性	女　性
単　数		＋ e
複　数	＋ s	＋ es

(130)（単数）完璧な男の子 **un garçon parfait** ➡ 完璧な女の子 **une fille parfaite**

(131)（複数）完璧な男の子たち **des garçons parfaits**
　　　　➡ 完璧な女の子たち **des filles parfaites**

(132)（単数）**C'est un problème facile.** これは簡単な問題だよ。／
　　　　C'est une question facile. これは簡単な質問だよ。〔もともと -e〕

(133)（複数）**Ce sont des questions faciles.** これは簡単な問題だよ。

 ❷ 男性第二形を持つもの

　以下の形容詞には男性単数形のみに第二の形があり、これを「男性第二形」と言います。母音または無音の h（☞ p.16 §0. ❼）で始まる名詞の前で用います。

男性単数形	男性単数第二形	女性単数形	男性複数形	女性複数形
beau	bel	belle	beaux	belles
fou	fol	folle	fous	folles
nouveau	nouvel	nouvelle	nouveaux	nouvelles
mou	mol	molle	mous	molles
vieux	vieil	vieille	vieux	vieilles

(134) **un beau bec-en-sabot**　美しいハシビロコウ

(135) **un bel haltère**　美しい鉄アレイ

第二形は単数形にしかないので、複数形の前では同じ形を用います。

(136) **de beaux becs-en-sabot**　美しいハシビロコウ

(137) **de beaux haltères**　美しい鉄アレイ

 ❸ 特殊な女性形の作り方をする主なもの

- **-ain ➡ -aine / -ein ➡ -eine**：certain ➡ certaine 確かな, plein ➡ pleine いっぱいの
- **-el ➡ -elle**：réel ➡ réelle 現実の
- **-en ➡ -enne**：ancien ➡ ancienne 昔の
- **-er ➡ -ère**：léger ➡ légère 軽い
- **-et ➡ -ète**：complet ➡ complète 完全な
- **-eux ➡ -euse**：heureux ➡ heureuse 幸せな
- **-un ➡ -une**：brun ➡ brune 茶色の

> -ain ➡ -aine, -un ➡ -une は女性形にすることで鼻母音でなくなることに注意してね。

(138) **On dit que cette histoire est réelle.**　この話は現実のものだと言われている。

(139) **Hajime mène une vie heureuse.**　はじめは幸せな人生を送っている。

この他にも例外的なものとして、blanc ➡ blanche 白い、doux ➡ douce 甘い などがあります。辞書で確認していきましょう。

(140) **Ils habitent dans une maison blanche.**　彼らは白い家に住んでいる。

> la Maison Blanche とすると、アメリカのホワイトハウスを指すよ。

❹ 形容詞の語順

かつてはかなり自由でしたが、現在では基本的に形容詞は名詞の後に置きます。特に、国や地域・宗教・芸術などに関する形容詞や、色彩・形状・身体的特徴を表す形容詞は名詞の後が普通です。

(141) **Le ten don est un plat** japonais.　天丼は日本料理の１つである。

(142) **La basilique du Sacré-Cœur de Paris est une église** catholique.

サクレクール寺院はカトリック教会である。

(143) **C'est un poème** épique.　これは叙事詩である。

これに対し、以下のような日常的によく使われ、発音的にも短いものは名詞の前に来ることが多いです：beau「美しい」、bon「よい」、faux「偽の」、grand「大きい」、gros「太った」、haut「高い」、jeune「若い」、joli「きれいな」、long「長い」、mauvais「悪い」、nouveau「新しい」、petit「小さい」、vaste「広大な」、vieux「年老いた」、vrai「本当の」など。

(144) **Hiroyuki habite dans une** grande **maison.**　浩幸は大きな家に住んでいる。

(145) **Un** faux **roi a été arrêté au Château de Versailles.**

ヴェルサイユ宮殿で偽の王が逮捕された。（2020年10月に実際に発生した事件）

しかし、形容詞に補語（形容詞の意味を補う語句）が付くと、名詞の後に置かれるのが普通です。

(146) **Le Mont Inasa est une montagne** *h*aute de 333 mètres.

稲佐山は高さ333メートルの山だ。

一部の形容詞は名詞の前に来るか後に来るかで意味が変わることがあります。

(147) **Kaname ? C'est un** ancien **ami.**　要？ 昔の友だちだよ。〔今は友だちではない〕

(148) **Kaname ? C'est un ami** ancien.　要？ 昔からの友だちだよ。〔今も友だち〕

位置によって意味が変わるものは、辞書に書いてあることが多いよ。ここでもいくつかあげておくね。une certaine preuve「ある証拠（👉 p.48 § 6. ❺）」・une preuve certaine「確かな証拠」、la dernière année「最後の年」／l'année dernière「去年」、un grand homme「偉大な人➡偉人」／un homme grand「背の高い男」、une grosse femme「太った女性」／une femme grosse「妊婦」、un pauvre homme「かわいそうな男」／un homme pauvre「貧乏な男」。

それぞれ女性複数形に変化させてください。

□ 1. 迷惑な　　　gênant　　　➡ _____

□ 2. 刑務所の　　carcéral　　➡ _____

□ 3. 白い　　　　blanc　　　➡ _____

□ 4. 新しい　　　neuf　　　　➡ _____

□ 5. 古い　　　　vieux　　　➡ _____

〔チェック問題 解答〕
□ 1. gênantes　□ 2. carcérales　□ 3. blanches　□ 4. neuves　□ 5. vieilles
➡ ドリル p.10、p.14

形容詞を名詞の前に置くか後に置くかは、形容詞と名詞の意味にもよるけれど、それ以外にも、世代差、地域差、文体による違い（文学作品か、新聞か、論文か、くだけた会話かなど）によっても、違うし、人によっても違うので、フランス語として絶対的なルールはないんだ。

動作が行われる時の主語や直接目的語などの状態、性質を表すために、形容詞を同格的に用いることがあるよ（同格形容詞）。 Mutsumi est rentrée toute contente. 「睦美は大満足で帰った」（主語の同格）、Je veux t'avoir vieille auprès de moi. 「君がおばあちゃんになっても、僕のそばにいてね（←君を（君が）おばあちゃんになっても、（私は）君を持っていたい）」（直接目的語の同格）。この文では、t が直接目的で、女性単数なので、vieux ではなく vieille になっているんだ。この用法の形容詞の働きを「間接属詞」と言う人もいるよ。

名詞の後にもうひとつ名詞を置いて、形容詞のように働かせることがあるよ。例えば、Monsieur Tanaka なんかもそうだよね。1 つ目の名詞（Monsieur）をさらに詳しく説明するのが Tanaka。大分類（全人類の中でまずは Monsieur/Madame/Mademoiselle に分類）→小分類（Monsieur の中で Tanaka/Aramaki/Koike/Ninomiya/Taniguchi ... に分類）の順になっていることに注目してね。livre phare des étudiants 「大学生のバイブル（←模範・規範となるもの←灯台）」。この場合には、名詞 phare が、前にある livre に形容詞のように働いているよ。

§5. 指示形容詞、所有形容詞、 疑問形容詞、感嘆形容詞

❶ 指示形容詞

「指示形容詞」は名詞の前に置きます。冠詞と一緒に使うことはできません。指示形容詞も「形容詞」ですので、後続名詞の性と数により形が変わります。母音または無音のh（ ☞ p.16 §0. ❼）で始まる男性単数名詞の前では、男性第二形（cet）を用います。これは男性単数にしかありません。

男性単数	女性単数	複　数
ce (cet)	cette	ces

(149) 男の子と男の人　**un garçon et un homme ➡ ce garçon et cet homme**

(150) 前菜　　　　　**un *hors-d'œuvre* ➡ ce *hors-d'œuvre*** 〔cet にならない〕

(151) 月と星　　　　**la lune et l'étoile ➡ cette lune et cette étoile** 〔cet にならない〕

(152) ハシビロコウ　**des becs-en-sabot ➡ ces becs-en-sabot**

英語の this / that のように、遠近による区別はありません。どうしても、近くにあるものと遠くにあるものとを区別したい場合には、名詞の後に -ci（近）・-là（遠）をつけて区別します。

(153) **Ce vin-ci est à Miho, ce vin-là est à moi.**

　　　このワインは美保の、あのワインは僕の。

〔チェック問題〕────────────────────────────

不定冠詞を指示形容詞に置き換えてください。

□ 1. クギ　　　　un clou　　　➡＿＿＿＿＿＿＿＿＿＿＿＿＿

□ 2. 針　　　　　une aiguille　➡＿＿＿＿＿＿＿＿＿＿＿＿＿

□ 3. 遺産　　　　un héritage　➡＿＿＿＿＿＿＿＿＿＿＿＿＿

□ 4. じゅうたん　des tapis　　➡＿＿＿＿＿＿＿＿＿＿＿＿＿

□ 5. 俳句　　　　un *haïku*　　➡＿＿＿＿＿＿＿＿＿＿＿＿＿

〔チェック問題 解答〕
□ 1. ce clou □ 2. cette aiguille □ 3. cet héritage □ 4. ces tapis
□ 5. ce *haïku*（cet にならない）　➡️ p.80 §11. ❶　　　　➡️ ドリル p.26

❷ 所有形容詞

　所有形容詞も名詞の前に置きます。冠詞と一緒に使うことはできません。所有形容詞も「形容詞」ですので、後続名詞の性と数により形が変わります。3人称では、英語の his / her のような所有者の性による違いはありません。つまり、「彼の本」「彼女の本」はどちらも son livre となります。

	男性単数	女性単数	複　数
je	**mon**	**ma**	**mes**
tu	**ton**	**ta**	**tes**
il	**son**	**sa**	**ses**
elle			
nous	**notre**		**nos**
vous	**votre**		**vos**
ils	**leur**		**leurs**
elles			

(154) 俺様のエプロン　　　**un tablier ➡ mon tablier**

(155) 彼女の膝　　　　　**des genoux ➡ ses genoux**（「彼の膝」も同じ形）

(156) 君たちのカタツムリ　**un escargot ➡ votre escargot**

(157) 彼らの請求書　　　**une facture ➡ leur facture**

> son livre が「彼の本」「彼女の本」のどちらか分からなくて困らないかって？　多くの場合困らないよ。そもそもいきなり「彼の本」って言わないよね。「彼」が誰のことを指すか分かる状況でしか使わないよね。son livre と言う時にも、son が指す人が誰か分かるような状況で使うのが普通だから困らないんだ。

　女性単数形 ma, ta, sa は、母音または無音の h で始まる女性単数名詞の前では、母音の連続を避けるために、mon, ton, son で代用します。

(158) 君の右肩　　　　× **ta épaule droite** ➡ ○ **ton épaule droite**

(159) 君の両肩　　　　**tes épaules**

(160) 彼女の話　　　　× **sa histoire** [f] ➡ ○ **son histoire**

(161) 彼のハープ　　　× **son _h_arpe** [f] ➡ ○ **sa _h_arpe**

> 「所有形容詞」と言いながら、「所有」しているとは限らないよ。例えば、mon train「私の列車」は、鉄道会社社長じゃなくても言えるよ。自分が利用している列車も mon train と言えるんだ。

(162) **Ma femme attend mon départ.** 〔mon が後続名詞の意味上の主語〕

　　　妻は私の出発を待っている。

(163) **Ma femme s'est agitée à ma vue.** 〔ma が後続名詞の意味上の直接目的語〕

　　　妻は私を見て動揺した。

> 所有形容詞の後の名詞が、行為を表す名詞の場合、所有形容詞が意味上の主語や直接目的語になることがあるよ。départ ➡ partir の主語、vue ➡ voir の直接目的語のような感じかな。

〔チェック問題〕

カッコの中の人が持っているとして、不定冠詞を所有形容詞に置き換えてください。

□ 1. 俺たちの三輪車　　un tricycle [nous]　➡ ＿＿＿＿＿＿＿＿＿＿＿＿＿

□ 2. 彼女の男友だち　　un ami [elle]　　　➡ ＿＿＿＿＿＿＿＿＿＿＿＿＿

□ 3. 彼の女友だち　　　une amie [il]　　　➡ ＿＿＿＿＿＿＿＿＿＿＿＿＿

□ 4. 彼女たちの八角形　un octogone [elles]　➡ ＿＿＿＿＿＿＿＿＿＿＿＿＿

□ 5. 君のツバメ　　　　une hirondelle [tu]　➡ ＿＿＿＿＿＿＿＿＿＿＿＿＿

> 〔チェック問題 解答〕
> □ 1. notre tricycle　□ 2. son ami　□ 3. son amie（この2つは全く同音）
> □ 4. leur octogone　□ 5. ton hirondelle　🐦 p.83 § 11. ❸　➡ ドリル p.22

 ❸ 疑問形容詞

　フランス語の疑問形容詞は、人やものについて、想定される選択肢の中から「どれ？」「どの？」のように、相手に選んでもらうことを表す表現です。petit「小さい」や heureux「幸せな」などと同様に「形容詞」なので、以下の4つの形があります。発音はすべて同一です。

男性単数	女性単数	男性複数	女性複数
quel	quelle	quels	quelles

名詞の前に付けて使う用法（付加形容詞）と、属詞として用いる用法があり、後者の場合には、〔Quel + être + 主語名詞〕の語順で用います。

(164) Tu prends quelle massue ?〔付加形容詞として女性名詞 massue を修飾〕

どの棍棒にする？

この例の場合、目の前に複数ある棍棒のうち、どれにしたいかをたずねています。次例の場合、想定される選択肢は 0:00 ～ 23:59 です。

(165) À quelle heure part le dernier train pour Makomanai ?

真駒内行きの終電は何時発？〔付加形容詞として女性名詞 heure を修飾〕

(166) ₐQuelle ᵥest ₛta louche ?

お前のお玉はどれだ？〔属詞として〕　　　　　　　　　　　🐟 p.93 § 13.

〔**チェック問題**〕────────────────────────────────

quel を必要に応じて性数一致させてください。

□ 1. 今日何日だっけ？ Quel jour sommes-nous ?

➡ _____

□ 2. 君のハシビロコウの目は何色？ De quel couleur sont les yeux de ton bec-en-sabot ?

➡ _____

□ 3. 彼女の住所は？ Quel est son adresse ?

➡ _____

□ 4. お風呂場の面積は？ Quel est la superficie de la salle de bain ?

➡ _____

□ 5. 君、何歳？ Quel âge as-tu ?

➡ _____

〔チェック問題 解答〕
☐ 1. Quel jour ...   ☐ 2. De quelle couleur ...   ☐ 3. Quelle est ...   ☐ 4. Quelle est ...
☐ 5. Quel âge ...   ➡ ドリル p.62

adresse は女性名詞だけど、母音で始まる名詞なので、sa ではなく son になっていることに注意してね。ちなみに、ハシビロコウの目は成長とともに、黄色から水色に変わっていくんだ。動物園で見かけたら、目の色も見てみてね。

また、quel には quel que... の形で譲歩の構文で用いられることもあります。

 p.231 § 37. ❸

❹ 感嘆形容詞

疑問形容詞は感嘆形容詞としても用いられ、その名の通り「感嘆」を表します。疑問形容詞の時と同様に、付加形容詞として、または属詞として用いられます。(p.63 § 8. ❽)

(167) **Quel jour !** 〔付加形容詞として〕 なんて日だ！

(168) **Quelle moustache !** 〔付加形容詞として〕 なんてヒゲだ！

(169) **Quel est le mécontentement de ma femme !** 〔属詞として〕
　　　妻の不満はどれほどだろう！

状況や文脈により良い意味にも悪い意味にもなりうるよ。例えば、Quel temps ! は、「なんていい天気だ！」にも「なんて悪い天気だ！」にもなりうるんだ。

文学作品など書き言葉で、感嘆のニュアンスを強調するために ne ... pas を付けることがあるよ。Quelle n'est pas sa joie ! = Quelle est sa joie !「彼（女）の喜びはどれほどだったのだろう！」。日常会話などではあまり使わないかな。

§6. 不定形容詞

　名詞の前に置き、数量や性質を漠然と表す形容詞を不定形容詞と言います。属詞としては使われないので、形容詞としての機能は不完全です。そのままの形で不定代名詞としても使うことができるものには★印を付けます（👉 p.98 §14.）。

 ❶ aucun(e) ★

　否定の ne とともに用いて、人・ものの数量がゼロであることを表します。複数形しかない名詞に付ける場合を除き、単数形で使います。

(170) **Aucun professeur n'est parfait.**　いかなる先生も完璧ではない。

(171) **Il n'y a aucune raison d'arrêter de boire.**　飲むのをやめるいかなる理由もない。

(172) **Vous n'avez besoin d'aucuns frais supplémentaires pour utiliser du papier toilette.**　トイレットペーパーを使うのに、追加費用は不要です。

> aucun(e) は、可算名詞・抽象名詞とともに用い、数えられない物質名詞（👉 p.21 §1. ❷）とは使えないんだ。だから例えば、「お金がない」ことを強調して、*Nous n'avons aucun argent. とは言えず、Nous n'avons pas du tout d'argent (Nous n'avons pas d'argent du tout). などと du tout を付けて否定を強調することしかできないよ。

 ❷ nul, nulle ★

　aucun(e) と意味も使い方も同じですが、aucun(e) に比べると文語的です。

(173) **C'est très important ! Je répète : nul professeur n'est parfait.**
　　　とても大事なことだ。もう1回言うよ、いかなる先生も完璧ではない。

 ❸ quelques

　複数形で使用。いわば beaucoup の反意語で、多く存在することが予想される人・ものが、多くは存在しないことを表すために用いられます。

(174) **Il y a quelques erreurs.**　（たくさんではないが）いくつか誤りがある。

❹ plusieurs *

複数形で使用。いわば un(e) の反意語で、1 つではなく複数存在することを表すために用いられます。

(175) **Il y a plusieurs erreurs.** （1 つではなく）いくつも問題がある。

❺ certain(e)(s) *

不定形容詞としては常に名詞の前に置きます。修飾するのが抽象名詞かそうでないかによって意味が変わります。抽象名詞の場合には「相当な量」を表しますが、抽象名詞でない場合は単に不特定であることを強調するだけです。なお、certain は名詞の前に来るか後に来るかで意味が変わります（ p.40 § 4. ❹）。単数形の場合には前に不定冠詞を付けますが、複数形の場合には省略します。

(176) **Monsieur Tanaka met un certain temps pour préparer son lait à la fraise.**
田中氏はイチゴ牛乳を作るのにかなりの時間をかけている。

(177) **Un certain jour, je suis tombé amoureux de Mayumi.**
ある日、私は麻由美に惚れた。

> un certain jour を un jour としてもほとんど変わらないよ。日本語では訳し分けられない程度の違い。

(178) **Malheureusement, les becs-en-sabot ne vivent que dans certaines régions.** 残念ながら、ハシビロコウはいくつかの地域にしか生息していない。

❻ autre(s) *

1 つまたは複数のもの、人に対立して、それと区別されるもの、人を表します。

🐦 l'autre
2 つあるうち 1 つが特定された後に残った方、l'un に対するもう一方を表します。

(179) **Ma femme s'est enfuie sur l'autre rive.** 妻は対岸へ逃げていった。

(180) **Il y a un bistrot de l'autre côté de la rue.** 通りの反対側にはビストロがある。

🐦 les autres
全体を 2 つのグループに分け、片方が特定された後に残った方のグループ全体を表します。次

例では、全員を「笑った人」と「それ以外」の 2 グループに分けています。

(181) **Nous rions, mais pas les autres.**

　　僕たちは笑っていたけど、他の人たちは笑っていなかった。

🍓 **un(e) autre**

特定されたもの、人以外の、不特定のもの、人を表します。

(182) **Ce livre n'est pas intéressant. Prends un autre livre.**

　　この本は面白くないから、他の本にしな（←他の本を選びな）。

この場合、先に選ばれた本（ce livre）以外のどれか 1 冊を表します。この時点では ce livre 以外のどの本かは特定されていません。

🍓 **d'autres**

un autre の複数形です。

(183) **Vous avez d'autres questions ?**　　他にご質問は？

autre は名詞の前に置く形容詞なので、des autres ではなく d'autres になります。複数形の形容詞の前にある不定冠詞の複数形が des ではなく de となるルールに従います（🐢 p.31 §3. ❶）。des autres という形が文法的に正しいのであれば、それは前置詞 de + 定冠詞 les が縮約したものと考えます。

(184) **Ma femme a besoin des autres verres.**

　　〔avoir besoin de「〜が必要だ」＋ les autres verres〕
　　妻には他のすべてのグラスが必要だ。

autre[s] は冠詞を付けて不定代名詞として使うこともできます。

(185) **Vingt-cinq éponges ne suffisent pas ! Il en faut une autre !**

　　スポンジ 25 個じゃ足りないよ。あと 1 つ必要（← 25 個とは他の 1 つ）！

 ❼ **même** ★

même は名詞の前に置かれると、同じ種類の他のものと比較して、同一（類似）であることを表します。比較の対象を表すには、plus... que などの比較構文の場合と同様に、que を用いて表します。

(186) **Keita et Eriko ont le même âge que nous.**

　　圭太と英里子は僕たちと同じ年だ。

(187) Tomoko ne porte jamais une même tenue deux fois.

知子は同じ服装を二度としない。

la même tenue のように定冠詞を用いると、1つの特定の服装を繰り返すことはないの意味。une même tenue だと、1つの特定の服装ではなく、どの服装であっても繰り返すことはないの意味になるよ。

名詞や代名詞の後に置くと、「～自体」「～自身」の意味になります。人称代名詞強勢形の後に置く場合には、ハイフンで結びます。

(188) Cet homme est la bonté même. この男は善良そのものだ（←善良自体だ）。

(189) Je vais acheter moi-même du lait à la fraise.

わし自らがイチゴ牛乳を買いに行くぜよ（←私自身で）。

même は定冠詞を付けて不定代名詞として使うこともできます。

(190) Ton seau est formidable ! J'achèterai le même. 〔= le même seau〕

君のバケツは素晴らしいねぇ！ 僕も同じものを買おう！

「～さえ」の意味になる même の副詞用法については、 p.62 §8. ❻

❽ tout, toute, tous, toutes ★

不定形容詞 tout は、冠詞（あるいはそれに代わるもの）＋名詞を後にとる場合と、無冠詞名詞をとる場合がありますが、無冠詞名詞をとる場合の多くは成句です。他のあらゆる形容詞と異なり、tout は、〔冠詞＋名詞〕の前に付くという特徴があります。意味は「すべて」「全体」「100％」といった意味です。

(191) Ma femme boit tous les soirs (*les tous soirs).

妻は毎晩酒を飲んでいる（←すべての夜に）。

(192) Ma femme ronfle tous les jours (*les tous jours).

妻は毎日いびきをかく（←すべての日に）。

(193) Ma femme dort tout le jour (*le tout jour).

妻は1日中寝ている（←特定の1日の全体）。

(194) Il me faut tout un jour pour ranger toutes les brosses à dents de ma femme (*un tout jour).

妻の歯ブラシを私が全部片付けるには丸一日かかる（←不特定の1日の全体）。

50

(195) Je me souviendrai de cette bouche d'égout toute ma vie.

　僕は一生、この下水口のことを記憶にとどめるだろう（←私の人生全体）。

(196) Toute cette ville connaît ma femme.

　この町の人は皆、妻のことを知っている（←この町全体）。

固有名詞に付くこともあります。

(197) Tout Paris connaît ma femme.

　パリの人は皆、妻のことを知っている（←パリ全体）。

tout ce + 関係詞節はよく使われる形です。

(198) C'est tout ce que ma femme me demande.

　これが妻が私に求めていることのすべてです（←妻が私に求めていることの全体）。

❾ chaque

「各」のように１つ１つを表します。不定代名詞として使う場合には chacun, chacune という形になります（🐦 p.101 § 14. ❼）。

(199) Chaque bec-en-sabot a son caractère.

　ハシビロコウそれぞれに個性がある。

❿ je ne sais, on ne sait, Dieu sait ＋ quel

「どれかわからない」のような意味を表します。

(200) J'ai lu ça dans je ne sais quel livre.

　どの本の中でか忘れたけど、どこかの本で（何かの本で）、これを読んだ。

🐦 p.62 § 8. ❺

> 動詞 importer「重要である」からできている n'importe ＋ 疑問詞は、「どんな〜でもよいので」「どんな〜でもお構いなしに」のような意味で使うよ。n'importe は不変。Ma femme fend des bûches n'importe quand.「妻はいつでも構わず薪割りをする」、Elle rote n'importe où.「彼女はどこでも構わずゲップをする」。でも、n'importe pourquoi, n'importe combien とは言えず、代わりに pour n'importe quelle raiso, à n'importe quel prix と言うよ。Vous ne pouvez pas attacher une vache à notre boîte aux lettres pour n'importe quelle raison.「どんな理由であれ、我が家の郵便受けに牛をつないではいけません」。

日本語訳を参考に、カッコに当てはまる不定形容詞を答えてください。必要があれば冠詞を付けてください。

□ 1. Vous n'avez pas (　　　　　) cylindres [m][pl] ?

　　別のシリンダーはありませんか？

□ 2. M. Tanaka boit toujours (　　　　　) une bouteille de vin.

　　田中氏はいつもワインひと瓶を丸々飲みきる。

□ 3. Aujourd'hui, un (　　　　　) nombre d'étudiants étaient absents.

　　今日はかなりの数の学生が欠席だった。

□ 4. Elle s'est brûlé la langue (　　　　　) fois [f][pl].

　　彼女は何度も舌をやけどした。

□ 5. Il est devenu un (　　　　　) homme !

　　あいつ、別人みたいだな。

〔チェック問題 解答〕
□ 1. d'autres　□ 2. toute　□ 3. certain　□ 4. plusieurs（「一度ならず何度も」のイメージ）□ 5. autre（実際には別人でないので「みたい」）

これ以外の主な不定形容詞を簡単に説明しておくよ。

① divers / différents「異なった」は、不定形容詞としてはいずれも複数名詞の前で無冠詞で使うよ。例えば、Diverses [Différentes] personnes m'ont donné des clous courbés.「いろんな人が曲がったクギをくれました」。divers より différent のほうが、質の違いが大きいイメージで、バラバラ感が強まるかな。

② tel「そのような」は、不定冠詞と一緒に使うことが多いよ。Je n'ai jamais essuyé une telle humiliation.「これまでにこんな屈辱受けたことがないよ（←一度もこのような屈辱を受けたことがない）」。

③ quelconque「何らかの」は、n'importe quel のような意味で、名詞の後に付けて使うよ。Donne-moi un vin quelconque !「何でもいいからワインをくれぇ！（←何らかのワインをください）」。ちなみに、形容詞（ここでは quelconque）が付いたので、部分冠詞ではなく不定冠詞になっているよ（☞ p.32 § 3. ❷）。ただ、quelconque には、品質形容詞として「平凡な」「ありきたりの」のような意味を持つ用法も出てきたので、文脈によっては区別できないこともあるよ。

§7. 数詞

 ❶ 基数詞

🍓 **999 まで**

0 zéro

1 un/une	2 deux	3 trois	4 quatre	5 cinq
6 six	7 sept	8 huit	9 neuf	10 dix
11 onze	12 douze	13 treize	14 quatorze	15 quinze
16 seize	17 dix-sept	18 dix-huit	19 dix-neuf	20 vingt

21 vingt et un/une　　　　　　　22 vingt-deux　23 vingt-trois　　29 vingt-neuf

30 trente　31 trente et un(e)　32 trente-deux

40 quarante　41 quarante et un(e)　42 quarante-deux

50 cinquante　51 cinquante et un(e)　52 cinquante-deux

60 soixante　61 soixante et un(e)　62 soixante-deux

70 soixante-dix　71 soixante et onze　72 soixante-douze　　79 soixante-dix-neuf

80 quatre-vingts　81 quatre-vingt-un(e)　82 quatre-vingt-deux　　89 quatre-vingt-neuf

90 quatre-vingt-dix　　91 quatre-vingt-onze　　99 quatre-vingt-dix-neuf

100 cent　　　　　　　200 deux cents　　　201 deux cent un

999 neuf cent quatre-vingt-dix-neuf

- 1, 21, 31, 41, 51, 61, 81 の 1 には男性形／女性形の区別（un/une）があり、次に来る名詞によって使い分けます。
(201) trente et un becs-en-sabot　31 羽のハシビロコウ〔男性名詞〕
(202) soixante et une huîtres　61 個の牡蠣〔女性名詞〕

- 21, 31, 41, 51, 61 では et un(e)、71 では et onze のように、et を挟みます。これ以外では 10 の位と 1 の位の間にはハイフン（-）を挟みます。
(203) cinquante et un tambours　51 個の太鼓
(204) soixante et onze règles　71 本の定規

(205) **quatre-vingt-huit garde-boues**　88 個の泥よけ

　ただし、1990 年の正書法から、ハイフンでつなげることになりましたので、cinquante-et-un tambours, soixante-et-onze règles のように書くこともあります。

- 100 の位と、1000 の位と次の数字の間には et もハイフンも入れずに、スペースを空けて並べます。

(206) **cent neuf sangliers**　109 頭のイノシシ

(207) **mille quinze chariots**　1015 台のカート

- 80 は quatre-vingts のみ s が付き、81 から 99 までは s が付きません。

(208) **quatre-vingts maniques**　80 個の鍋つかみ

(209) **quatre-vingt-quinze figues**　95 個のイチジク

- cent は、100 でも un cent とはしません。また、100 の整数倍の時だけ s が付きます。端数が付く時、mille が続く時には s が付きません。

(210) **cent fautes**　100 箇所の誤り

(211) **cinq cents fraises**　500 個のイチゴ

(212) **huit cent quatre scaphandriers**　804 人の潜水夫

(213) **quatre cent mille flamants**　40 万匹のフラミンゴ

🍓 1000 以上

- mille も、1000 でも un mille とはしません。また、s が付くこともありません。西暦を表す時だけ、mil と書くことがあります。

(214) **mille boîtes vides**　1000 個の空き缶

(215) **trois mille pneus**　3000 本のタイヤ

(216) **Saito Dosan est mort en mil cinq cent cinquante-six.**
　　斎藤道三は 1556 年に亡くなった。

- million「100 万」、milliard「10 億」、billion「1 兆」は名詞。100 万、10 億、1 兆の時には un が付き、後に名詞が来る場合には de + 名詞とします。ただし、端数がある時には de を入れません。「100 万」「10 億」「1 兆」が複数ある場合には、端数があっても s を付けます。

(217) Le Mont Hakodate a une vue nocturne d'un million de dollars.

函館山には 100 万ドルの夜景がある。

🍓 区切り記号

4 桁以上の大きな数字では、読みやすくするために、右 (1 の位) から数えて数字 3 つごとに ピ リオド (.) を打つことがあります。カンマ (,) ではないことに注意してください。

(218) Tu es sûr qu'il y a 1.878.912 flamants ici ?

フラミンゴがここに 187 万 8912 羽いるって自信ある？

🍓 基数詞の語順

基数詞は名詞の前に置きます。

(219) Il est huit heures !　　8 時だョ！

ページの番号、本の巻や章の番号、国王や皇帝の代数などは名詞の後に置いて順番を表します。「〜世」はローマ数字を用いることが多いです。

(220) Ouvrez votre livre à la page 15.

本の 15 ページを開いてください。

(221) La ligne 206 ne dessert pas Kawaramachi Sanjo.

206 系統は河原町三条を通りません。

(222) Certains disent que Napoléon III n'aimait pas la musique.

ナポレオン三世は音楽が好きではなかったと言う者もいる。

> ローマ数字を 1 から 20 まで順に確認しておくよ。I, II, III, IV, V, VI, VII, VIII, IX, X, XI, XII, XIII, XIV, XV, XVI, XVII, XVIII, XIX, XX。

基数詞は定冠詞、所有形容詞、指示形容詞とともに用いることができますが、不定冠詞と一緒に使うことはありません。

(223) On dit que M. Tanaka gagne ses cinquante millions de yens par jour.

田中氏は日に 5000 万円稼いでいるらしい。

「〜番目」のように順序、順番を表す数詞を序数詞と言います。原則として、基数詞に -ième を付けて作ることができます。ただし、基数詞が -e で終わっている時にはそれを削除して、-q で終わっている時は -qu として、neuf の -f は v に変えたうえで、-ième を付けます。1 番目のみ男性形と女性形があります。

1er/1ère : premier/première   2e : deuxième/second(e)   3e : troisième

4e : quatrième   5e : cinquième   6e : sixième   7e : septième   8e : huitième

9e : neuvième   10e : dixième   11e : onzième   12e : douzième 13e : treizième

14e : quatorzième   15e : quinzième   16e : seizième   17e : dix-septième

18e : dix-huitième   19e : dix-neuvième   20e : vingtième   21e : vingt et unième

22e : vingt-deuxième 30e : trentième   40e : quarantième 50e : cinquantième

60e : soixantième   70e : soixante-dixième   80e : quatre-vingtième

90e : quatre-vingt-dixième   100e : centième   1000e : millième

(224) Pour aller à la gare ? Tournez la trois cent dix-neuvième rue à droite.

駅への道ですか？　319 番目の道を右へ曲がってください。

319 番目の道は 1 本しかないから、複数形にはならないよ。

- 「2 番目」の意味で用いられる second(e) は、もともとは 2 番目までしかないものだけに使われていましたが、最近はそうとも限らないようです。

(225) La Seconde Guerre mondiale a commencé en 1939.

第二次世界大戦は 1939 年に始まった。

Deuxième にすると、人によっては、第三次世界大戦がありそうな感じがするのかもしれないね。

- 「〜世紀」には、XIXe siècle (dix-neuvième siècle)「19 世紀」、XXIe siècle (vingt et unième siècle)「21 世紀」のように、ローマ数字を使います。

- 日付には基数詞を用いますが、毎月 1 日だけ序数詞を使います。le 22 décembre「12 月 22 日」、le 1er avril「4 月 1 日」。月名は英語と異なり大文字にしません。

 **❸ 分数**

1/2 : un demi/une moitié、1/3 un tiers、2/3 deux tiers、1/4 un quart、3/4 trois quarts ま で
は特別な形があります。1/5 以降は、序数詞を使って un cinquième、8/17 huit dix-septième、
49/100 quarante-neuf centième のように表現します。

(226) **Le tiers de trente est dix.**　30 の 1/3 は 10。

 ❹ 小数

フランス語の小数点にはピリオド（.）ではなく、カンマ（,）を用い、virgule と読みます。
小数点の次に 0 があれば zéro、その後の数字を複数桁の数としてまとめて読みます。桁数が多い
場合には、上から 3 桁ずつに区切って読むこともあります。

(227) **1,08% : un virgule zéro huit pour cent**
(228) **0,00013 : zéro virgule zéro zéro zéro treize**
(229) **42,195 km. : quarante-deux virgule cent-quatre-vingt-quinze kilomètres**

 ❺ 概数

おおよその数を「概数」と言います。基数詞と異なり、概数は形容詞ではなく名詞です。一部
は、「1 ダース」のように単位としても使われます。前には冠詞類、後に名詞をとる時には de が
付きます。millier を除き、すべて女性名詞です。

8 : huitaine	10 : dizaine	12 : douzaine	15 : quinzaine	20 : vingtaine
30 : trentaine	40 : quarantaine	50 : cinquantaine	60 : soixantaine	
100 : centaine	1000 : millier			

(230) **J'ai acheté une douzaine d'œufs.**　卵を 1 ダース買った。
(231) **Des milliers de sauterelles menacent les récoltes.**
　　　数千匹のバッタが収穫を脅かしている。

quarantaine が「検疫」「隔離」を意味するのは、1347 年のペスト大流行以来、疫病はオリエント
から来た船から広がるということに気付いたヴェネツィア共和国当局が、船内に感染者がいないこ
とを確認するため、疑わしい船が入港する前に、近くの小島に 30 日間強制的に停泊させる法律を施
行、後にこれが 40 日間となったことが起源になっているよ。今では隔離期間が 40 日間で
なくても quarantaine と言うんだ。

🎈「約」「およそ」の表現

(232) M. Tanaka a environ quinze ans. 田中氏はだいたい 15 歳だ。

(233) M. Tanaka pèse à peu près soixante kilos. 田中氏はだいたい 60 キロだ。

(234) M. Tanaka mesure presque un mètre soixante-dix. 田中氏は 170cm に近い。

environ と à peu près はどちらも、示された数値より実際の数値が上でも下でもよいけど、presque は実際の数値は下じゃないとダメなんだ。上の 3 例だと、田中氏の実年齢は 15 歳より上でも下でも OK、実体重も 60 キロより上でも下でも OK、でも実身長は 170cm より下じゃないとダメなんだ。

〔チェック問題〕 ━━━━━━━━━━━━━━━━━━━━━━━━━━━━━━━

それぞれスペルで書いてください。

☐ 1. 118　➡ _____

☐ 2. 507　➡ _____

☐ 3. 1217　➡ _____

☐ 4. 1973　➡ _____

☐ 5. 3,141　➡ _____

〔チェック問題 解答〕
☐ 1. cent dix-huit　☐ 2. cinq cent sept　☐ 3. mille deux cent dix-sept　☐ 4. mille neuf cent soixante-treize　☐ 5. trois virgule cent quarante et un（, が小数点であって区切り記号ではないことに注意してください）

フランス語の数の数え方
例えば、「季恵は 1 週間後に自転車を買うだろう」をフランス語に訳す時、Kie achètera un vélo dans une semaine のように「週」を表す semaine ではなく、「日」を表す jour(s) を使ったらどうなる？ 普通は dans sept jours ではなく dans huit jours になるんだ。今日が日曜日だとして次の日曜日は何日後？ 日本語では、月火水木金土日で 7 日目って数えることが多いけれど、フランス語では今日が 1 日目になって、日月火水木金土日で 8 日目になるんだ。1 週間後＝ dans huit jours、2 週間後＝ dans quinze jours は覚えておいた方がいいよ。

§8. 副詞

　名詞や代名詞以外のもの、つまり形容詞、他の副詞、動詞、節、文などを修飾し、程度や様態などについて補足するのが副詞です。狭い意味で「副詞」と言えば、1語でできているものだけを指しますが、ここでは、tout le temps「いつも」のように複数の語がまとまって1つの副詞のように働いている「副詞句」についてもいくつかとりあげます。フランス語のすべての単語の品詞を分析し、名詞、冠詞、形容詞、代名詞、動詞、前置詞、接続詞、間投詞というように分類していき、これらの分類に属さないもの、つまり、"残り物"がすべて「副詞」であるという考え方もあるように、フランス語で副詞と分類される語すべてに共通する性質はほぼないと言っても過言ではありません。例えば、oui「はい」と、ici「ここ」と、beaucoup「たくさん」に何らかの共通点があるでしょうか。強いて言えば、形容詞と異なり、副詞は基本的に性数の概念を持たない不変語ですが、一部例外もあります。いくつかに分類して主なものを見ていきましょう。

 ❶ 量、程度、強度を表す副詞

形容詞、副詞、動詞などに付いて、量や程度、強度などを表すもの。

(235) **M. Tanaka boit beaucoup.**　田中氏はたくさん飲む。〔多量〕

(236) **M. Tanaka boit assez.**　田中氏はかなり飲む。〔十分な量〕

(237) **M. Tanaka boit énormément.**　田中氏はものすごく飲む。〔ものすごい量〕

(238) **M. Tanaka boit excessivement.**　田中氏は飲み過ぎる。〔過度〕

(239) **M. Tanaka boit trop.**　田中氏は飲み過ぎる。〔過度〕

(240) **M. Tanaka boit peu.**　田中氏はほとんど飲まない。〔ゼロに近い値〕

(241) **M. Tanaka ne boit presque pas.**　田中氏はほとんど飲まない。〔近似値〕

> très は形容詞か副詞を修飾できるけど、動詞は修飾できないんだ。例えば、très grand「とても大きい」（grand は形容詞）、très bien「とてもよく」（bien は副詞）とは言えるけど、*Il travaille très（travaille は動詞）とは言えなくて、Il travaille beaucoup.「（たくさん→）とてもよく働いている」のように beaucoup などを使わなければいけない。反対に beaucoup は形容詞や副詞を直接修飾することはできないので、*beaucoup grand、*beaucoup bien はどちらも言えないよ。

量を表す副詞を名詞と一緒に使う場合には、副詞を直接名詞に付けるのではなく、前置詞 de を挟むよ。「たくさんのアヒル」は *beaucoup canards ではなく、beaucoup de canards のようにするよ。例えば「この部屋の中にはヒツジがいすぎる」であれば Il y a trop de moutons dans cette chambre. になるね。

peu と un peu は全く違うよ。peu de ＋名詞は、その名詞が表すものがほとんどないこと、ほぼゼロであることを表すよ。Il y a peu de modifications.「修正点はほとんどありません」。数えられる名詞の場合には複数形にするのが普通。これに対して、un peu de ＋名詞は、数えられない名詞しか後に来ないので、「ちょっとしかイチゴを持っていない」と言おうとして *J'ai un peu de fraises は誤り。正しくは、J'ai quelques fraises. などと言わないといけないんだ（☞ p.47 §6. ❸）。Il reste encore un peu de lait à la fraise.「イチゴ牛乳は少し残っている」は OK。

 ❷ 様態を表すもの

(242) **M. Tanaka court** lentement.　田中氏はゆっくり走る。

(243) **M. Tanaka chante** mal.　田中氏は歌がヘタだ。

(244) **M. Tanaka parle** attentivement.　田中氏は慎重に話をしている。

(245) **Ma femme crie** fort.　妻は大声で叫んでいる。

(246) **Ma femme est** fort **contente.**　妻はとても満足している。

fort contente の fort が形容詞ではなくて副詞だって分かる？　この fort は後の形容詞 contente を文字通り"強めて""とても"のような意味になっている。この文で、contente だけでなく fort も形容詞で、この文が「妻は強くて、満足している」という意味になる可能性はあるかな？　その可能性はないよ。もし、fort も形容詞だったら、Ma femme に性数一致して forte になるし、Ma femme est forte et contente になるはずだよ。

 ❸ 時を表すもの

(247) **M. Tanaka boit du lait à la fraise** maintenant.

　　　田中氏は今、イチゴ牛乳を飲んでいる。

(248) Hier, **M. Tanaka est allé faire les courses.**　昨日、田中氏は買い物に行った。

(249) Aujourd'hui, **M. Tanaka travaille à la maison.**　今日、田中氏は在宅勤務だ。

(250) **Ma femme rentre** tard.　妻は帰りが遅い。

(251) **Philippe se lève** tôt.　フィリップは早起きだ。

(252) **Ikiko a** toujours **des documents à la main.**　ゐき子はいつも手に書類を持っている。

❹ 場所を表すもの

(253) **Shu habite loin.** 収は遠いところに住んでいる。

(254) **Viens près de moi.** 私のそばに来なさい。

(255) **Les flamants sont partout !** フラミンゴはそこらじゅうにいる。

(256) **Autour de la table, il y a des puces.** テーブルの周りにはノミがいます。

「ここ」は ici、「あそこ」は là だけど、遠近を区別しない時には ici ではなく là を使うことがあるよ。「こっちにおいで」のような意味で、Viens ici ! ではなく Viens là ! と言うこともあるんだ。遠近の区別をするのに、従来の ici ⇔ là ではなく、là ⇔ là-bas の対立を用いることがあるよ。

 ❺ 疑問を表すもの（疑問副詞）

🐦 **pourquoi**：理由を問う

(257) **Pourquoi Naoki ne peut-il pas dormir la nuit ?**

なぜ、直樹は夜、眠れないの？（語順については 🐦 p.226 § 36. ❶）

🐦 **quand**：時を問う

(258) **Quand part le prochain train pour Rifu ?** 次の利府行きは何時発ですか？

必要に応じて前置詞を付けることもできます。

(259) **Jusqu'à quand restes-tu chez nous ?** いつまでうちにいるつもり？

🐦 **où**：場所を問う

(260) **Tu vas boire où ?** どこに飲みに行くの？

(261) **Tu viens d'où ?** おぬし、どこから参った？

関係代名詞 où の場合同様、de, jusque, par を付けることができます（🐦 p.87 § 12. ❹）。

🐦 **comment**：性質、様子、様態、方法などを問う

(262) **Ta femme est comment ?** 奥さん、どんな人？

(263) **M. Tanaka travaille comment ?** 田中氏の働きっぷりは？

(264) **Comment vous appelez-vous ?**

　　　 — Bonjour ! Nous, nous sommes *Indians* !

「名前は？（←自分をどのように呼ぶ？）」「どうもー、インディアンスでーす！」

(265) **Comment dit-on « mou eewa » en français ?**

フランス語で「もうええわ」は何と言いますか？

🍓 je ne sais / on ne sait / Dieu sait ＋疑問副詞

(266) Ma femme est allée je ne sais où. 妻はどこだか分からないところへ行った。

(267) Ma femme est rentrée on ne sait quand.

妻はいつだか分からないが帰ってきた。

(268) Ma femme est contente Dieu sait pourquoi.

妻はなぜだか分からないが満足している。

(269) Ma femme a gagné plus d'un million je ne sais comment.

妻はどうやってか分からないが 100 万円以上稼いだ。 (p.51 § 6. ⓾)

❻ 選択・取り立てなどを表すもの

(270) M. Tanaka aime seulement sa femme et ses enfants. 〔限定〕

田中氏は妻と子どもたちだけを愛している。

(271) M. Tanaka aime les becs-en-sabot et le lait à la fraise aussi. 〔追加〕

田中氏はハシビロコウとイチゴ牛乳も好きだ。

> 追加の意味を持つ aussi は、追加する表現の直後に置くのが普通だよ。Kota vient. Tomonori aussi.「昂汰は来る。朋紀も（来る）」のように。否定文の場合には、aussi ではなく non plus を使うことにも注意してね。M. Tanaka n'aime pas les petits-pois. Le maïs non plus.「田中氏はグリーンピースが好きではない。トウモロコシも（好きではない）」

(272) Même chez M. Tanaka, il n'y a plus de lait à la fraise.

田中氏の家にさえ、イチゴ牛乳がなくなってしまった。

> 「～さえ」の意味の même は副詞。この même は、「～さえ」をかけたい意味上のまとまりの直前に置くのが普通だよ。この文では、「田中氏の家に」というまとまりに「～さえ」をかけたいので、chez の前に付いているんだ。

❼ 否定の意味を持つもの

ne ... pas, ne ... jamais などは p.192 § 29. で説明します。

oui, non, si の使い分けは p.227 § 36. ❷。

❽ 副詞の語順

　副詞全体に適用できる語順に関するルールはありません。また、１つの副詞に限っても、文体などをはじめとしたさまざまな要因に左右されますので、あくまでも傾向に過ぎません。

🦅 感嘆副詞

感嘆副詞（comme, que）は文頭に来ます。

(273) Comme tu écris mal !〔= Que〕　なんて君は字が下手なんだ！

(274) Que le temps passe vite !〔= Comme〕　なんて時の流れは早いんだ！

(275) Que de monde il y a devant la statue de Hachiko !〔que de ＋名詞〕
　　　ハチ公前、なんという人混みだ！

> combien de ＋名詞の構文では、数えられるイメージの名詞（可算名詞）と一緒に使うことが多いよ。だから、Combien de personnes... とは言えるけれど、Combien de monde にはできないんだ。

🦅 量、強度の副詞

形容詞、副詞などを修飾する場合には、その直前に入れます。

(276) Les colibris sont des oiseaux très petits.〔très ➡ petits を修飾〕
　　　ハチドリはとても小さい鳥である。

(277) Tu travailles beaucoup mieux que je ne croyais.
　　　君は、僕が思っていたよりずっとよく働くねぇ。〔beaucoup ➡ mieux を修飾〕

> この ne は「虚辞の ne」と言うよ。比較文に出てくる虚辞の ne は、イタリア語やスペイン語など、フランス語の兄弟のような言語にはないものなので、フランス語らしい表現の１つかもしれない（🦅 p.198 § 29. ❾）。

> 秀・優・良・可・不可のような成績のつけ方は、フランスでは良い方から順に、Très Bien (TB) > Bien (B) > Assez Bien (AB) > Passable > Ajourné（不可）の順。Bien より Assez Bien が下なんだ。très より assez はふつう下に来るよ。

(278) Akihide est un peu plus grand que Atsushi.〔un peu ➡ plus grand を修飾〕
　　　昭英は淳より少し大きい。

　よく使われる短い副詞（bien, mal, trop, déjà, encore, souvent, toujours, beaucoup など）は助動詞を使わないで作る単純時制（🦅 p.131 § 17. ❽）の場合には動詞の直後、動詞が助動詞＋過去分詞でできている複合時制の場合には助動詞と過去分詞の間に入ることが多いです。

🍓 時や場所の副詞

時や場所の副詞は、その文が表す出来事・状態の場面を設定する役割を担いますので、文の前や後、つまり文頭か文末に来ることが多いです。

(279) **Hier, ma femme n'a bu que dix-huit verres.**

〔Ma femme n'a bu que dix-huit verres hier. も可〕

昨日、妻は 18 杯しか飲まなかった。

🍓 文を修飾する副詞

時や場所の副詞以外の副詞で、文全体にかかるものは文頭に来ることが多いです。

(280) **Naturellement, j'ai refusé d'aller chercher ma femme.**

当然、妻を迎えに行くことは拒否しました。

🍓 動詞を修飾する副詞

助動詞を使わない単純時制の場合には、動詞の後に来るのが普通です。

(281) $_S$**Je** $_V$**travaille** **beaucoup et** $_S$**ma femme** $_V$**boit** **beaucoup.**

私はたくさん働き、妻はたくさん飲む。〔beaucoup ➡ travaille/boit を修飾〕

助動詞と過去分詞で作る時制（複合時制）の場合、bien, mal, trop, déjà, encore, toujours, beaucoup などは、助動詞と過去分詞の間に置かれるのが普通です。

(282) **Ma femme** 助動詞**a encore beaucoup** 過去分詞**bu.**

妻はまたたくさん飲んだ。

これ以外の副詞は過去分詞の後に置くことが多いですが、助動詞と過去分詞の間に置かれることもあります。

(283) **L'avocat m'** 助動詞**a gentiment** 過去分詞**répondu à mes questions.**

弁護士は私の質問に親切に答えてくれた。〔m'a répondu gentiment も可〕

🍓 疑問副詞 🐭 p.226 § 36. ❶

❾ 副詞的に用いる形容詞

一部の形容詞は、そのままの形で副詞として用いることがあります。副詞的に用いられる形容詞は、原則として性数一致せず不変です。多くは一音節（🐭 p.17 § 0. ❽）の形容詞です。

(284) **Pour aller à la poste, marchez tout** droit **pendant 580 kilomètres et faites demi-tour.** 郵便局に行くには、580 キロ直進し、U ターンしてください。

> この例では、副詞 tout が副詞のように働いている droit を強調しているよ。また、pendant（ p.120 §16.㉔）は「期間」を表すのが基本。この文では、580 キロ進むのにかかる時間の間、のように解釈されるよ。

> 副詞的に用いられることが多い形容詞をまとめておくよ。sentir bon「良い匂いがする」、sentir mauvais「いやな匂いがする」、coûter cher「値段が高い」、voir clair「はっきり見える」、travailler dur「猛烈に働く」、peser lourd「重い」などがあるよ。イチゴの値段が高いことを表す場合、être を使うか coûter を使うかで一致の仕方が違うから注意して。Ces fraises sont chères（chères は形容詞）だけど、Ces fraises coûtent cher（cher は副詞的に用いられた形容詞）。

❿ 性数一致する副詞

原則として、副詞は性数一致せず不変ですが、tout だけは、子音または有音の *h*（ p.16 §0. ❼）で始まる女性形形容詞の前で例外的に性数一致します。これは、古い文法の名残です。

(285) **Ma femme est** tout **ivre.** 〔母音で始まる女性形形容詞の前〕
　　　妻はすっかり酔っぱらっている。

(286) **Ma femme est** toute **contente.** 〔子音で始まる女性形形容詞の前〕
　　　妻はとても満足している。

● tout と très
どちらも程度が高いことを表しますが、tout は「100%」を表すので、越えることができない絶対的な程度を表します。

(287) **Le Dieu est** tout **puissant. Ma femme est** très **puissante.**
　　　神は全能である。妻は非常に権力がある。

程度の差を想定できないような表現には tout だけを用います。

(288) **Le verre de ma femme est toujours** tout **plein.** 〔très plein は不可〕
　　　妻のグラスは常にいっぱいだ。

● 不定代名詞 tout との識別
(289) **Ma femme est** toute **contente.** 　妻はとても満足している。

前の例の toute は副詞ですが、次はどうでしょうか。

(290) Elles sont toutes contentes.

この例の場合には、副詞 (形容詞を修飾➡「彼女たちはとても満足している」) なのか、代名詞 (主語の Elles の同格➡「彼女たちは全員満足している」) なのかの区別は付きません (🐌 p.100 **§ 14. ❻**)。

〔チェック問題〕────────────────────────────

日本語訳に合わせて、カッコ内の副詞を適切な位置に置いてください。

□ 1. Il est beau, ce vautour！（comme）「なんて美しいんだ、このハゲタカは！」

➡ _____

□ 2. Peut-on voir les becs-en-sabot？（où）「どこでハシビロコウに会えますか？」

➡ _____

□ 3. J'ai poli la râpe.（bien）「私は上手におろし器を磨きました」

➡ _____

□ 4. Ma femme boit.（silencieusement）「妻は黙々とお酒を飲んでいる」

➡ _____

□ 5. Mon bec-en-sabot a les pattes longues.（très）

「うちのハシビロコウは脚がとても長い」

➡ _____

〔チェック問題 解答〕
□ 1. Comme il est beau, ce vautour！（感嘆副詞は文頭）　□ 2. Où peut-on voir les becs-en-sabot？（主語倒置が起こっているので、疑問副詞 où は文頭に）　□ 3. J'ai bien poli la râpe.（J'ai poli bien la râpe なども可能だが、この語順が最も普通）　□ 4. Ma femme boit silencieusement.（この語順が最も普通。Silencieusement, ma femme boit は強調的。＊Ma femme silencieusement boit. は文法的に不可。主語と動詞の間に副詞は挿入できない）　□ 5. Mon bec-en-sabot a les pattes très longues.

§9. 人称代名詞

1人称（話し手）、2人称（話し相手）、3人称（話し手でも話し相手でもない人）かによって形が変わる代名詞を人称代名詞と言います。1人称、2人称、3人称それぞれに単数形と複数形があり、3人称には男性、女性の区別もあります。

 ❶ 形態

			非強勢形			強勢形
			主語	直接目的語	間接目的語	
単数	1人称		je (j')	me (m')	me (m')	moi
	2人称		tu	te (t')	te (t')	toi
	3人称	男性	il	le (l')	lui	lui
		女性	elle	la (l')		elle
複数	1人称		nous	nous	nous	nous
	2人称		vous	vous	vous	vous
	3人称	男性	ils	les	leur	eux
		女性	elles			elles

何人称か、単数か複数か、3人称の場合には男性か女性か、そして文中での働きに応じて、代名詞を選びます。直接目的語・間接目的語の代名詞は主語と動詞の間に入れます。肯定命令文の時だけ、命令形の動詞の後に置きます。

(291) ₛAkihide ᵥfait ₍COD₎des exercices ₍CC₎tous les jours.
昭英は毎日練習をしている。

➡ (292) ₛIl ᵥfait ₍COD₎des exercices ₍CC₎tous les jours.〔il = 3人称単数・主語〕

(293) ₛEri ᵥregarde ₍COD₎cette broderie.
愛理はこの刺繍を眺めている。

➡ (294) ₛEri ₍COD₎la ᵥregarde.〔la = 3人称単数女性・直接目的語〕

(295) _S**Teruaki** _V**parle** _{COI}**aux étudiants.**　輝昭は学生たちに話している。

➡ (296) _S**Teruaki** _{COI}**leur** _V**parle.**〔leur = 3 人称複数男性・間接目的語〕

3 人称の代名詞は、男性なら il、女性なら elle を使うというのが伝統的な考え方だったけど、この 2 つを合わせて iel という性の概念を持たない人称代名詞が 2013 年頃生まれたよ。2021 年にはオンライン版の仏仏辞典（*Le Robert*）にも掲載されて論争となったんだ。

❷ 肯定命令文以外の語順

　直接目的語・間接目的語の代名詞の語順には 2 種類あります。肯定命令文の場合（🐦❸）と、肯定命令文以外の場合です。「肯定命令文以外の場合」とは、通常の文（肯定文）、否定文、疑問文、否定命令文などの場合で、こちらがフランス語の原則とお考えください。下図中の y, en は中性代名詞（🐦 p.74 **§10.**）と言います。

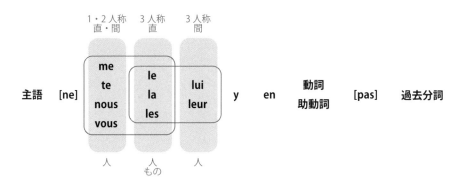

　直接目的語・間接目的語の代名詞、中性代名詞は、主語と動詞（あるいは助動詞）の間に入ります。複数の代名詞を一緒に使う場合には、人称の小さい順に使います（1・2 人称➡3 人称の順）。3 人称の 2 つは直接➡間接の順番です。理屈では、主語と動詞の間に並んでいる代名詞のうち、4 つまで使うことができますが、実際にはありえません。日本語で「私が、あれをあの人にあそこで ...」と言っても何が何だか分かりませんよね。代名詞の使いすぎはかえって分かりにくくなるのです。

　なお、上図で縦に並んでいるものは同時には使えません。

(297) _S**Elle** _{COI}**me** _V**passe** _{COD}**le rapporteur.**　彼女は私に分度器を渡す。

➡ (298) _S**Elle** _{COI}**me** _{COD}**le** _V**passe.**〔me = 1 人称間接目的➡ le = 3 人称直接目的〕

(299) $_S$Je $_{COI}$**lui** $_V$**passe** $_{COD}$**le rapporteur.**　私は彼女に分度器を渡す。

➡ (300) $_S$Je $_{COD}$**le** $_{COI}$**lui** $_V$**passe.**〔le＝３人称直接目的➡ lui＝３人称間接目的〕

　この２例で、直接目的語・間接目的語の語順が逆になることに注意しましょう。また、前図内の、黒い囲みに注目してください。同じ黒い囲みの中に入っている代名詞を２つ使うことはできますが、異なる黒い囲みに入っている代名詞は併用できません。例えば、me la, nous les, le lui, la leur などの組み合わせは可能ですが、me lui, vous leur などはできません。言い換えると、〔１・２人称の代名詞〕と〔３人称間接目的語の代名詞〕は併用できないのです。しかし、これで困ることはほとんどありません。というのも、〔１・２人称の代名詞〕も〔３人称間接目的語の代名詞〕も、「もの」ではなく「人」を表す代名詞。「人」を２つ目的語にとる動詞がどれだけあるでしょうか。例えば、「Aさんが、BさんをCさんに○○する」。「○○」に当てはまるものをいくつ思いつきますか？「紹介する」以外に思いつきますか？　フランス語でも同じで「紹介する」présenter 以外に、「人」を直接目的語にも間接目的語にもとる動詞はほとんどありません。万が一、〔１・２人称の代名詞〕と〔３人称間接目的語の代名詞〕の両方を使いたい場合には、〔３人称間接目的語の代名詞〕の方を、à＋強勢形にして、動詞の後に置きます。次の文は文法的に誤りです。

(301) ＊ $_S$Je $_{COD}$**te** $_{COI}$**lui** $_V$**présente.**　私は君を彼に紹介する。

正しくは、

(302) $_S$Je $_{COD}$**te** $_V$**présente** $_{COI}$**à lui.**

とします。「彼に」ではなく「彼女に」であれば à elle になります（elle は強勢形）。これ以外に注意すべき点などを見ていきましょう。

(303) $_S$Je $_{COI}$**lui** $_V$**ai passé** $_{COD}$**les pinceaux.**　私は彼女に筆 [m][pl] を渡した。

➡ (304) $_S$Je $_{COD}$**les** $_{COI}$**lui** $_V$**ai passés.**〔les＝３人称直接目的➡ lui＝３人称間接目的〕

過去分詞に s が付いたことに注意してください。過去分詞より前に直接目的語があるからです（🐢 p.176 § **25.** ❽）。

(305) $_{助動詞}$**Avez-vous** $_{S}$$_{過去分詞}$**passé** $_{COD}$**les scies** $_{COI}$**à votre femme ?**
　　　奥さんにのこぎり [f][pl] を渡しましたか？

➡ (306) $_{COD}$**Les** $_{COI}$**lui** $_{助動詞}$**avez-vous** $_{S}$$_{過去分詞}$**passées ?**
　　　〔les＝３人称直接目的➡ lui＝３人称間接目的〕

(307) 　N'_{助動詞} **avez-vous** _s**pas** _{過去分詞}**passé** _{COD}**les scies** _{COI}**à votre femme ?**

奥さんにのこぎりを渡さなかったのですか？

➡ (308) **Ne** _{COD}**les** _{COI}**lui** _{助動詞}**avez-vous** _s**pas** _{過去分詞}**passées ?**

〔les = 3 人称直接目的➡ lui = 3 人称間接目的〕

　主語倒置が起こっている疑問文であっても原則通りです。ただし、文法的にはこの語順になりますが、会話ではそもそも主語倒置しないことが多いので、目的語の代名詞が先頭に来る文を見たり聞いたりすることはほとんどないでしょう。

　次の文では、直接目的（COD）le marteau と間接目的（COI）à ma femme は、活用していない passer という動詞にとっての直接目的語・間接目的語です。従って、代名詞化する場合には passer の前に入れます。

(309) 　_S**Je** _V**ne veux pas** _V**passer** _{COD}**le marteau** _{COI}**à ma femme.**

妻にハンマーを渡したくない。

➡ (310) _S**Je** _V**ne veux pas** _{COD}**le** _{COI}**lui** _V**passer.**

〔le = 3 人称直接目的➡ lui = 3 人称間接目的〕

 ❸ 肯定命令文での語順

　命令形（ p.166 § 25. ❶）の動詞の後に代名詞を置き、ハイフンで結びます。直接目的語・間接目的語の両方がある時には、人称に関わらず、直接➡間接の順にします。また、me, te は moi, toi とします（ただし、moi, toi の後に、en, y が続く時には、m'en のように moi を me、toi を te に戻します）。

(311) 　_V**Regarde-moi** _{COD}**!** 俺を見ろ！

➡ (312) **Ne** _{COD}**me** _V**regarde pas !** 俺を見るな！〔否定命令文は通常の語順〕

(313) 　_V**Donnez-moi** _{COI COD}**des fraises !** 俺にイチゴをよこせ！

➡ (314) _V**Donnez-** _{COI}**m'en** _{COD} **!**

 ❹ 直接目的語・間接目的語代名詞で注意するべき点

🍓 le, la, les が使えない場合

「総称用法」（ p.26 § 2. ❷）の定冠詞＋名詞のまとまりは、代名詞 le, la, les にはできません。どうしても代名詞にしたければ ça を用います。

(315) — M. Tanaka aime le lait à la fraise ?

　　— * **Oui, il l'aime.** 〔正しくは Oui, il aime ça.〕

　　「田中先生はイチゴ牛乳が好きですか？」「はい、彼はイチゴ牛乳（全般）が好きです」

「総称用法」でなければ代名詞 le, la, les にできます。

(316) — M. Tanaka aime le lait à la fraise qu'elle vient de préparer ?

　　— **Oui, il l'aime.**

　　「田中先生はさっき彼女が作ってくれたイチゴ牛乳は好きですか？」

　　「はい、そのイチゴ牛乳（＝彼女が作ってくれた特定のイチゴ牛乳）は好きです」

🍓 間接目的の代名詞が使えない場合

penser, songer など一部の動詞では「人」を表す間接目的語の代名詞が使えません。代名詞化したい場合には、à ＋強勢形にして動詞の後に置きます。これは非常に特殊なケースで、一部の動詞だけが持っている制約とお考えください。

(317) — M. Tanaka pense ₍COI₎à Asahiko ?

　　— * **Oui, il lui pense.** 〔正しくは Oui, il pense à lui.〕

　　「田中氏は朝彦のことを考えているのか？」「はい、彼は朝彦のことを考えている」

🍓 関心を表す間接目的の代名詞

本来、間接目的語が要らないような動詞に、自らの関心や何らかの関わりがあることを表したり、相手の関心を引きつけるために、1・2人称の間接目的の代名詞を付けることがあります。「心性与格」などと言ったりします。

(318) **Regarde-moi ₍COI COD₎ça !**　これ（ça）を見てくれよ！

🍓 体の部分が誰のものであるかを表す間接目的の代名詞

フランス語では、体の部分を表す名詞には定冠詞が付くことが多いですが、定冠詞だけではそれが誰の体の部分か分からない場合に、間接目的の代名詞を付けることがあります。

(319) **Ma femme ₍COI₎m'a pris ₍COD₎les cheveux.**

　　妻は私の髪の毛をつかんだ。

(320) **Je vais ₍COI₎te ᵥlaver ₍COD₎les moustaches.**

　　私が君のヒゲを洗ってあげよう。

(321) **Je vais ₍COI₎me ᵥlaver ₍COD₎les moustaches.**

　　私は（自分の）ヒゲを洗おう。

71

間接目的の代名詞を使って、動作が及ぶ対象を表すことによって、その体の部分が誰のものであるかを表すのです。

 ❺ 強勢形の用法

主語（je など）、直接目的語・間接目的語（me など）の代名詞をまとめて「非強勢形／無強勢形」と言うことがあります。「強勢」というのは英文法の「アクセント」と同じです。非強勢形の代名詞は動詞にくっつけて（肯定命令文を除き、動詞の直前）しか使うことができません。単独では使えません。例えば、「誰だ、こんなことをしたのは？」という疑問文に「おれ」と答えるのを直訳した以下の文は誤りです。

(322) **Qui a fait ça ?** — * Je.

je は非強勢形の代名詞なので動詞がなければ使えません。Je と言ってしまったら動詞を続けなければならないのです。これに対して、「強勢形」の代名詞は動詞から独立して、単独でも使うことができる代名詞です。従って先ほどの例は、次のようにすれば可能です。

(323) **Qui a fait ça ?** — **Moi.**

先ほどの逆で、Moi と言ってしまうと、直後に動詞は続けられません。このように、強勢形の代名詞は動詞から離れたところで使われます。先ほどのように動詞なしで単独で使われる場合以外の用法を見ていきましょう。

🍓 属詞として
(324) **Qui a fait ça ?** — **C'est** ˄**moi.**
　　「これをやったのは誰？」「私だ」

🍓 前置詞（🐟 p.109 §16.）の後で
(325) **Ma femme ne sort jamais** 前置詞 **avec moi.**
　　妻は私とは決して外出しない。
(326) **Ma femme dîne toujours** 前置詞 **sans moi.**
　　妻はいつも私抜きで夕食をとる。

🖤 **比較構文**（🔖 p.214 §34.）の que、ne ... que（🔖 p.197 §29. ❼）の que の後で

(327) **Ma femme boit beaucoup plus que moi.**

　　　妻は私よりもはるかにたくさん酒を飲む。

(328) **À la maison, il n'y a que moi.**　家には私しかいない。

〔チェック問題〕━━━━━━━━━━━━━━━━━━━━━━━━━━━━━━━

　　下線部を適当な代名詞に置き換え、全文を書き改めてください。

　　☐ 1. 胃カメラを眺めている。　Je regarde la gastro-caméra.

　　　➡ ＿＿＿＿＿＿＿＿＿＿＿＿＿＿＿＿＿＿＿＿＿＿＿＿＿＿＿＿＿＿＿

　　☐ 2. 甥っ子たちに電話する。　Je téléphone à mes neveux.

　　　➡ ＿＿＿＿＿＿＿＿＿＿＿＿＿＿＿＿＿＿＿＿＿＿＿＿＿＿＿＿＿＿＿

　　☐ 3. 娘に水切りざるをあげる。　Je donne la passoire à ma fille.

　　　➡ ＿＿＿＿＿＿＿＿＿＿＿＿＿＿＿＿＿＿＿＿＿＿＿＿＿＿＿＿＿＿＿

　　☐ 4. マットレスをください。　Donne-moi le matelas.

　　　➡ ＿＿＿＿＿＿＿＿＿＿＿＿＿＿＿＿＿＿＿＿＿＿＿＿＿＿＿＿＿＿＿

　　☐ 5. 妻に洗濯ばさみを渡すな。　Ne passe pas la pince à linge à ma femme.

　　　➡ ＿＿＿＿＿＿＿＿＿＿＿＿＿＿＿＿＿＿＿＿＿＿＿＿＿＿＿＿＿＿＿

┌───┐
│〔チェック問題 解答〕
│☐ 1. Je la regarde. ☐ 2. Je leur téléphone. ☐ 3. Je la lui donne. ☐ 4. Donne-le-moi.
│☐ 5. Ne la lui passe pas.　　　　　　　　　　　➡ **ドリル** p.186, 190
└───┘

3人称強勢形の特殊な用法
3人称の強勢形（lui, elle, eux, elles）は、1・2人称の強勢形（moi, toi, nous, vous）と異なり、そのままでも主語にすることができるよ。例えば、Lui, il jodle sur le toit, mais moi, je détruis les cafards.「彼は屋根の上でヨーデルを歌っているが、私はゴキブリを駆除している」という文では、強勢形（Lui）の後のカンマと il を省略して、Lui jodle ともできるけど、強勢形 moi の後の je を省略して *moi détruis les cafards とは言えないんだ。

§10. 中性代名詞

「1人称」「2人称」「3人称」によって形が変わる代名詞を「人称代名詞」と言いますが、「人称」によって形が変わらないもの、性と数の概念を持たない代名詞を「中性代名詞」と言います。一般的に「中性代名詞」と呼ばれているのは、le, y, en の3つです。語順については、p.68 §9. ❷ をご覧ください。

 ❶ le

le は、不定詞や、文に代わって直接目的語として働いたり、形容詞や過去分詞などに代わって属詞として働きます。人称代名詞の le と同じ位置に入れます。

(329) — **Vous savez que M. Tanaka aime le lait à la fraise ?**

— **Oui, nous le savons.** 〔le = que M. Tanaka aime le lait à la fraise〕〔直接目的語〕

「田中氏がイチゴ牛乳好きって知ってますか？」

「はい、私たちはそれ（田中氏がイチゴ牛乳好きであること）を知っています」

(330) Tu peux sortir si tu le veux. 〔le = sortir〕〔直接目的語〕

外に行きたければ（外に行って）いいよ。

(331) Tu es amusant ! Reste-le ! 〔= amusant〕〔属詞〕

お前はおもろいな。おもろいままでいろよ。

(332) Tu es amusant ! Ils le sont aussi ! 〔= amusants〕〔属詞〕

お前はおもろいな。あいつらもおもろい。

🍓 **le の省略**

中性代名詞 le は、le を付けようとする動詞によって使用不可のもの、使用が任意のものがあります。好き嫌いを表す動詞 aimer, détester, préférer など、開始・継続・中断・終了を表す動詞 achever, arrêter, cesser, finir, commencer, continuer など、試みを表す動詞 essayer などと用いられるときには、中性代名詞 le を省略します。

(333) Elle continue le travail ? — Oui, elle le continue. 〔le は男性単数形〕

(334) Elle continue à travailler ? — *Oui, elle le continue. 〔le は中性代名詞のつもり〕

彼女は仕事を続けるの？

この場合、Oui, elle y continue. も不可で、Oui, elle continue と言うほかありません。また、accepter, craindre, croire, devoir, espérer, falloir, ignorer, imaginer, oublier, pouvoir, promettre, refuser, savoir, vouloir などは、le の使用が任意です。

(335) Est-ce que ma femme rentrera ? — Je l'ignore / J'ignore. 〔l' は中性代名詞〕

「妻は帰ってくるだろうか？」「知らんがな」

 ❷ y

中性代名詞 y は、〔de 以外の前置詞(à, chez, dans, en, sous, sur など)＋名詞／不定詞〕に変わることができます。〔de ＋名詞〕には en を用います（🐟❸）。

(336) — Miyuki va à Kichijoji ?

— Oui, elle y va. 〔y = à Kichijoji〕

「美雪は吉祥寺に行くの？」

「うん（吉祥寺に）行くよ」

(337) — Tu as posé les pantoufles sur la table ?

— Oui, je les y ai posées. 〔y = sur la table〕

「スリッパ、テーブルの上に置いた？」

「うん（スリッパを）そこに（＝テーブルの上に）置いたよ」

〔前置詞＋名詞〕と同じように働く ici などの代わりにもなることができます。

(338) Je me plais ici. Je m'y plais beaucoup. 〔y = ici〕

ここが気に入った。ここがとても気に入った。

場所の表現以外にも使うことができます。

(339) — Tu as renoncé à parler avec ta femme ?

— Non, je n'y ai pas renoncé. 〔y = à parler avec ma femme〕

「奥さんと話すことを断念したの？」

「いや、（奥さんと話すことを）断念していないよ」

🍓 **y と lui / leur の使い分け**

〔à ＋名詞〕の名詞が「人」を表す時には、lui / leur を用いるのが原則です。

(340) — **Tu as déjà répondu au mail de ta femme ?**

— **Non, je n'y ai pas encore répondu. / je ne lui ai pas encore répondu.**

「奥さんからのメールにもう返信したの？」

「いや、まだ返信していない」

y にすると je n'ai pas encore répondu au mail de ma femme の代わり、lui にすると je n'ai pas encore répondu à ma femme の代わりになります。ただし、lui が「人」を表すと誤解されない場合には、動物を含む「もの」にも lui, leur を使うことができます。

(341) — **Qu'est-ce que tu donnes à tes becs-en-sabot ?**

— **Des poissons. Je ne leur donne pas de croissants.**

〔leur = à mes becs-en-sabot〕

「ハシビロコウに何を与えているの？」

「魚だよ、ハシビロコウたちにクロワッサンは与えないんだ」

🍓 y の省略

発音上の理由から、aller の直説法単純未来形、条件法現在形の前では省略されます。

(342) * **Je n'ai jamais été à Tottori, je n'y irai pas. — Pourquoi !?**

「俺は鳥取に行ったことないし、鳥取に行くこともないだろう」「なんでやねん」

i の音で始まる aller の直説法単純未来形、条件法現在形の前では y は省略します。どうしても表現したければ、là-bas などを使って、je n'irai pas là-bas のようにします。

 ❸ en

〔de ＋名詞／不定詞〕に代わる場合と、〔数量表現＋名詞〕の名詞にのみ代わり直接目的語として働かせる場合があります。

(343) — **Tu as besoin de ce crochet ?**

— **Oui, j'en ai besoin.** 〔en = de ce crochet〕

「君はこのかぎ針が必要なの？」「うん、（このかぎ針が）必要」

(344) — **Ce train vient de Suzaka ?**

— **Oui, il en vient.** 〔en = de Suzaka〕

「この列車は須坂から来たの？」「うん、この列車はそこ（須坂）から来た」

〔de ＋名詞〕の名詞は「もの」を表すものに限られます。「人」を表す名詞の場合には、en ではなく、de ＋人称代名詞強勢形（moi, toi など。 🦤 p.72 § 9. ❺）を用います。

(345) — **Le Président a parlé de son bec-en-sabot ?**

— **Oui, il en a parlé.** 〔en = de son bec-en-sabot〕

「大統領は自らのハシビロコウについて語ったのか？」

「はい、彼はそれ（自らのハシビロコウ）について語りました」

(346) — **Le Président a parlé de Masako Mori ?**

— **Oui, il a parlé d'elle.** 〔d'elle = de Masako Mori〕 〔* il en a parlé 不可〕

「大統領は森昌子について語ったのか？」

「はい、彼は彼女（森昌子）について語りました」

〔de ＋不定詞〕の例も見ておきましょう。

(347) **Je ne fais rire quelqu'un que quand j'en ai envie.**

〔en = de faire rire quelqu'un〕

笑わせたいと思っている時にしか誰かを笑わせることはしない。

この文の構造は分かったかな。ne ... que「〜しかない」（🦤 p.197 § 29. ❼）を使って「j'en ai envie の時（quand）だけ」という意味になっているよ。また、faire + rire のところに使役構文が使われているよね。

次に〔数量表現＋名詞〕の名詞のみに代わり直接目的語として働かせる場合です。

(348) **J'ai un condor des Andes. Il en a vingt.** 〔Il a vingt condors des Andes〕

私はコンドルを 1 羽飼っている。彼は 20 羽飼っている。

ここでは、un condor という〔数量表現＋名詞〕のうち condor だけに代わります。同じように、Il a beaucoup de condors des Andes. の代わりに Il en a beaucoup. などとも言えます。

(349) **J'ai un condor des Andes. Mais il n'en a pas.** 〔Il n'a pas de condor des Andes〕

私はコンドルを 1 羽飼っている。しかし、彼は飼っていない。

〔数量表現＋名詞〕の名詞のみに代わる用法では、名詞が「人」を表す名詞であっても構いません。

(350) **M. Odama a vingt étudiants, mais M. Tanaka n'en a que deux.**

〔en = étudiants〕

尾玉先生のところには学生が 20 人いるが、田中先生のところには 2 人しかいない。

🌸 en と le, la, les の使い分け

en は、不特定の直接目的語として働きます。le, la, les は定冠詞と同じ形をしていることからも想像できるかもしれませんが、特定の直接目的語として働きます。

(351) Hier, j'ai acheté <u>dix fraises</u>. Ce matin, je <u>les</u> ai mangées. 〔les = ces dix fraises〕

　　昨日、私はイチゴを 10 個買った。今朝、私はその 10 個のイチゴを食べた。

この例の場合、最初に出てきたイチゴと、次の文に出てくるイチゴは同一です。2 つ目の文のイチゴは特定されています。次の例はどうでしょうか。

(352) Hier, j'ai acheté <u>des fraises</u>. Ce matin aussi, j'<u>en</u> ai acheté. 〔en = des fraises〕

　　昨日、私はイチゴを買った。今朝も私はイチゴを買った。

昨日買ったイチゴと今朝買ったイチゴは別物です。同じ文に同じ名詞が繰り返し出てきたとしても、「特定された」ものとは限らないのです。このように、en は「特定されていないもの」を表す名詞に代わり、le, la, les は「特定されているもの」を表す名詞に代わるのです。

〔**チェック問題**〕——————————————————————————————

下線部を適当な中性代名詞に置き換え、全文を書き改めてください。

□ 1. Tu peux être très riche si tu veux <u>être très riche</u>.

大金持ちになりたいと思えば大金持ちになれるよ。

➡ _____

□ 2. Quand il faut <u>acheter du lait à la fraise</u>, je vais acheter du lait à la fraise.

必要な時には、俺はイチゴ牛乳を買いに行くぜ。

➡ _____

□ 3. Yuko parle <u>du mapo doufu</u>.

裕子は麻婆豆腐について話している。

➡ _____

□ 4. Le ministre de la Justice est descendu <u>du TGV</u> et il est monté à chameau.

法務大臣は TGV を降り、ラクダに乗った。

➡ _____

☐ 5. Je passerai l'éternité auprès de toi.

君のそばで一生過ごすよ。

➡ _____

非人称の il と中性の il
「彼」のような意味を持たず、何かを指すこともせず、単に形式的な主語になっている il を「非人称の il」と言うよ。例えば、Il y a des champignons vénéreux sur ton lit ?「お前のベッド、毒キノコ生えてるの？」、Il pleut seulement sur notre véranda.「我が家のベランダだけ雨が降っている」の２つの il は非人称の il で、何も指していないし、意味もないよ。でも、これとは別に、中性の il もあるよ。例えば、Comment cela finira-t-il ?「終わりはどうなる？」（←それはどうやって終わるだろうか？）では、il は中性代名詞 cela に代わっているので、中性の il と言えるんじゃないかな。直接目的語や属詞として働くことができる中性の le（☞ p.74 § 10. ❶）の、主語形と考えられるよ。

特に会話では非人称の il は省略されることがあるよ。[Il] y a des lions autour de Masatoshi.「昌敏のまわりに獅子がいる」、Plier mille grues en 10 minutes, [il] faut le faire.「千羽鶴を10分で作るなんて、そりゃ無理だよ（←それをやってみなければ）」、[Il] reste à savoir si notre bec-en-sabot aime les sushis.「我が家のハシビロコウが寿司好きかは分からない（←我が家のハシビロコウが寿司好きかどうかを知ることはまだ残っている）」。

何も指さない代名詞
「代名詞」のくせに、何も指していないことがあるよ。il y a の y も、もともとはどこかの場所を指していたかもしれないけれど、徐々に意味が失われていったと考えられる。l'a emporter sur「〜に打ち勝つ」（La tentation l'a emporté sur l'honnêteté.「誘惑が誠実さに打ち勝った」）の le や、s'en aller「立ち去る、消え去る」（Ma jeunesse s'en va...「私の青春が過ぎ去っていく」）の en などもそうだね。

フランス語以外の言語に逐語訳できないフランス語特有の表現を「ガリシスム」と言うよ。例えば、il y a...、il fait beau など。

§11. 指示代名詞と所有代名詞

指示代名詞には、性と数によって形が変わるもの＝性数の概念を持つもの（celui, celle, ceux, celles）と、変わらないもの＝性数の概念を持たないもの（ce, ceci, cela, ça）があります。

 ❶ 性数の概念を持つ指示代名詞

性と数により次の4つの形があります。

男性単数	女性単数	男性複数	女性複数
celui	**celle**	**ceux**	**celles**

この4つは、-ci/-là、de + 名詞、関係詞節（＝関係代名詞が先頭に付いている主語 + 動詞を含むまとまり）などが付きます。単独では使えません。すでに出ている名詞などに代わるのが普通の用法です。

(353) **Ce n'est pas notre bec-en-sabot. C'est celui de Masaru.** 〔celui = bec-en-sabot〕
　　　これは我が家のハシビロコウじゃないよ。これは勝のハシビロコウ。

(354) **On a deux fraises. Tu préfères celle-ci ou celle-là ?** 〔celle = fraise〕
　　　イチゴが2個あるけど、このイチゴがいい？　あのイチゴがいい？

-ci, -là は、ici「ここ」／là「あそこ」と同じ語源を持っていますので、-là より -ci が近くにある人・ものを指す（指示する）のが普通です。

(355) **Nous avons deux voitures : une Honda et une Peugeot. Celle-ci est rouge et celle-là est noire.**
　　　車を2台持っています。ホンダの車とプジョーの車です。後者（プジョー）は赤で、前者（ホンダ）は黒です。

日本語の「前者」「後者」の代わりに、celui-ci, celui-là を用いることがありますが、-là より -ci は近くにあるものを指すという性質から、日本語とは逆に、文脈をさかのぼって近いほう（後

に出てきたほう）が celui-ci になることに注意してください。日本語では最初に出てきた順番そのままに「前者」「後者」としますね。

また、遠近の対立をせずに celui-là だけを使うことがありますが、「人」を指す場合には、軽蔑のニュアンスが付くこともあります。

(356) **Il est audacieux, celui-là !** あいつ、やるなあ！（←あいつ、大胆だなあ！）

「代名詞」という名前でありながら、何の名詞にも代わらない時、指示代名詞は「人」を表します。

(357) **Ceux qui aiment le lait à la fraise ne sont pas méchants.**
　　　イチゴ牛乳が好きな人たちは、悪い人たちではない。〔Ceux qui... = Les gens qui...〕

> この文は、Les gens qui aiment le lait à la fraise ne sont pas méchants. みたいな意味だよ。「イチゴ牛乳が好きな女性は」のように、女性に限定するなら、Celles qui aiment ... méchantes になるね。

❷ 性数の概念を持たない指示代名詞

🍓 ceci, cela, ça

ceci, cela は、どちらかと言えば、話し言葉より書き言葉で用いられます。何かを指す場合、ceci は近いもの、cela は遠いものを指します。文中ですでに話題になったことについて cela、これから話題にすることについて ceci と言うこともあります。

(358) **Ceci sent meilleur que cela.** これ（ceci）はあれ（cela）より良い匂いがする。
(359) **Retenez bien ceci : Le lait à la fraise, c'est vraiment bon.**
　　　〔これから話題になることを指す〕
　　　これをよく覚えておいてください。イチゴ牛乳ってのは本当に美味しいものです。
(360) **Ma femme ne rentre pas, mais cela ne me surprend plus.**
　　　〔すでに話題になったことを指す〕
　　　妻が帰ってこないけど、もう驚かないよ（←妻が帰ってこないことは、もはや私を驚かせない）。

最近では、ceci と cela を区別せずに ça を使うことが増えています。

(361) **Tu veux ça ou ça ?** （指で１つ１つ指しながら）これがいいの？　あれがいいの？
(362) **J'ai besoin de ça, ça, et ça !** これ、これ、これが必要なんだ。

ça が漠然と状況などを指すこともあります。

(363) **Ça va ?**　お元気？

(364) **Ça marche bien ?**　うまくいってる？

(365) **Ça m'est égal.**　どっちでもええわ（←それは私にとっては等しい）。

🍓 **ce**

「指示代名詞」というわりには「指示」の意味が感じられないこともある、ちょっと変わった代名詞です。母音の前で c' になります。

❶ **être の主語として**

(366) **C'est un morse.**　これはセイウチです。

(367) **Ce n'est pas une otarie.**　これはアシカではありません。

(368) **Ce n'est pas mon mari.**　こちらは私の夫ではありません。

> être 以外の動詞の主語には ça を用いるよ。だから、Ça fait combien ?「おいくら？」とは言うけど、*Ce fait combien ? はダメ。Ce sont des stylos.「これらはペンです」とは言うけど、*Ça sont des stylos. もダメだね。

次の例のように、c'est ＋ 形容詞 ＋ de inf. の構文の場合、ce にはほとんど「指示」の意味は感じられず、形式的な主語として機能しているだけ、と言ってもよいかもしれません。

(369) **C'est difficile de vivre avec dix hippopotames.**

　　カバ 10 頭と一緒に暮らすのは難しい。

> C'est difficile de ... に比べて、非人称の il を使って Il est difficile de ... と言うと、少し改まった感じになるかもしれない。de ＋不定詞以下が意味上の主語になっているよ。de vivre avec dix hippopotames は difficile だ、という意味のつながりになっている。

> 複合過去形など a で始まる活用形の前では Ç' になるよ。Ç'a été difficile.

❷ **関係代名詞の先行詞として**

関係代名詞（🐭 p.85 §12.）の直前に置いて「こと」や「もの」のような意味を持ちます。

(370) **Ce que je te demande, c'est ton amour.**

　　〔関係代名詞 que の先行詞〕

　　私が君に求めているもの、それは君の愛だよ。

〔チェック問題〕

日本語訳にあうように、カッコ内に適切な指示代名詞を入れてください。

☐ 1. C'est mon portable. C'est (　　　　　) de Kumiko.　これは僕の携帯、あれは久美子の携帯。

☐ 2. (　　　　) qui aiment les becs-en-sabot sont tous gentils. (　　　　) est certain.

　　ハシビロコウ好きの人たちは、みな親切だ。間違いない。

☐ 3. Écoutez bien et retenez bien tous (　　　　) : les ongles poussent.

　　よく聞け。そしてこのことを全員よく覚えておけ。爪は伸びる。

☐ 4. (　　　　) te dirait d'aller admirer les poissons-chats ?

　　ナマズを眺めに行こうじゃないか。

☐ 5. (　　　　) que j'aime, (　　　　) est la vérité.　私が愛するのは真実だ。

〔チェック問題 解答〕
☐ 1. celui（= le portable）　☐ 2. Ceux, C'　☐ 3. ceci　☐ 4. Ça（dirait：dire の条件法現在形 の主語。ça te(vous) dit(dirait) de ＋不定詞？「〜しませんか」）　☐ 5. Ce（関係代名詞 que の先行詞）、c'(être の主語)　➡ **ドリル** p218

 ❸ 所有代名詞

　所有形容詞＋名詞のまとまりを置き換えることができるのが、所有代名詞です。例えば、mon endoscope「私の内視鏡」（所有形容詞＋男性名詞）は、le mien という所有代名詞に置き換えることができます。

	男性単数	女性単数	男性複数	女性複数
je	**le mien**	**la mienne**	**les miens**	**les miennes**
tu	**le tien**	**la tienne**	**les tiens**	**les tiennes**
il	**le sien**	**la sienne**	**les siens**	**les siennes**
elle				
nous	**le nôtre**	**la nôtre**	**les nôtres**	**les nôtres**
vous	**le vôtre**	**la vôtre**	**les vôtres**	**les vôtres**
ils	**le leur**	**la leur**	**les leurs**	**les leurs**
elles				

(371) 俺たちのホウキ　**notre balai** ➡ **le nôtre**

(372) 彼の懐中電灯　**sa lampe torche** ➡ **la sienne**（「彼女の」の場合も同形）

(373) **Mon bec-en-sabot et les tiens se ressemblent bien.**

= **Mon bec-en-sabot et tes becs-en-sabot se ressemblent bien.**

僕のハシビロコウと君のハシビロコウはよく似ている。

所有代名詞の性が、代わりをする名詞の性と一致さえしていれば、この例のように数が変わる（単数↔複数）こともあるよ。

代わりをする名詞なしで、一種の成句のようにいきなり使うこともあります。

(374) **À la tienne！** 君の健康に乾杯！（= À ta santé !）

(375) **Il faut toujours penser aux tiens.**

いつもご家族のことを考えておかなければダメだよ。

〔チェック問題〕

それぞれ所有代名詞を使って書き換えてください。

□ 1. ton endurance　君のスタミナ　　　➡ _____

□ 2. leurs palmes　　彼女たちの足ひれ　➡ _____

□ 3. mes aiguilles　　俺の針　　　　　　➡ _____

□ 4. son trombone　　彼女のクリップ　　➡ _____

□ 5. vos savons　　　あなた様の石鹸　　➡ _____

〔チェック問題 解答〕
□ 1. la tienne（endurance は女性名詞ですが、母音で始まる名詞なので ta ではなく ton になっています。 p.43 §5. ❷）□ 2. les leurs □ 3. les miennes □ 4. le sien □ 5. les vôtres（アクサンが付くことに注意）　　　　　➡ ドリル p.214

§12. 関係代名詞

接続詞と代名詞の2つの機能を同時に持っているものを関係代名詞と言います。フランス語には、qui、que、où、dont、前置詞+qui、前置詞+lequel、前置詞+quoi の7つがあります。関係代名詞を使えば、2つの文を1文にまとめる（接続する→関係づける）ことができますが、まとめることによって文が長くなっていきますので、子ども用の絵本などではあまり使われません。qui、que、où は会話でもよく使われますが、残りの4つは会話ではあまり使われません。

 ❶ 関係代名詞の先行詞

(376) (a) **Je regarde une fille.**　私は女の子を見ている。

(b) _S**Cette fille** _V**s'appelle Akiko.**　この女の子は暁子という名前だ。

(a) + (b)

Je regarde _{先行詞}**une fille** _S**qui** _V**s'appelle Akiko.**

(a)(b) 2つの文を1つにまとめるには、2つ目の文(b)で、繰り返されている名詞を探し、2つ目の文(b)でのその名詞の働きを調べます。Cette fille は(b)の文で主語の働きをしていますので、que や dont ではなく qui を使って1文にします。qui は fille という名詞の代わりをしますが、関係代名詞が代わってあげる名詞のことを「先行詞」と言います。多くの場合、先行詞は関係代名詞の直前にあります。

(377) (a) **Je regarde une fille.**　私は女の子を見ている。

(b) _S**Cette fille** _V**s'appelle Akiko.**　この女の子は暁子という名前だ。

(c) **J'aime bien** _{COD}**cette fille.**　私はこの女の子のことが大好きだ。

(a) + (b) + (c)

Je regarde _{先行詞}**une fille** _S**qui** _V**s'appelle Akiko et** _{COD}**que j'aime bien.**

この文でも、qui と que の先行詞は fille。qui は後続の s'appelle の主語、que は後続の j'aime の直接目的語になっています。このように、後続の動詞にとって何の働きをするかによって関係代名詞を選択します。

❷ qui

qui は、後続の動詞の主語になります。母音または無音の h で始まる語の前であっても、qu'
などとはせず不変です。

(378) (a) **C'est un homme.**　こちらは男性だ。

    (b) _S**Cet homme** _V**aime les œufs durs.**　この男性はゆで卵が好きだ。

    (a) + (b)

    C'est _{先行詞}**un homme** _S**qui** _V**aime les œufs durs.**

    これはゆで卵が好きな男性だ。

(379) (a) **Nous avons un moteur.**　私たちはモーターを持っている。

    (b) _S**Ce moteur** _V**est très utile.**　このモーターはとても役に立つ。

    (a) + (b)

    Nous avons _{先行詞}**un moteur** _S**qui** _V**est très utile.**

    私たちはとても役に立つモーターを持っている。

❸ que (qu')

que は、後続の動詞の直接目的語になります。母音または無音の h で始まる語の前では qu' に
なります。

(380) (a) **C'est un homme.**　これはある男性だ。

    (b) _S**Tout le monde** _V**déteste** _{COD}**cet homme.**　みんなこの男性が嫌いだ。

    (a) + (b)

    C'est _{先行詞}**un homme** _{COD}**que** _S**tout le monde** _V**déteste.**

    これはみんなが嫌いな男性だ。

(381) (a) **Nous avons un moteur.**　私たちはモーターを持っている。

    (b) _S**Ils** _V**admirent** _{COD}**ce moteur.**　彼らはこのモーターに見とれている。

    (a) + (b)

    Nous avons _{先行詞}**un moteur** _{COD}**qu'ils** _S_V**admirent.**

    私たちは彼らが見とれているモーターを持っている。

❹ où

où は、後続の動詞にとっての、場所や時の状況補語になります。「関係副詞」と呼ぶ人もいます。

(382) (a)   **C'est la ville.**   これは町だ。

   (b)   **Mika est née** _{cc}**à cette ville.**   美香はこの町で生まれた。

   (a) + (b)   **C'est** _{先行詞}**la ville** _{cc}**où** _s**Mika** _v**est née.**   これは美香が生まれた町だ。

(383) (a)   **C'est le jour.**   これは（特定の）日だ。

   (b)   **Mika est née** _{cc}**à ce jour.**   美香はその日に生まれた。

   (a) + (b)   **C'est** _{先行詞}**le jour** _{cc}**où** _s**Mika** _v**est née.**   これは美香が生まれた日だ。

どちらの例も、à où にはなりませんが、où には必要に応じて de (d'où), jusque (jusqu'où), par (par où) の 3 つの前置詞を付けることができます。

(384) **C'est** _{先行詞}**la ville** _{cc}<u>**d'où**</u> _s<u>**nous**</u> _v<u>**sommes venus.**</u> 〔de = 出発点〕

   これは我々がそこから来た町だ。

(385) **C'est** _{先行詞}**la ville** _{cc}<u>**jusqu'où**</u> _s<u>**nous**</u> _v<u>**sommes allés.**</u> 〔jusque = 到達点〕

   これは我々がそこまで行った町だ。

(386) **C'est** _{先行詞}**la ville** _{cc}<u>**par où**</u> _s<u>**nous**</u> _v<u>**sommes allés à Dijon.**</u> 〔par = 通過点〕

   これは我々がディジョンへ行く時に通った町だ。

❺ dont

dont は、de + 先行詞の代わりになり、qui, que, où と比べると使用頻度は低くなります。dont も使いこなせるようになるためには、前置詞 de の用法（🐸 p.111 § 16. ❸）を理解することが必要になります。

(387) (a)   **C'est un arrosoir.**   これはジョウロだ。

   (b)   **Nous sommes fiers** <u>de cet arrosoir.</u>   我々はこのジョウロを誇りに思っている。

   (a) + (b)   **C'est** _{先行詞}**un arrosoir** <u>**dont**</u> _s<u>**nous**</u> _v<u>**sommes**</u> _A<u>**fiers.**</u>

    これは我々が誇りに思っているジョウロだ。

(388) (a)   **C'est un arrosoir.**   これはジョウロだ。

   (b)   **Le goulot** <u>de cet arrosoir</u> **est étroit.**   このジョウロの注ぎ口は狭い。

   (a) + (b)   **C'est** _{先行詞}**un arrosoir** <u>**dont**</u> _s<u>**le goulot**</u> _v<u>**est**</u> _A<u>**étroit.**</u>

    これは注ぎ口が狭いジョウロだ。

この 2 例だけでも dont が難しいと思った方がいらっしゃるでしょう。dont は〔de + 先行詞〕の代わりになりますが、この de が文中のどこにかかるのか、どこにつながるのかは dont 自体は決めてくれないのです。2 例ともに、de cet arrosoir の代わりになっていますが、1 例目では nous sommes _Afiers de cet arrosoir と属詞 fiers を補い、2 例目では _Sle goulot de cet arrosoir est étroit のように主語 le goulot を補います。前置詞 de 自体の用法が多岐に亘って難しいだけでなく、〔de + 先行詞〕がどこにかかるものなのかがぱっと見では分からないことも難しさの原因になっているのでしょう。

関係代名詞は、文と文を結ぶものですから、関係代名詞を外せば 2 つの文にバラすことができます。

(389) C'est le ressort dont nous avons besoin.　これは我々が必要なゼンマイだ。

これを分解すると、(a) C'est le ressort. (b) Nous avons besoin de ce ressort. になりますが、このように分解できるかどうかは、avoir besoin de ...「〜が必要だ」という成句を知っているかどうかにもよります。この元の文を、同じ意味のまま、俗語で次のように書いたり言ってしまうことがあります。

(390) * C'est le ressort que nous avons besoin.

文法的には誤りです。besoin は無冠詞ですが、名詞。つまり、besoin は avons < avoir にとって直接目的語で、que も直接目的語の働きをしてしまうからです。1 つの動詞に対して、直接目的語の働きをする代名詞と名詞を同時に付けることはできません。

🍓 dont が使えない場合
次の 2 つの文を dont を使ってつなぐことを考えましょう。

(391) (a) C'est un café célèbre.　これは有名なカフェです。

(b) Tout le monde parle de ce café.　みんなこのカフェのことを話題にしています。

(a)(b) で共通しているのは café。(b) の文中の café には前置詞 de が付いています。そこで、de ce café を dont に置き換えて、次のようになります。

(392) C'est un café dont tout le monde parle.

では、次の 2 つはどうでしょうか。

(393) (a) C'est un café célèbre.　これは有名なカフェです。

(b) Il y a une prison à côté de ce café.　このカフェの隣には刑務所があります。

１つ前の例と同じように、de ce café を dont に置き換え、１文にまとめようとすると、こうなります。

(394) *** C'est un café dont il y a une prison à côté.**

この文は誤りです。その理由を考えてみましょう。Il y a une prison à côté de ce café. という文の作りを意味に注目して考えてみると、「刑務所があります」（どこに？）「このカフェの隣に」。このように、à côté de ce café は意味的にひとまとまりを成していますが、dont は de ce café の部分しか置き換えてくれず、à côté // de ce café のように「このカフェの隣に」という意味のまとまりを分断することになります。これがフランス語としては許されないのです。これを避けるために、de ce café を含む〔à côté de ce café〕全体をひとまとまりのまま"関係代名詞化"する必要があります。正しくは、こうなります。

(395) **C'est un café à côté duquel il y a une prison.**

ここまでの話を図示化して整理してみましょう。〔à côté de ce café〕＝〔前置詞＋名詞＋ de ＋名詞〕のような意味のまとまりがある場合、dont を使って〔前置詞＋名詞＋ de ＋名詞〕の de ＋名詞 を置き換えることはできません。〔前置詞＋名詞 // de ＋名詞〕のように意味のまとまりを分断してしまうからです。先行詞が人ならば de + qui、ものならば duquel、名詞以外ならば de quoi を用います。

先行詞が人の場合を見ておきましょう。

(396) (a)   **C'est une actrice célèbre.**   これは有名な女優です。

    (b)   **Il y a un bec-en-sabot à côté de cette actrice.**

        この女優の隣にハシビロコウがいます。

(a) + (b) **C'est 先行詞 une actrice à côté de qui il y a un bec-en-sabot.**

        これは、その隣にハシビロコウがいる、有名な女優です。

このように、〔de ＋先行詞〕の作りであっても dont が使えないことがあり、その時に、de + qui、duquel、de + quoi を使います。逆に、dont が使える時には dont を使います。その方が簡単だからです。この３つについては次節で説明します。

🐦 dont を使わない場合

dont にするか迷うケースとして、d'où にするか dont にするか、ということもあります。

(397) C'est 先行詞 la ville CCd'où Snous Vsommes venus. 〔de = 出発点〕

    これは我々がそこから来た町だ。

この例の d'où を dont にはしません。d'où に含まれる où が「場所」に関する表現として使われることが多く、d'où の方が分かりやすいからでしょう。

 ❻ 前置詞 + qui、前置詞 + lequel、前置詞 + quoi

この3つは、後続の動詞の間接目的語や状況補語になります。3つの違いは、それぞれが代わりをするもの（＝先行詞）の違いで、一言で言えば、前置詞 + qui は「人」、前置詞 + lequel は「もの」、前置詞 + quoi は「名詞以外」です。フランス語では、動物は基本的に「もの」扱いです。

🍓 **前置詞 + qui〔先行詞＝人〕**

(398) (a) **C'est un ami.** これは友だちだ。

(b) **Hier, j'ai envoyé un mail _{CC}à cet ami.**
昨日この友だちにメールを送った。

(a) + (b) **C'est _{先行詞}un ami _{COI}à qui _Sj'ai envoyé _{COD}un mail hier.**〔先行詞＝人〕
これは昨日私がメールを送った友だちだ。

(399) (a) **C'est un ami.** これは友だちだ。

(b) **Hier, je suis sorti _{CC}avec cet ami.**
昨日この友だちと外出した。

(a) + (b) **C'est _{先行詞}un ami _{CC}avec qui _Sje _Vsuis sorti hier.**〔先行詞＝人〕
これは私が一緒に外出した友だちだ。

🍓 **前置詞 + lequel〔先行詞＝もの〕**

(400) (a) **C'est notre bec-en-sabot.** これは我が家のハシビロコウだ。

(b) **Hier, j'ai parlé _{CC}avec ce bec-en-sabot.**
昨日このハシビロコウとお話をした。

(a) + (b) **C'est _{先行詞}notre bec-en-sabot _{COI}avec lequel _Sj'_Vai parlé hier.**
これは、昨日一緒にお話をした我が家のハシビロコウだ。

lequel は、前置詞が à または de の時には、下表のように縮約します。前置詞 à/de ＋定冠詞の縮約（☞ p.29 §2. ❸）と同じような仕組みで、疑問代名詞の場合（☞ p.93 §13. ❶）と同様です。

	男性単数	女性単数	男性複数	女性複数
à	**auquel**	**à laquelle**	**auxquels**	**auxquelles**
de	**duquel**	**de laquelle**	**desquels**	**desquelles**

(401) (a)　**Ce sont des lettres.**

これらは手紙です。

(b)　**Je dois répondre** _{COI}**à ces lettres.**

私はこれらの手紙に返事を書かなければなりません。

(a) + (b)　**Ce sont** _{先行詞}**des lettres** _{COI}**auxquelles** _V**je** _V**dois répondre.**

これらは私が返事を書かなければならない手紙です。

🍓 前置詞 + quoi〔先行詞＝名詞以外〕

lequel には性数の区別がありますが、quoi にはありません。そのため、lequel は性数の概念を持つ名詞に代わることができますが、quoi には名詞に代わる力がありません。quoi は、性数の概念を持つ名詞以外のものの代わりをします。

(402) (a)　**Écrivez votre nom ici.**

ここに名前を書いてください。

(b)　**Cette carte ne sera pas valable si vous n'écrivez pas votre nom ici.**

ここにお名前を書いていただかないと、このカードは有効になりません。

(a) + (b)　_{先行詞}**Écrivez votre nom ici** _{CC}**sans quoi cette carte ne sera pas valable.**

この例の場合、quoi は「（あなたが）ここに名前を書くこと」という前の文脈を " 先行詞 " としています。

> この例の場合、sans quoi より sinon を使って、Écrivez votre nom ici, sinon cette carte ne sera pas valable. と言う方が普通だよ。

先の例のように「文脈」を " 先行詞 " にする以外に、性の概念を持たない代名詞、例えば、ce, rien, quelque chose などを先行詞としてとることができます。

(403) **Il n'y a** _{先行詞}**rien** _{COI}**à quoi je pense tous les jours.**

私が毎日考えていることなど、何もない。

> quoi を含む慣用句
> quoi を含む慣用句を 1 つあげておくよ。de quoi + inf.「〜するのに必要なもの」「〜する原因・理由」。Donne-moi de quoi écrire.「何か書くものをください（←何か書くのに必要なものをください）（＝紙やペンなど）」。Il n'y a pas de quoi bricoler dans la salle de bain.「お風呂場で日曜大工をする理由はない」。

〔チェック問題〕────────────────────────────

適当な関係代名詞を使って1文にしてください。

□ 1. (a) J'ai un ami.　私には友だちがいる。

　　(b) Il est modeste.　彼は謙虚だ。

　　➡ _____

□ 2. (a) J'ai reçu une carte de vœux.　私は年賀状をもらった。

　　(b) Miho m'avait envoyé cette carte.　美保は私にこの年賀状を送っていた。

　　➡ _____

□ 3. (a) Je suis arrivé à Mishima.　私は三島に着いた。

　　(b) Hiroyuki y travaille.　浩由樹はその町で働いている。（👓 p.74 § 10. 中性代名詞）

　　➡ _____

□ 4. (a) Je connais la ville de Strasbourg.　私はストラスブールの町を知っている。

　　(b) Cet étudiant en est venu.　この学生はそこの出身だ。

　　➡ _____

□ 5. (a) Je connais bien Kensuke.　私は健介のことをよく知っている。

　　(b) Je suis allé manger avec lui.　私は彼と一緒に食事に行った。

　　➡ _____

〔チェック問題 解答〕
□ 1. J'ai un ami qui est modeste. □ 2. J'ai reçu une carte de vœux que Miho m'avait envoyée.（過去分詞 envoyé より前に直接目的語が移動するので、過去分詞の一致が起こる）□ 3. Je suis arrivé à Mishima où Hiroyuki travaille.（中性代名詞 y = à Mishima ➡ où）□ 4. Je connais la ville de Strasbourg d'où cet étudiant est venu.（中性代名詞 en = de la ville de Miyako ➡ d'où。dont より d'où がよい）□ 5. Je connais bien Kensuke avec qui je suis allé manger.　　➡ ドリル p.206, 210

§13. 疑問代名詞

　疑問代名詞には、性と数によって形が変わるもの＝性数の概念を持つもの（lequel, laquelle, lesquels, lesquelles）と変わらないもの＝性数の概念を持たないもの（que, quoi, qui）があります。

 ❶ 性数の概念を持つもの

　形は関係代名詞 lequel（ p.90 §12. ❺）と同じで、前置詞が à または de の時には、下表のように縮約する点も全く同じです。

	男性単数	女性単数	男性複数	女性複数
à	auquel	à laquelle	auxquels	auxquelles
de	duquel	de laquelle	desquels	desquelles

　しかし、関係代名詞の lequel は前置詞の後でしか、また「もの」を先行詞にすることしかできませんが、疑問代名詞 lequel は前置詞なしでも（つまり主語や直接目的語としても）、「もの」ではなく「人」についてたずねる時にも使うことができます。疑問代名詞 lequel は、〔疑問形容詞 quel + 名詞〕と同じように働きます（ p.44 §5. ❸）。

(404) ₛ<u>Lequel de ces bus</u> ᵥva à Juso ?〔Lequel = Quel bus：先行詞＝もの〕
　　　これらのバスのうち、どのバスが十三に行きますか？

(405) **Tu as posé la question** COI**auquel de ces professeurs ?**
　　　君はどの先生に質問をしたの？〔auquel = à quel professeur：先行詞＝人〕

 ❷ 性数の概念を持たないもの

　性数の概念を持たないものは、que, quoi, qui です。これを 2 つに分けると、(1)「人」以外についてたずねる時に用いる que / quoi と、(2)「人」についてたずねる時に用いる qui に分けられます。

🍓 que / quoi

que と quoi の関係は、me と moi の関係に等しく、que / me は「非強勢形」で、動詞の前に置いて使うのに対して、quoi / moi は「強勢形」（🐱 p.72 §9. ⑤）で動詞の前以外の場所（例えば、前置詞の後）で用います。

(406) $_{COD}$**Que** $_V$**fais-tu** $_S$**ici ?** お前はここで何をやっているんだ？

(407) $_{COD}$**Qu' est-ce que** $_S$**tu** $_V$**fais ici ?**

(408) $_S$**Tu** $_V$**fais** $_{COD}$**quoi ici ?**

(409) $_{COI}$**À quoi** $_V$**pensez-vous** $_S$**?** 何について考えているのですか？

(410) $_{COI}$**À quoi est-ce que** $_S$**vous** $_V$**pensez ?**

(411) $_S$**Vous** $_V$**pensez** $_{COI}$**à quoi ?**

🍓 qui

「人」についてたずねる時に用いる qui は、主語をたずねる時だけでなく、直接目的語や間接目的語、状況補語をたずねる時にも用います。次に母音または無音の h（🐱 p.16 §0. ⑦）で始まる語が来ても、qu' にはならず不変です（もし変化してしまうと que ➡ qu' と区別できなくなります）。

(412) $_S$**Qui** $_V$**est caché** $_{CC}$**sous le tapis ?** 誰だ、じゅうたんの下に隠れているのは？

qui には性数の概念がなく、主語として用いる場合、動詞は 3 人称単数形にします。「誰だ？」という人が明らかに複数であっても、*Qui sont cachés sous le tapis ? のようにはなりません。

(413) $_{COD}$**Qui** $_V$**critiquez-vous** $_S$**?** 誰のことを批判しているのですか？

(414) $_{COD}$**Qui est-ce que** $_S$**vous** $_V$**critiquez ?**

(415) $_S$**Vous** $_V$**critiquez** $_{COD}$**qui ?**

(416) $_{CC}$**Avec qui** $_V$**jouez-vous** $_S$ $_{COI}$**au kabaddi ?** 誰とカバディをしているのですか？

(417) $_{CC}$**Avec qui est-ce que** $_S$**vous** $_V$**jouez** $_{COI}$**au kabaddi ?**

(418) $_S$**Vous** $_V$**jouez** $_{COI}$**au kabaddi** $_{CC}$**avec qui ?**

🍓「人」か「もの」かが分からない場合

Qui regardez-vous ? は、見ているのが「人」であることは分かっているけど、誰を見ているのかが分からない時です。では、Que regardez-vous ? は、見ているのが「もの」であることが分かっている場合か、と言われれば、そうとは限りません。Que regardez-vous ? という問いに対する答えが「桃子」のような「人」であっても問題ありません。qui は「人」専用ですが、que は「もの」をたずねる場合に加えて、「人」か「もの」か分からない時にも用います。

94

同様に、複数形は必ず複数を表すけれど、単数形が必ず単数を表すとは限らないんだ。例えば、Je bois du vin. のように vin「ワイン」の前では部分冠詞を用いることがある。なぜかと言えば、vin は数えられない（数えることが難しい）ものを表す名詞で、その前だから不定冠詞ではなく部分冠詞を使う、などと説明するよね。じゃあ、J'aime le vin の le vin は「1」なのか。複数形は必ず2以上を表すけど、単数形は複数ではないことを表すんだ。「複数ではない」場合には、「1」という場合以外に、「数不問」の場合があると考えられるよ。J'aime le vin の le vin は「数不問」だね。さらに同様に、女性形は必ず女性を表すけれど、男性形が必ず男性を表すとは限らないよね。il や le を考えると、男性形は「女性ではない」場合、すなわち「男性」という場合以外に、「性不問」の場合があると考えられるよ。「性不問」の場合は「中性」や「非人称」ということになるよね。
このように、フランス語の文法では、対称的になっていないこともあるんだ。

❸ 単純形と複合形

　性数の概念を持たない疑問代名詞には、それぞれ単純形と複合形があります。単純形と複合形の違いは、主語（S）と動詞（V）の語順、つまり主語倒置（👆 p.224 §36. ❶）するかしないかで、例えば、下表中の❹と❺、❻と❼はそれぞれ同じ働き、同じ意味です。

		主　語	直接目的／属詞	間接目的／状況補語
人	単純形	❹ Qui V ?	❻ Qui V-S ?	❺ 前置詞 qui V-S ?
	複合形	❻ Qui est-ce qui V ?	❼ Qui est-ce que S V ?	❽ 前置詞 qui est-ce que S V ?
も の	単純形	❼ ─	❿ Que V-S ?	ⓚ 前置詞 quoi V-S ?
	複合形	❽ Qu'est-ce qui V ?	ⓙ Qu'est-ce que S V ?	ⓛ 前置詞 quoi est-ce que S V ?

　複合形の❻❽❽ⓙは、est-ce の前後に qui / que(qu') が付いてできているよね。est-ce の前の qui / qu' は 人 / もの を区別、est-ce の後の qui / que は 主語 / 直接目的・属詞 を区別しているよ。

👉 人・主語 をたずねる

(419) ❹ ₛQui ᵥveut du lait à la fraise ?　イチゴ牛乳欲しい人（←誰がイチゴ牛乳欲しい）？

(420) ❻ ₛQui est-ce qui ᵥveut du lait à la fraise ?

👉 もの・主語 をたずねる

❼ 単純形はありません。

(421) ❽ ₛQu'est-ce qui ᵥsent bon dans cette étable ?

　　この家畜小屋の中で、何が良い匂いを出してるの？

95

🍓 人・直接目的 をたずねる

(422) **C** _{COD}Qui _Vglorifiez-vous _S?　誰のことを褒め称えているのですか？

(423) **D** _{COD}Qui est-ce que _Svous _Vglorifiez ?

(424) _SVous _Vglorifiez _{COD}qui ? の語順も可能です。

🍓 人・属詞 をたずねる

(425) **C** _AQui _Ves-tu _S?　おぬし、何者？

(426) **D** _AQui est-ce que _Stu _Ves ?〔形としては存在するが**C**型が圧倒的に普通〕

(427) _STu _Ves _Aqui ? の語順も可能です。

🍓 もの・直接目的 をたずねる

(428) **I** _{COD}Que _Vrepêchez-vous _S?　何を引き上げているのですか？

(429) **J** _{COD}Qu'est-ce que _Svous _Vrepêchez ?

(430) _SVous _Vrepêchez _{COD}quoi ? の語順も可能です（que ではなく quoi になることに注意）。

🍓 もの・属詞 をたずねる

(431) **I** _AQu' _Vest-ce _S?　これは何？

(432) **J** _AQu'est-ce que _Sc' _Vest ?

(433) _SC' _Vest _Aquoi ? の語順も可能です（que ではなく quoi になることに注意）。

🍓 人・間接目的 をたずねる

(434) **I** _{COI}À qui _Vdésobéis-tu _S?　君は誰に背いているの？

(435) **J** _{COI}À qui est-ce que _Stu _Vdésobéis ?

(436) _STu _Vdésobéis _{COI}à qui ? の語順も可能です。

🍓 人・状況補語 をたずねる

(437) **I** _{CC}Pour qui _Vtravailles-tu _S?　君は誰のために働いているの？

(438) **J** _{CC}Pour qui est-ce que _Stu _Vtravailles ?

(439) _STu _Vtravailles _{CC}pour qui ? の語順も可能です。

🍓 もの・間接目的 をたずねる

(440) **K** _{COI}À quoi _Vrésistez-vous _S?　あなたは何に耐えているのですか？

(441) **L** _{COI}À quoi est-ce que _Svous _Vrésistez ?

(442) $_S$**Vous** $_V$**résistez** $_{COI}$**à quoi ?** の語順も可能です。

🍓 もの・状況補語 をたずねる

(443) **❻** $_{CC}$**Avec quoi** $_V$**fait-on** $_S$ $_{COD}$**des spaghettis aux palourdes en blanc ?**

何を使って、ボンゴレビアンコを作るのですか？（材料を問う）

(444) **❼** $_{CC}$**Avec quoi est-ce qu'** $_S$**on** $_V$**fait** $_{COD}$**des spaghettis aux palourdes en blanc ?**

(445) $_S$**On** $_V$**fait** $_{COD}$**des spaghettis aux palourdes en blanc** $_{CC}$**avec quoi ?** の語順も可能です。

「何？」「誰？」に対する答えは、C'est... で始めるのが普通だよ。例えば、Qu'est-ce que c'est ？ — C'est un hamadryas.「これは何ですか？」「これはマントヒヒです」。これを、— Il est un hamadryas. とは答えないよ。また、Qui est cette fille ？ — C'est Akiko.「あの女の子は誰？」「あれは暁子だよ」。これを、女性だと分かっているからと言って — Elle est Akiko. にはしないよ。「何」なのか、「誰」なのか、その正体を誰かに教えてあげる時には、まず c'est [ce sont] を使うんだ。「何」なのか、「誰」なのか分かってから、il / elle にするよ。例えば、Qui est cette fille ？ — C'est Akiko. Elle est ma secrétaire.「あれは暁子だよ。彼女は私の秘書なんだ」のようにね。

〔チェック問題〕

日本語訳と語順を参考にして、カッコ内に適切な疑問代名詞を入れてください。

□ 1. (　　　　　) tu caches dans ta poche ?　何をポケットの中に隠しているの？

□ 2. (　　　　　) utilise mon garde-vue[◎] ?　俺のサンバイザー使っているの誰？

[◎] garde-vue : garde「〜を守るもの・人」＋ vue「視界」

□ 3. Il y a (　　　　　) entre moi et toi ?　私とあなたとの間には何があるの？

□ 4. (　　　　　) de vos crocodiles donnez-vous le chou ?

あなたのワニたちのうち、どのワニにキャベツを与えるの？

□ 5. Avec (　　　　　) vous lavez-vous le nombril ?　何を使っておへそを洗っていますか？

〔チェック問題 解答〕
□ 1. Qu'est-ce que（カッコの後が S V の語順）　□ 2. Qui（Qui est-ce qui も可能ですが、わざわざ長い形を使う必要はありません）　□ 3. quoi（動詞の後なので que 不可）　□ 4. Auquel（キャベツを与えるワニが 1 匹ではなく複数なら Auxquels、ただし発音は全く同じ。Auquel / Auxquels de vos crocodiles が間接目的語として働きます）　□ 5. quoi（前置詞の後なので que 不可）

➡ ドリル p.70

97

§14. 不定代名詞

　不定代名詞の定義は曖昧で、名詞のように機能するものの、人称代名詞や関係代名詞とは性質が異なるものをまとめて「不定代名詞」と呼びます。多くは不定形容詞の名詞用法です。

(446) Je ne connais aucun homme.〔不定形容詞〕

　　どの男も知らないよ。

(447) Je ne connais aucun de ces hommes.〔不定代名詞〕

　　この男たちは誰も知らないよ。

　aucun homme では、名詞 homme を不定形容詞 aucun が修飾していますが、aucun de ces hommes では、不定代名詞 aucun は connais という動詞の直接目的語として機能、つまり、名詞と同じように働いていることに注目してください。

 ❶ quelque chose

「何か」のような意味を持ちます。女性形、複数形はなく不変です。

(448) Dis-moi quelque chose d'amusant !　なんかおもろいこと言って！

> 不定代名詞に形容詞を付ける時には、de + 男性単数形を付けるよ。例えば、quelque chose de nouveau「何か今までにはなかった新しいこと」➡「何か変わったこと」のようにね。

 ❷ quelqu'un, quelques-uns, quelques-unes

単数形では「誰か」のような意味を持ちます。quelqu'une という形はほぼ使われず、「誰か」という意味では男性単数形扱いです。

(449) Y a-t-il quelqu'un qui puisse répondre à ma question ?

　　わしの質問に答えられるやつはおるか？

　　　　　　　（puisse は pouvoir の接続法ですが、これについては 🦅 p.162 **§24. ❷**）

複数形では「(〜のうちの) 何人か、いくつか」といった意味になります。

(450) Quelques-uns de mes amis faisaient des pompes sous la table.

友だちの何人かがテーブルの下で腕立て伏せをしていた。

(451) Elle m'a donné quelques-unes de ses photos.

彼女は持っていた写真のうち何枚かを私にくれた。

ses photos が女性複数名詞なので、quelques-unes と女性形になっていることに注意してね。

 ❸ **rien**

いわば quelque chose の否定形で、ものの数がゼロであることを表し、「何も ... ない」のような意味で用います。女性形や複数形はありません。現在では、ne とともに用いるのが普通です。語順など、くわしくは p.196 § **29.** ❹

(452) Rien n'a changé ici. ここは何も変わらないねえ。

(453) Il ne dit rien d'intéressant. あいつはおもろいことなど何も言わん。

amusant の「おもろい」は「愉快な」、intéressant の「おもろい」は「興味深い」のイメージ。「おもろさ」が違うよ。

 ❹ **personne**

いわば quelqu'un の否定形で、人の数がゼロであることを表し、「誰も ... ない」のような意味で用います。女性形や複数形はありません。 p.196 § **29.** ❹

(454) Je ne connais personne à Toulouse.

トゥールーズでは誰も知らない。

(455) Personne n'est venu dans la classe de M. Tanaka.

誰も田中先生の教室には来なかった。

この例で過去分詞の一致が起こっていないことに注目してね。personne を女性名詞として使うなら何らかの冠詞かそれに代わるものが必要。この例は次のように書き換えてもだいたい同じ意味。でも、過去分詞の一致が起こることに注意して。Aucune personne n'est venue dans la classe de M. Tanaka. Aucune は女性名詞 personne にかかる不定形容詞 (p.47 § **6.** ❶)。

❺ aucun(e), nul(le)

ものまたは人がゼロであることを表します。それぞれ女性形がありますが（aucune, nulle）、複数形はありません。nul は、現在では ne とあわせて主語としてのみ使うことがありますが、それでも aucun のほうが普通です。

(456) Je ne veux aucun de ces livres. 〔もの〕

どの本もいらない。

(457) Aucun de mes étudiants ne me répond. 〔人〕

学生たちの誰一人として返事をしてくれない。

> 学生が女性のみなら Aucune de mes étudiantes ne me répond. になるよ。

(458) Nul n'échappe à la loi. 〔人〕

誰も法を免れない。

> この場合、Personne n'échappe à la loi. とするのが最も普通だよ。

❻ tout, tous, toutes

不定代名詞とされるものの中で、難しいものの１つかもしれません。不定代名詞 tout には、tout, tous, toutes の３つの形がありますが、toute がないことに注意してください。tous は男性複数形、toutes は女性複数形ですが、tout は男性単数形ではありません。tout は性の区別のない、いわば「中性」の形です。性を持たないので、tout は「人」を表すことはできません。どの形であれ、意味は「すべて、全部」です。また、発音にも注意しましょう。不定代名詞 tous は語末の s を発音し、[tus] と読みます。tous les jours「毎日」のような時に用いられる不定形容詞 tous は s を読みません（[tu]）。

> ここで形についてだけまとめておくよ。tout には４つの品詞の可能性がある。①男性名詞。le tout「全体」のように冠詞が付くのが普通。非常に稀だけど、les touts という複数形もあるにはあるよ。②不定形容詞。tout, toute, tous, toutes の４つの形（ p.50 § 6. ❽）。③不定代名詞。tout, tous, toutes の３つの形。④副詞。tout, toute, toutes の３つの形（ p.65 § 8. ❿）。品詞により形が異なるので難しいね。

🍓 tout

(459) **Tout a une fin.**　何事にも終わりがある。

(460) **Ma femme a** ₍COD₎**tout mangé.**　妻は完食した。

(461) **On doit** ₍COD₎**tout faire.**　全部やらなくちゃ。〔不定詞の前〕

(462) **Il faut** ₍COD₎**tout** ₍COI₎**lui dire.**　すべてを彼に言わなければ。〔間接目的語の前〕

> tout が直接目的語で、動詞が助動詞＋過去分詞から成る時制の場合、助動詞と過去分詞の間に入れるのが普通だよ。tout が不定詞の直接目的語の場合には不定詞の前、間接目的語の代名詞と一緒に使う場合には tout のほうが先に来るのが普通だよ。

🍓 tous, toutes

tous, toutes は、話題になっているもの、人（＝先行詞）のすべてを指すことができますが、話題になっているもの、人がない時（＝先行詞がない時）には「全員」を意味します。

(463) **J'ai appelé mes étudiants [m], mais tous étaient absents.**〔人〕

　　私は学生の出席をとったが、全員欠席だった。

(464) **J'ai acheté dix revues [f]. Toutes étaient intéressantes.**〔もの〕

　　10 冊雑誌を買った。全部面白かった。

(465) **Tous ont été sauvés.**〔人、先行詞なし〕　全員救出された。

(466) **Ils sont tous là.**　彼らはみんなそこにいる。

この例のように、tous, toutes が人称代名詞（ここでは Ils）の同格になり、全員、全部であることを表すことがあります。次例は命令形なので主語がありませんが、vous の同格になっています。

(467) **Sortez tous !**　全員外へ出ろ！

この同格用法の tout は、副詞の tout と識別できないことがあります（ p.65 § 8. ❿）。

🐦 ❼ chacun, chacune

chacun, chacune は、話題になっているもの、人（＝先行詞）の 1 つ 1 つを指すことができますが、話題になっているもの、人がない時（＝先行詞がない時）には「ひとりひとりの人」を意味します。

(468) **Chacun a ses manies.**〔人、先行詞なし〕　人それぞれクセがある。

(469) **Il nous a parlé de chacune de ces langoustes [f].**〔もの〕

　　彼は私たちにこれらのイセエビ一尾一尾について話してくれた。

❽ certains, certaines

複数形のみで使います。話題になっているもの、人（＝先行詞）の少数を指すことができますが、話題になっているもの、人がない時（＝先行詞がない時）には「不特定の少数の人」を意味します。

(470) **Certains croient que les becs-en-sabot sont des dieux.** 〔先行詞なし〕

ハシビロコウは神であると信じている人たちもいる。

(471) **Certaines de ces lavettes** [f][pl] **sont fabriquées en Italie.**

これらのたわしのうちのいくつかはイタリア製だ。

❾ plusieurs

「人」または「もの」が１つではなく複数存在することを表します。

(472) **Il a mangé plusieurs de mes fraises.** 〔もの〕

あいつは、俺のイチゴをいくつも食べやがった（←俺のイチゴのうちのいくつも）。

(473) **Plusieurs dormaient pendant mon cours.** 〔人〕

何人もの人が私の授業中に寝ていた。

❿ on

「人」を表す名詞 homme と同じ語源に由来する、主語専用の代名詞です。on 自体には「人」という意味しかなく、具体的にどういう「人」を表しているのかは文脈などによります。「人一般」を表すことができるだけでなく、je, tu, il, elle, nous, vous, ils, elles のすべてに変わることができます。on を主語とする動詞は il と同じ活用形になりますが、属詞（🐟 p.190 §28. ❹）や過去分詞を、on が表している人の性と数に合わせて性数一致させることもできます（させなくても構いません）。

(474) **On s'est regardés.** 〔on = nous〕

僕たちは見つめ合った。

(475) **On est tous comme ça.** 〔on = les hommes、人一般〕

人なんてみんなそんなもんだよ。

(476) **On te demande au téléphone.** 〔不特定の人〕　君に電話だよ。

(477) 〔飲食店の入口で〕 **On est quatre.** 〔on = nous〕

〔何人で来店したかを聞かれて〕4名です。

et, ou, où, que, si などの後で、l'on とすることがある。この l' は on が「人」を表す名詞が語源であることから想像できるかもしれないけど、もともとは定冠詞だよ。Il faut que l'on se revoie. 「また会わないといけないね」のように l' を入れることがあるけれど、入れる入れないは自由。qu'on が女性器を表す俗語と同じ発音なので、という理由で que l'on とする人もいるみたい。

⓫ je ne sais, on ne sait, Dieu sait ＋疑問代名詞

(478) Ma femme est sortie cc**avec je ne sais qui.**

妻は誰だか分からない人と外出した。

(479) Ma femme a acheté cc**on ne sait quoi.**

妻は何だか分からないものを買ってきた。

je ne sais、on ne sait に対して Dieu の場合だけ Dieu sait と否定形にならないよ。まさに「神のみぞ知る」という感じかな。

〔チェック問題〕

日本語訳を参考に、カッコ内に適切な不定代名詞を入れてください。

□ 1. (　　　　　) aiment les becs-en-sabot.　みーんなハシビロコウが好き。

□ 2. (　　　　　) ne s'intéresse à mon lobe d'oreille.　誰も私の耳たぶには興味がない。

□ 3. (　　　　　) a sa manière de se laver les coudes.　人には人それぞれのヒジの洗い方がある。

□ 4. (　　　　　) ne sent bon.　何も良い匂いはしない。

□ 5. (　　　　　) de mes amis m'ont envoyé des cailloux en exprès.

友だちの何人かが私に小石を速達で送ってきた。

〔チェック問題 解答〕
□ 1. Tous（ただし、この意味では Tout le monde aime les becs-en-sabot. と言うほうが普通）□ 2. Personne（Personne が最も普通だが、Nul, Aucun も可能）□ 3. Chacun
□ 4. Rien（否定の ne があることに注意してください）□ 5. Certains（Quelques-uns も可能。Plusieurs は「何人も」のイメージに近いが文法的には可能）

§15. 接続詞

接続詞とは、2つ以上の節や文、同一文中の2つ以上の要素を接続する＝結ぶ語、語句です。

 ❶ 接続詞の種類

接続詞には、大きく分けて等位接続詞と従位接続詞があります。

(480) **Nous avons acheté** _{COD}**des fraises et un ordinateur.**

　　　我々はイチゴとコンピュータを買った。

この文では、des fraises と un ordinateur はどちらも avons acheté「買った」もので、情報として優劣・上下はありません。2つは対等な関係で結ばれています。このように、同じレベル（位）で接続するものを「等位接続詞」と言います。等位接続詞は、同じ働き、同じレベルにある2つ以上の語、語句、節、文などを結びます。従って、等位接続詞で結ばれる要素は、同じ品詞である（あるいは同じ品詞に相当する）ことが普通です。

(481)　* **Ann aime** _{inf.}**danser et** _{名詞}**le dessin.**〔不定詞＋名詞〕

　　　　杏は踊るのと絵を描くのが好きだ。

➡ (482) **Ann aime** _{名詞}**la danse et** _{名詞}**le dessin.**〔名詞＋名詞〕

➡ (483) **Ann aime** _{inf.}**danser et** _{inf.}**dessiner.**〔不定詞＋不定詞〕

次は従位接続詞です。

(484)　_{従属節}**Quand je me suis réveillé,** _{主節}**il y avait trois phoques à côté de moi.**

　　　私が目を覚ました時、私の横にアザラシが3頭いた。

この場合、〔Quand je me suis réveillé〕という従属節の内容は、〔il y avait trois phoques à côté de moi〕という主節の内容がいつのことかを補足しています。〔il y avait trois phoques à côté de moi〕はこれだけでも文として成立しますが、〔Quand je me suis réveillé〕は単独では成立しません。〔il y avait trois phoques à côté de moi〕という主節にぶら下がらないと（従属しないと）存在できないのです。〔Quand je me suis réveillé〕に比べて〔il y avait trois phoques à côté de moi〕は"上"にあります。このように、上下関係（主従関係）を作ったうえで2つの節を結ぶものを「従位接続詞」と言い、"上"にある方、つまり伝えたい中心の内容を表している方を「主節」、"下"にある方、つまり「主節」に関する補足説明をしている方を「従属節」と言います。

❷ 等位接続詞

主な等位接続詞は car（ p.209 **§ 33. ❶**）、donc（ p.108）、et、mais、ni（ p.197 **§ 29. ❻**）、or、ou です。

🍓 et

フランス語で最もよく使われる等位接続詞です。ラテン語の et の合字から & のマークができたと言われています。

(485) ₛ**Masahiko et Miho** ᵥ**boivent** ꜀ₒₚ**de la bière et du vin.**

〔主語の名詞同士、直接目的語の名詞同士を接続〕

将彦と美保はビールとワインを飲む。

(486) ₛ**Kaoru** ᵥ**est** ₐ**aimable et très attentionnée.** 〔属詞の形容詞（句）同士を接続〕

薫は愛想が良くてとても気が利く。

3つ以上の要素を並べる時は、最後の要素の前だけに et を入れます。

(487) ₛ**Shugo** ᵥ**est** ₐ**gentil, calme et assidu.** 〔属詞の形容詞（句）同士を接続〕

修吾は優しくておとなしくて勤勉である。

意味上、対立するもの同士を結ぶこともあります。

(488) **C'est un livre cher et sans intérêt.** これは高いのに面白くない本だ。

cher は形容詞だけど、sans intérêt は？ 前置詞＋名詞のまとまりだよね。でも、この sans intérêt も cher と同じように livre に関する補足説明をしている＝修飾しているので「形容詞に相当する働き」と考えるんだ。

🍓 mais

対立を表す等位接続詞です。

(489) ₛ**Naoki** ᵥ**souffre toujours mais** ᵥ**ne se plaint jamais.** 〔動詞（句）同士の接続〕

直樹はいつも大変な思いをしているが、決して不満を言わない。

(490) ₛ**Yoshiko** ᵥ**ne vient pas** ꜀꜀**aujourd'hui mais** ꜀꜀**demain.**

〔状況補語（句）同士の接続〕 芳子は今日は来ないが明日は来る。

mais 以降が肯定の意味（「来る」）になっていることに注意しよう。Yoshiko ne vient pas aujourd'hui mais elle vient [viendra] demain. ということだよ。

(491) ₍節₎**Haruhisa travaille** mais ₍節₎**M. Tanaka boit.** 〔節同士の接続〕

晴久は仕事をしているのに田中氏は酒を飲んでいる。

対立の意味が弱まり、単なる強調表現のように使われることもあります。

(492) Asahiko est sympa, mais vraiment sympa.

朝彦はいいヤツだよな、本当にいいヤツ。

(493) Aujourd'hui, M. Tanaka n'a pas bu de lait à la fraise. — Mais c'est pas vrai !

「今日、田中氏はイチゴ牛乳を飲まなかったんだ」「嘘だろ！」

> 後半の文では、Mais ce n'est pas vrai ! の ne が省略されているよね。

(494) Il me faut non seulement de l'argent mais aussi du temps.

私には、お金だけでなく時間も必要だ。

🍓 ou

ou は選択を表す等位接続詞です。強めるために ou bien とすることもありますが、日本語で訳し分けることができるほどの違いではありません。

(495) ₍節₎**Tu viens** ou ₍節₎**tu viens pas ?** 来んの？　来ないの？

(496) Voulez-vous ₍COD₎**du vin** ou bien ₍COD₎**du lait à la fraise ?**

ワインにしますか？　イチゴ牛乳にしますか？

(497) ₍S₎**Takeshi** ou ₍S₎**Takuji** ₍V₎**viendra [viendront].**　剛士か拓治が来るだろう。

> 主語が ou で結ばれた語（句）の場合、どちらか一方のみがその動作を行うのであれば動詞は単数形、いずれもその動作を行うのであれば複数形にするよ。次例の場合、パリかロサンゼルスのどちらか片方だけがオリンピックの開催地になることができるので、単数形にしかできないよね。

(498)（最終決定以前に）₍S₎**Paris** ou ₍S₎**Los Angeles** ₍V₎**accueillera les Jeux Olympiques de 2024.**　パリまたはロサンゼルスが 2024 年オリンピックの開催地となるだろう。

🍓 or

or は et, mais, ou に比べると改まった表現で、ほとんど使わない人もいます。小中学生が使いそうな仏仏辞典の中にはほとんど触れていないものもあります。

(499) Or, un jour, ma femme est partie alors que je dormais encore.

さてある日、私はまだ眠っていたが、妻は出かけていった。

❸ 従位接続詞

🍓 que

フランス語の接続詞の中で最もよく使うのは que です。que の後に節（主語＋動詞）を付けることで、〔que ＋主語＋動詞〕全体を 1 つの名詞のようにするのが主な使い方です。

(500) ₛJe ᵥvois ꜀ₒᴅsa danse.　彼女の踊りを見ている。

(501) ₛJe ᵥvois ꜀ₒᴅqu'elle danse.　彼女が踊っているのを見ている。

この 2 例の場合、名詞 sa danse と、節の形をしている qu'elle danse は、どちらも Je vois の直接目的語として働いています。このように、elle danse という〔主語＋動詞〕のまとまりを名詞として働かせるために、〔主語＋動詞〕の前に que を付けます。名詞化された〔que ＋主語＋動詞〕を「名詞節」と言い、直接目的語以外にも、通常の名詞と同じように主語や属詞などとしても働くことができます。

(502) ₛ₁Que ˢ²mon mari ⱽ²reste à la maison ou qu' ˢ³il ⱽ³parte ne me ᵥ₁concerne pas.

夫が家にいようが出かけようがどうでもよい。

〔Que ₛ₂mon mari ᵥ₂reste à la maison〕とこれに ou で結ばれた〔qu' ₛ₃il ᵥ₃parte〕という 2 つの節全体（S1）が、ne me concerne pas という主節の動詞（V1）の主語になっています。名詞節を主節の動詞の主語にする場合、名詞節内の動詞は接続法（ᵥ₂reste, ᵥ₃parte）にします（🐭 p.163 §24. ❷）。次例も同じです。

(503) ₛ₁Que ˢ²ma femme ⱽ²soit rentrée à 17 heures ᵥ₁a surpris tout le monde.

妻が 17 時に帰宅したことは、みんなを驚かせた。

〔Que ₛ₂ma femme ᵥ₂soit rentrée à 17 heures〕という名詞節（S1）が、a surpris という主節の動詞（V1）の主語になっています。次例は直接目的語になっている例です。

(504) ₛ₁Je ᵥ₁crois ꜀ₒᴅ₁que ˢ²ma femme ⱽ²n'a pas raison.

妻が言っていることは正しくないと思う。

〔que ₛ₂ma femme ᵥ₂n'a pas raison〕という名詞節（COD1）が、Je crois という主節（S1-V1）の直接目的語になっています。

(505) ₛ₁Je ᵥ₁ne m'attendais pas ꜀ₒᵢᵢà ce que ˢ²ma femme ⱽ²dise la vérité.

私は、妻が真実を語るとは予想していなかった。

〔que ₅₂ma femme ᵥ₂dise la vérité〕という名詞節に、à ce がついて間接目的語（COI1）になっています（ce については 🍓 p.82 § 11. ❷）。

🍓 quand, lorsque

時間関係を表しますが、具体的にどのような関係であるかは動詞の時制などによります。quand と lorsque に意味や用法の違いはありませんが、quand の方がよく使われます。

(506) **Quand je suis rentré, ma femme creusait des trous.** 〔同時〕

　　私が帰宅した時、妻は穴を掘っていた。

(507) **Quand il a commencé à parler, tout le monde l'a hué.** 〔継起・直後〕

　　彼が話し始めると、みんなは彼をヤジった。

この他、🍓 p.234 § 38.

🍓 si

si は仮定を表します。il, ils の前で s' になります。

(508) **Si tu vas à Mito, il faut visiter absolument Kairakuen.**

　　水戸に行くなら、必ず偕楽園に行かなくちゃダメだよ。

この他、🍓 p.220 § 35.

🍓 comme

(509) **Comme il fait beau, allons faire la lessive à la rivière.**

　　天気がいいから、川へ洗濯に行こう。

この他、🍓 p.209 § 33.

🍓 bien que

(510) **Bien qu'il pleuve, je fais sécher du linge dehors.**

　　雨が降っているけど、外に洗濯物を干すわ。

この他、🍓 p.229 § 37.

> **donc**
> donc は接続詞としても副詞としても「つまり」のような意味で使えるよ。有名なのは、Je bois du lait à la fraise, donc je suis.「我イチゴ牛乳飲む、故に我あり」みたいな使い方かな。ただ、はっきりとした因果関係を表さず、相手の注意を引いたり、単なる口癖のように使う人もいるよ。Dis donc, cette lessive sent vraiment bon !「うわぁ、この洗剤、本当に良い匂いがするなあ！」

§16. 前置詞

前置詞は、名詞、代名詞、形容詞、副詞、不定詞を、文中の他の要素に結びつける語です。性数の概念は持たない不変の語です。

 ❶ 前置詞概要

フランス語で、日常的によく使われる前置詞は約 30 です。「前に置く詞（＝ことば）」という名の通り、前置詞は何かの前に置く語、見方を逆にすれば前置詞の後には基本的に何らかの語（「支配語」などと言ったりします）があります。英語と比べると、〔前置詞＋支配語〕のまとまりが壊れることは稀、英語のように前置詞で文が終わることも稀です。フランス語の前置詞の中で最も使われるものは à, de, en の３つで、この３つは必要な時に必要なだけ繰り返すことが多いです。これ以外の前置詞は繰り返しても誤りではありませんが、普通省略します。最も使われる３つから主な用法を見ていきましょう。

(511) **M. Tanaka téléphone à Takamasa et à Norihiko.**
　　　田中氏は孝将と規彦に電話をする。

(512) **M. Tanaka travaille pour Bun et [pour] Ann.**
　　　田中氏は文と杏のために働いている。

 ❷ à

à は、複数想定される「点」のうちの１つの「点」を指すイメージです。

(513) **Yui parle** _{COI}**à Kana.** 〔間接目的語を導く〕
　　　結衣は佳奈に話をしている。

例えばこの例では、薫でも、さつきでもなく、佳奈に話をしている、という感じ。次の例では、フランスでもイタリアでもなく、アメリカに行く、という感じ。

(514) Il va _{cc}aux États-Unis. 〔到着点〕 彼は米国へ行く。 🐦🐦 ❹

(515) Yuka fait ses courses _{cc}au supermarché[⊙]. 〔行為の場所〕

友香はスーパーで買い物をする。

> [⊙] supermarché「スーパーマーケット」← super-「〜を超える」+ marché「市場」。この語が表すものは、日本でイメージするスーパーよりも大きい店であることが多いです。

(516) Tsuyoshi habitait _{cc}à Takaoka. 〔行為・状態の場所〕

徹は高岡に住んでいた。

> 町の名前はごく一部を除いて無冠詞で使われ、いる場所や目的地を表す場合にはàが付くことが多いよ。冠詞が町名の一部を成すものとしては、Le *H*avre「ル・アーヴル」、La Rochelle「ラ・ロシェル」, Le Caire「カイロ（エジプトの首都）」などがあるよ。この定冠詞は必要に応じて縮約もする。例えば、Ils habitent au *H*avre.「彼らはル・アーヴルに住んでいる」のように。

(517) Le cours de M. Tanaka commence _{cc}à 23h55. 〔時点〕

田中先生の授業は 23 時 55 分に始まる。

(518) Masahiro écrit la lettre d'amour toujours _{cc}au crayon. 〔手段〕

昌大はラブレターをいつも鉛筆で書いている。

> au crayon は「ペンやマジックではなく鉛筆で」、avec un crayon は具体的に「1 本の鉛筆を使って」のイメージ。「私のペンで」は à mon stylo ではなく、avec mon stylo と言うよ。

(519) Ryo chante _{cc}à voix haute dans la salle de bain. 〔様態〕

諒はお風呂場で大声で歌を歌っている。

(520) Noriko aime les chaussures à talons plats. 〔特徴〕

典子はローヒールの靴が好きだ。

(521) Yoko a acheté une jolie tasse à thé. 〔用途〕

庸子はかわいいティーカップを買った。

> une tasse à café は「コーヒーカップ」。中にコーヒーが入っていない空のカップでも良いけど、une tasse de café は「1 杯のコーヒー」。中にコーヒーが入っていないと言えないよ。

(522) C'est un livre à Masashi. 〔所有〕 これは将司の本。

> un livre à moi は「私が所有している本のうちの 1 冊（不特定）」、mon livre は「私の特定の本」、un livre de moi は「私が書いた本」の意味になるのが普通だよ。

 **❸ de**

de はもともとは何かから離れる「分離」の意味でしたが、そこから、意味が大きく広がって しまい、元の意味が感じられないことも多くなってしまいました。中性代名詞 en（ p.76 §10. ❸）や関係代名詞 dont（ p.87 §12. ❺）の用法の理解を助けることになりますので、しっか り見ていきましょう。

(523) **Takuji est venu _{CC}de Nagano.** 〔出発地〕 拓治は長野から来た。

(524) **Hiroto est _{CC}de Tokyo.** 〔出生地〕 寛人は東京出身だ。

(525) **Ryo travaille sérieusement du matin au soir.** 〔時間の起点〕

龍は朝から晩まで真面目に働いている。

(526) **Yumiko parle toujours _{COI}de son mari.** 〔話題〕

弓子はいつも夫について話している。

(527) **Que sais-tu _{CC}de Georges ?** 〔話題〕

お前はジョルジュの何を知っているというのだ？

(528) **Mon père est mort _{CC}d'une hémorragie cérébrale.** 〔原因〕

私の父は脳出血で亡くなった。

(529) **Mayumi est fière de ses enfants.** 〔原因〕

麻由美は自らの子どもたちのことを誇りに思っている。

(530) **Sachiko a couvert son visage de ses mains.** 〔道具〕

佐知子は両手で顔を覆った。

この例のように、主語の体の一部を使う時には de を用いるよ。「両手で」ではなく「マフラーで」 なら avec une écharpe のように avec になる。

(531) **Akihide est aimé _{CC}de tout le monde.** 〔動作主補語〕

昭英はみんなから愛されている。 p.177 §26.

(532) **Il est moins âgé que Yoshiko _{CC}de 4 ans.** 〔程度・差を表す〕

彼は芳子の 4 歳年下だ。

(533) **La population d'Ichikawa est de 491 118.** 〔être + de + 数値〕

市川市の人口は 49 万 1118 人だ。

(534) **Le département de Tochigi est célèbre pour les fraises.** 〔語をつなぐだけ〕

栃木県はイチゴで有名だ。

この最後の 2 例で使われている de などは、ほとんど元の意味を感じられないね。

 **❹ en**

場所や状態を表す en は、dans と似たような意味を持ちますが、dans が具体的な位置関係を表すのに対して、en は抽象的な意味を持つことが多く、原則として en に続く名詞には冠詞が付きません。

(535) Atsushi est dans la classe. 〔教室という具体的な場所〕　敦は教室にいる。

(536) Il a dormi en classe. 〔授業中という抽象的な空間、classe が無冠詞〕
　　　彼は授業中に寝てしまった。

(537) Ryo est _{cc}en France. 〔いる場所〕　良はフランスにいる。

(538) Sachi est allée _{cc}en Espagne.　幸はスペインへ行った。〔目的地〕

国を表す名詞にも性があり、国名によって前置詞が変わるよ。女性名詞の国名と、母音で始まる男性単数名詞の国名の前では en（国名は無冠詞。aller en Russie「ロシアに行く」、habiter en Iran「イランに住んでいる」）、子音で始まる男性名詞の国名の前では au（aller au Japon「日本に行く」、habiter au Portugal「ポルトガルに住んでいる」）、複数名詞の国名の前では aux（aller aux Pays-Bas「オランダに行く」、habiter aux Philippines「フィリピンに住んでいる」）を用いるよ。

アジアやアフリカなどの五大州と、フランスの地方の名には en を使うよ（en Afrique「アフリカに／で」、en Alsace「アルザスに／で」）。県名の多くは dans（dans le Jura「ジュラ県に／で」、dans les Vosges「ヴォージュ県に／で」）だけど、多音節（🐦 p.17 §0. ❽）の女性名詞の県名や、A-et-B の形をしていて A が女性名詞の県名には en（en Gironde「ジロンド県に／で」、en Seine-et-Marne「セーヌ・エ・マルヌ県で／で」）を使うことが多い。でも例外もあるから、難しいよ。

いる場所や目的地が町の場合には en ではなくて à を使うよ。Haruhisa reste à Soka.「晴久は草加にとどまっている」、Kana va à Ueno.「香奈は上野へ行く」。

(539) Haruka est forte en informatique. 〔抽象的な場所➡得意な範囲〕
　　　はるかはパソコンが得意だ。

(540) Tagajo a été construit en 724.　多賀城は 724 年に建てられた。〔時間：年や月〕

(541) En été, il fait plus de 25 degrés à Ajaccio. 〔時間：季節〕
　　　夏にはアジャクシオ（Corse[◎] コルシカ島で最大の都市）では 25 度以上になる。

　　　[◎] Corse：フェニキア語（地中海沿岸で話され、5 世紀頃消滅した言語）で「森林の多い」の意味。

en été「夏に」、en automne「秋に」、en hiver「冬に」だけど、「春に」だけは au printemps と言うよ。でも、歴史的にはこの au は à + le ではなくて、en + le が縮約したもの。これが発音の変化により「オ」のような音に変わり、au というスペルを当てはめたんだ。

(542) Nous sommes arrivés à Umeda ₍c₎en 15 minutes.

梅田に 15 分で着いた。〔所要時間〕

dans 15 minutes は「15 分後」(Nous arriverons à Umeda dans 15 minutes.「15 分後に梅田に到着するでしょう」)、avant 15 minutes は「15 分以内」(Nous arriverons à Umeda avant 15 minutes.「15 分以内に梅田に到着するでしょう」)、pendant 15 minutes は「15 分間」だよ。

(543) Michiyo est ₍c₎en pyjama.　通代はパジャマを着ている。〔状態〕

(544) M. Tanaka est toujours ₍c₎en réunion.　田中先生はいつも会議中だ。〔状態〕

(545) Hiromi a acheté deux chaises en bois.　博美は木製の椅子を 2 脚買った。〔材料〕

材料を表す場合には de または en が使われるけれど、強いて言えば、en のほうが使われることが多いかな。上の例は chaises de bois とも言えるよ。

(546) Kensuke est venu ₍c₎en train.　健介は電車で来た。〔移動手段〕

人が中に乗り込む乗り物を表す名詞の前では en を使うのが原則 (en avion「飛行機で」) で、またがる乗り物を表す名詞の前では à を使うのが原則 (à cheval「馬で」) だったけど、最近ではどちらも en を使うことが増えているよ (またがるのに、en vélo「自転車で」)。また、単に「列車や飛行機ではなく車で」なら en voiture と言うけど、具体的な車の場合には、dans ma voiture, avec ma voiture のように dans や avec を使う。具体化することにより冠詞類が付くことになり、そうすると通常無冠詞名詞が後に続く en ではなく、他の前置詞が選ばれやすくなるんだ。いわゆる交通機関の場合には par が使われることもあるよ (par le train de 19 heures「19 時の列車で」)。

(547) Bertrand nous a expliqué en japonais.〔手段➡用いる言語〕

ベルトランは我々に日本語で説明してくれた。

en の次には原則として無冠詞名詞が来るので、この名詞に形容詞などを付けると、冠詞も必要になって前置詞が変わるよ。例えば「日本語で」ではなく「完璧な日本語で」だと、dans un japonais parfait と dans を使うようになるんだ。

❺ après

après は時間的な「後」を表します (例えば、midi「正午」より後の時間帯は après-midi「午後」)。反意語は avant、空間的な「後」は derrière です。

(548) Yoshiko a fini son cours après Masanori.　芳子は雅徳より後に授業を終えた。

après の後に不定詞を置く場合には複合形にします (👉 p.169 § 25. ❹)。

❻ avant

avant は時間的な「前」を表します。反意語は après、空間的な「前」は devant です。

(549) On arrivera à Niigata avant 20 minutes.

20 分以内に（← 20 分経つ前に）新潟に着くでしょう。

(550) Masanori a fini son cours avant midi. 雅徳は正午前に授業を終えた。

(551) Masanori a fini son cours avant moi. 雅徳は私より前に授業を終えた。

❼ avec

avec は、2 つ以上の人・ものなどが、同じ場所・場面に存在することを表します。

(552) Kazuo est allé au théâtre avec ses étudiants. 〔同伴〕

一男は学生たちと観劇に行った。

(553) Satoshi est parti avec le lever du soleil. 〔同時〕 聡士は日の出と共に出発した。

(554) Kohei est venu avec sa voiture. 〔手段・道具〕 耕平は自分の車で来た。

(555) Tomoko joue du piano avec élégance. 〔様態〕 知子は優雅にピアノを弾いている。

avec élégance は élégamment という副詞に置き換えることができるよ。同じように avec patience は patiemment にできる。このように avec の後に抽象名詞が来ている場合、-ment で終わる副詞に書き換えられるのだけど、名詞は原則として無冠詞。でも、「ペンで書く」écrire avec un stylo のように、具体的なものを表す名詞には必ず冠詞などが付くよ。

副詞に置き換えることができる avec ＋無冠詞名詞をいくつかあげておくよ。avec courage = courageusement「勇敢に」、avec impatience = impatiemment「待ちかねて」、avec patience = patiemment「忍耐強く」、avec prudence = prudemment「慎重に」、avec soin = soigneusement「入念に」など。-ment 型の副詞がなくても avec ＋無冠詞名詞の構文なら可能なことがあるよ。avec angoisse「不安をもって」、avec aplomb「ずうずうしく」。

(556) Avec un peu de patience, vous auriez pu boire du lait à la fraise. 〔条件・仮定〕

もうちょっと我慢できていたら、イチゴ牛乳を飲めただろうに。（ p.222 §35. ❹）

avec ＋無冠詞名詞の構文は、実際にその状態にある時、つまり無冠詞名詞が表す感情など（例えば、patience「忍耐強さ」、prudence「慎重さ」など）が存在する時にしか使えないよ。仮定を表すには冠詞か冠詞に代わる表現が必要なんだ。例えば、Avec de la patience と部分冠詞を付けるか、部分冠詞の代わりに「ちょっと」の意味で Avec un peu de patience にするか。

❽ chez

chez は「〜の家で（に）」といった意味を持つ前置詞です。

(557) Rendez-vous chez Hiroyuki !　浩之の家に集合！

> chez Hiroyuki の代わりに à la maison de Hiroyuki とは言わないんだ。また、chez の次に来るのが固有名詞の場合、リエゾンしないよ。chez_elle だけど、chez|Yves。また、必要に応じて、chez の前に別の前置詞が付くこともあるよ。例えば、Je t'accompagne jusqu'à chez toi.「君の家まで送っていってあげるよ」（jusque も à も前置詞なので、3連続前置詞）、Tu es venu à pied depuis chez toi ?「君の家から歩いて来たの？」、Il y a un bec-en-sabot devant chez toi.「お前の家の前にハシビロコウがいるぞ」など。

❾ contre

contre は ➡◀ のように、2つのものが向かい合うイメージ。このイメージから「敵対」のような意味も持つことがあります。

(558) Tout le monde était contre M. Tanaka.　みんな田中氏に反対だった。

(559) le vaccin contre le covid 19.　新型コロナウィルスワクチン

(560) Je te donne mon trésor contre les fraises.〔交換〕

　　イチゴと引き替えに僕の宝物をあげるよ。

❿ dans

dans は空間的な「中」を表しますが、時間的に「〜後」のような意味を持つこともあり、慣れるまでは難しい前置詞かもしれません。また、dans 自体は「中」の意味しかなく、「中に」なのか、「中へ」なのか、「中から」なのかは動詞などの意味によって決まります。

(561) Quoi ! Il y a deux rhinocéros noirs dans ma chambre ?〔中に〕

　　え！ 僕の部屋にクロサイが2頭いるの？

(562) Ma femme a caché quelque chose dans son sac.〔中へ〕

　　妻は何かをバッグに隠した。

(563) Asuka boit du café dans une grande tasse.〔中から〕

　　明日香は大きなカップでコーヒーを飲んでいる。

(564) Il est interdit de stationner dans cette rue.　この通りでは駐車禁止。

> 「通り」を表す名詞によって付く前置詞が異なるよ。rue は通りの両側に建物が並んでいる街中の通りで、左右と地面の三方を囲まれた空間のイメージがあるので dans が付きやすい。avenue, boulevard, chemin, route などには sur を付けることが多いよ。🐦 p.247 § 39. ❷

(565) **Kei dort dans son fauteuil.** 桂は自前の肘掛けイスで眠っている。

「通り」と同じように「イス」を表す名詞も、「イス」によって付く前置詞が異なるよ。座面の左右に肘掛けがあり、背もたれもある「肘掛けイス」fauteuil には dans が付きやすいけど、「肘掛けのないイス」chaise、「ベンチ」banc などには sur が付くよ。

(566)　　**Le train pour Omuta part dans 8 minutes.**　大牟田行きは 8 分後に出発します。

⇔ (567) **Le train pour Fukuoka-Tenjin est parti il y a 5 minutes.**

福岡天神行きは 5 分前に出発した。 p.240-241 § 38. ❼❽

dans を用いた「〜後」の表現は、現在を基準にした「〜後」。例えば、「10 時に到着して、その 10 分後に食事をとった」という場合には、dans ではなく après とか plus tard を用いるよ。Elle est arrivée à 10 heures et elle a pris son repas 10 minutes après [10 minutes plus tard]. この après は " 前置 " ではないので、副詞に近いね。

(568) **Dans mon enfance, il n'y avait pas de supérette près de chez moi.**

子どもの頃、僕の家の近所にコンビニはなかった。

⓫ depuis

depuis は過去のある時点からの継続を表します。depuis の後には時点を表す表現も、期間を表す表現も置くことができます。現在まで継続しているかどうかは、動詞の時制などによって分かります。que + S V を付けることもできます。

(569) **À Hikone, il neige depuis hier.** 〔＋時点を表す表現〕

彦根では昨日から雪が降っている。

現在形を使っているこの例の場合、彦根では今も雪が降っていそうだけど、半過去形を使っている次の例の場合、今では雪は降っていないことが予想されるよ。半過去形は現在の出来事・事実を表すことができないからね。1 週間前から例えば昨日までは雪が続いたけど、今は降っていない感じ。

(570) **À Yamashina, il neigeait depuis une semaine.** 〔＋期間を表す表現〕

山科では 1 週間前から雪が降っていた。

(571) **Depuis 10 ans, il a arrêté de fumer.**　10 年前から禁煙している。

depuis は現在形や半過去形のような状態や継続的な行為を表すことができる時制と一緒に使うことが多いけど、複合過去形とかも用いられるよ。この例の場合、a arrêté は「タバコを止めた」時点を表すけれど、継続を表す depuis と一緒に使われているので、「タバコを止めた」結果である「タバコを吸わない」状態を表すよ。また depuis は、未来のある時点から何かが始まる場合には使えないよ。例えば「明日から禁煙する！」は J'arrêterai de fumer depuis demain ! ではなく J'arrêterai de fumer à partir de demain ! のように à partir de などを使うよ。dès demain とすると、「明日になったらすぐ禁煙する」のイメージ。

116

(572) **Depuis qu'il est là, ma femme est contente.**　彼がここに来てから妻は満足げだ。

depuis を場所について用いることもあるよ。Le concert est retransmis depuis l'Olympia.
「コンサートはオランピアから中継です」。オランピアはパリ９区にあるホールだよ。

⑫ dès

dès は直後を表しますが、depuis と異なり、後には期間を表す表現（例えば une semaine「１
週間」、dix ans「10 年間」など）を置くことができません。que + SV を付けることもできます。

(573) **Dès son arrivée, ma femme s'est mis du parfum.**

彼の到着後すぐ、妻は香水をつけた。

(574) **Dès qu'il est arrivé, ma femme a commencé à danser la lambada avec lui.**

彼が到着するとすぐに、妻は彼とランバダを踊り始めた。

⑬ devant

devant は空間的な「前」を表します。反意語は derrière、時間的な「前」は avant です。

(575) **Devant la gare, il y a une librairie.**　駅前に本屋がある。

⑭ derrière

derrière は「空間的」な「後」を表します。反意語は devant、時間的な「後」は après です。

(576) **Un jeune homme est caché derrière la porte.**　ドアの後に若い男が隠れている。

⑮ durant

durant は「継続」を表しますが、pendant に極めて近い意味・用法を持っています。㉓ pendant

⑯ entre

entre は「２点の間」を表すのが基本です。全体として３点以上になることもありますが、そ
の場合でも、A ⇔ B、B ⇔ C、C ⇔ D... のように２点ずつ処理していき、だから全体的に考えても
同じように処理できる、というイメージを与えます。

(577) **Le moyen le plus rapide de voyager entre Osaka et Kyoto est de le faire en train.**　大阪・京都間最速の移動方法は列車である。〔２地点の間〕

le faire は voyager entre Osaka et Kyoto の代わり。「名詞」に代わる「代名詞」にならって、
これを「代動詞」と言ったりすることも。le は中性代名詞（　　 p.74 §10. ❶）だよ。

(578) Je passerai chez toi entre 9 et 10 heures. 〔2時点の間〕

9時から10時の間に君の家に寄るね。

(579) Entre toi et ce bec-en-sabot, il y a plusieurs points communs.

君とこのハシビロコウの間には共通点がいくつもあるねぇ。

(580) Les gens parlaient entre eux. 人々はお互いに話し合っていた。

A, B, C, Dの4人がいたとすると、A⇔B、A⇔C、A⇔D、B⇔C、B⇔D、C⇔Dで話をしていたイメージ。

 ⓱ hors

hors は「ある範囲の外」を表し、hors de + 名詞の形で用いられるのが普通です。de が付かないのは一部の成句などに限られます。

(581) Hiroto et Kumiko sont allés faire les courses au supermarché qui se trouve hors de la ville.

寛人と久美子は市外にあるスーパーに買い物に行った。

(582) Je suis vraiment désolé mais ce bec-en-sabot est hors commerce. 〔成句〕

大変申し訳ございません、こちらのハシビロコウは非売品でございます。

 ⓲ jusque

jusque は日本語の「まで」のように、終了点・到達点を表します。jusque 自体前置詞ですが（副詞としている辞書もあります）、後に à をはじめとする他の前置詞を付けて用いるのが普通です。

(583) Ce train va jusqu'à Oshiage. 〔jusque + 前置詞 à・場所〕

この列車は押上までまいります。

(584) Je vais t'accompagner jusque devant chez toi.

〔jusque + 前置詞 devant + 前置詞 chez〕

君の家の前まで送っていってあげるよ。

(585) On attend jusqu'à quand ? Le bec-en-sabot ne bouge pas !

〔jusque + 前置詞 à・時間〕

いつまで待つの？ ハシビロコウは動かないよ！

⑲ malgré

malgré は逆接・対立を表します。

(586) **Satoshi est allé courir malgré la pluie.**　雨にもかかわらず、哲は走りに行った。

(587) **Malgré ses parents, cet étudiant est devenu comédien.**

〔両親の意にもかかわらず→〕両親の反対を押し切って、この学生は芸人になった。

(588) **Malgré que ce livre ne serve à rien, il se vend bien.**

この本は何の役にも立たないのによく売れている。

> malgré que は誤用とする人もいるので、積極的に選ぶ必要はないかもしれないね。bien que とか quoique を使ったほうが無難かも。　p.230 § 37. ❸

⑳ outre

outre は「あるもの・人に加えて」のような意味を持ちますが、日常的には en plus de などを用いることのほうが多くなっています。

(589) **Outre ses deux hippopotames, il a trois becs-en-sabot dans son studio.**

彼は自分のワンルームマンションで、カバ2頭以外に、ハシビロコウを3羽飼っている。

㉑ par

par は「通過する点・空間」を表すイメージですが、受動態で動作主を表すなど広い意味を持っています。

(590) **Ce train ne passe pas par Oku.**　〔通過点〕　この電車は尾久を経由しません。

(591) **À ma vue, un homme a fui par la fenêtre.**〔通過点〕

私の姿を見て、一人の男が窓から逃げていった。

> 「窓から」と言っても、de la fenêtre にならない点に注意。de は「出発点」を表すので、逃げるという行為が窓（窓枠）から始まったことになる。でも、実際には、部屋の中のどこかから窓を通って外に逃げているよね。次の例では、「通過」のイメージは弱まって、単に空間的な広がりを表しているよ。

(592) **Par ici, il pleut à verse.** 〔空間的広がり〕

この辺りではどしゃ降りだ。

(593) **Kyoko _{COD}m'a saisi par le bras.** 〔通過点➡媒介〕

京子は私の腕をつかんだ（←私の腕をつかむことで私をとらえた）。

(594) **Shoko a appris la nouvelle par Internet.** 〔通過点➡経路〕

章子はネットでそのニュースを知った。

(595) **Mon mari a été piqué par un bec-en-sabot.** 〔動作主〕

夫はハシビロコウに突っつかれた。 p.177 §26.

(596) **Quoi ? Tu ne bois du lait à la fraise que deux fois par jour ?** 〔単位〕

え？　おまえ、１日２回しかイチゴ牛乳を飲まないの？

(597) **Ces fraises coûtent 10 000 yens par kilo.** 〔単位〕

このイチゴは１キロ 10000 円する。

> 最近では、10 000 yens le kilo のように、定冠詞＋単位 で表すことのほうが多いかな。
> par が単位を表すときは、次に無冠詞名詞が来ることが多いよ。

 ㉒ parmi

parmi は複数形の名詞・代名詞（特に３以上の時）の前や、集合名詞（ p.21 §1. ❷）の前で用います。２つの時は parmi ではなく、entre を用いることが多いです。

(598) **Parmi ces becs-en-sabot, Elsa est le plus grand.**

これらのハシビロコウたちの中で、エルザちゃんが一番大きい。

(599) **James a fui parmi la foule.** 〔集合名詞〕

ジェームスは人混みの間を抜けて逃げていった。

 ㉓ pendant

pendant は期間を表します。同じような意味を持つ durant は pendant に比べると改まった感じがします。

(600) **Ann a dansé pendant 2 heures.**

杏は２時間踊り続けた。

(601) **Atsushi a fait ses études pendant 5 ans en France.**

敦はフランスで５年間研究した。

pendant ＋ 数値 ＋ 時間の単位の構文の時、pendant は省略することができるよ。また、この構文の時には、その期間の間、ずっと何かが続いたことを表すよ。でも、次の例のように、pendant の後が、数値 ＋ 時間の単位 ではない時には、その期間の間、ずっと続いたかもしれないし、その期間の間の一部だけかもしれない。次の例文だけでは、授業中最初から最後までずっと寝てしまったのか、ちょっとだけ寝てしまったのかは分からないよ。授業中ずっと寝てしまったことを表したければ、例えば、不定形容詞 tout を使って pendant toute la classe のようにするよ。

(602) **Elle a dormi pendant la classe.**　彼女は授業中に寝てしまった。

㉔ pour

pour は A ➡ B のように、１点からもう１点のほうを向いているイメージで、目的や目的地を表すことが多いですが、目的などを表さないこともあります。時の表現として使う場合には、現在や過去から見て、未来の予定の期日・期間を表します。

(603) **Le train est parti pour Uchijuku.**〔目的地〕

　　列車は内宿へ向けて出発した。

(604) **Takaaki est allé à Kyoto pour voir les statues bouddhiques.**〔目的〕

　　剛士は仏像を見るために京都へ行った。

pour に後続する不定詞が表す行為の主語と、同じ文の中で活用している動詞の主語は同じであることが基本だよ。上の例の場合、京都へ行った人と、仏像を見る人はどちらも剛士だね。主語が異なる場合には、pour que ＋ 接続法の構文を使うよ。例えば、Parlez plus lentement pour que tout le monde puisse bien comprendre.「みんながよく理解できるように、もっとゆっくり話してください」。「ゆっくり話す」のは「あなた」だけど、「よく理解できる」のは「みんな」だね。

移動を表す動詞に続く pour ＋ 不定詞の pour は省略できるよ。例えば「食べるために来る」➡「食べに来る」は venir manger のように。また、次の例はスキー場の場面だけど、スキーはリフトで登ることが目的ではなく、滑ることが目的だよね。だから、単に「滑る」➡「リフトで登る」の時間の流れを表しているだけで、目的の意味はほとんど感じられないよ。

(605) **Reiko a descendu la piste pour remonter.**〔継起〕

　　怜子はゲレンデを滑り下り、また登った。

(606) **Il y a des rouleaux de PQ[◎] pour toi.**〔目的地➡宛先・対象〕

　　君宛のトイレットペーパーが届いているよ。

　　◎ PQ：本来は papier hygiénique。papier toilette とも言います。俗語では papier cul と言い、これを PQ と略すことがありますが、あまり上品な言い方ではないかもしれません。

(607) Certains disent que le lait à la fraise est bon pour la santé. 〔対象〕

イチゴ牛乳は健康に良い、と言う人たちもいる。

(608) Personne n'est pour le ministre. 〔賛成・支持の対象〕

誰も大臣の味方ではない。

(609) Tu as acheté cette petite ponce pour 19 980 yens ? 〔代価〕

お前、この小さな軽石を 19980 円で買ったん？

(610) Le PDG® porte une jupe pour quelle raison ? 〔理由・原因〕

なんで社長はスカートを履いているんだ？

> ® PDG : Président-Directeur Général。女性の場合には Présidente-Directrice Générale。

> 日本語の「ため」も「目的」の意味にも「理由・原因」の意味にもなるよね。例えば、「高くて美味しいものを食べるために節約している」は「目的」だけど、「高くて美味しいものを食べたためにお金がない」は「理由・原因」だよね。A ➡ B の B の方に注目すれば「目的」、A の方に注目すれば「理由・原因」になるよ。

(611) Terminez ce livre pour le 17 janvier. 〔予定の期日〕

1 月 17 日までにこの本の原稿を仕上げなさい（←書き終えなさい）。

> このフランス語だけでは「本を何し終えるのか」あいまいなんだ。また、finir と異なり、terminer には「終わらせる」のイメージがある。例えばレストランで、肉料理の肉自体は食べきったが付け合わせの野菜がちょっと残っているのに、ナイフとフォークを並べて置いているお客さんに対して「お済みでしょうか？」と聞く場合には Vous avez fini ? ではなく、Vous avez terminé ? と聞くよ。

(612) Masanori a loué une voiture pour trois jours. 〔予定の期間〕

真典は 3 日の予定で車を借りた。

(613) Pour moi, le lait à la fraise est un aliment complet.

〔文中の何か・誰かにスポットライトを当てる〕

私にとって、イチゴ牛乳は完全食である。

(614) Dans cette université, quatre-vingt-onze pour cent des étudiants aiment le lait à la fraise. 〔割合、パーセント〕

この大学では、学生の 91 パーセントがイチゴ牛乳好きである。

(615) Takuya a des idées bien saines pour son âge.

卓也は年齢のわりにはしっかりした考えを持っている。

 **㉕ sans**

sans は一言で言えば、avec の反対です。何かがないことを表します。名詞や代名詞だけでなく、不定詞や que + 接続法を続けることもできます。

(616) **Bun a réussi sans l'aide de sa famille.**　文は家族の助けなしに合格した。

(617) **Sans cet accident routier, nous aurions pu arriver à temps.**〔仮定〕

　　　あの交通事故がなければ、僕たちは間に合っていただろう。 p.222 §35. ❹

(618) **Sans dire un mot, Tokunosuke s'entraîne au kendo, Satsuki au basketball.**

　　　一言も発せずに、徳之介は剣道の稽古、咲月はバスケットボールの練習をしている。

> 同じ構文の繰り返しなので、Satsuki の後で s'entraîne が省略されているよ。

🐦 **sans que「～することなしに」**

sans que の後には接続法が来ます。

(619) **Ma femme est rentrée sans que je m'en aperçoive.**〔en = 妻の帰宅〕

　　　私が気付くことなく、妻は帰宅した。

主語が同じ場合には、sans que ではなく sans + inf. にします。

(620) **Je me suis endormi sans m'en apercevoir.**〔en = 眠ってしまうこと〕

　　　私が気付くことなく、私は眠ってしまった。

 ㉖ sauf

sauf は除外を表しますが、肯定的な事態などに当てはまらないものを除外する時に用います。

(621) **Tout le monde était heureux, sauf moi.**　みんな幸せだった、私を除いて。

> 否定的な事態などに当てはまらないものを除外する時には à part などを用います。À part le lait à la fraise, M. Tanaka n'achète rien ici. イチゴ牛乳を除いて田中氏はここでは何も買わない。

㉗ selon

(622) **Selon le journal universitaire, M. Tanaka aime le lait à la fraise.**〔情報源〕

大学ニュースによると、田中先生はイチゴ牛乳が好きらしい。

(623) **Selon la tradition, tout d'abord, buvez douze verres de lait à la fraise.**

伝統に従い、まずはイチゴ牛乳を 12 杯お飲みください。〔行動などの基準〕

(624) **Les vins varient selon les régions.**〔変化するものごと〕

ワインは地方によって違う。

㉘ sous

sous は「下」を表しますが、真下でなくても、接していなくても構いません。この上下の関係から、指導・監督・庇護などさまざまな意味を持つことがあります。反意語は sur です。

(625) **Il y a sept fourmiliers géants sous la table.**

テーブルの下にオオアリクイが 7 匹いるねぇ。〔真下、テーブルとアリクイは接していない〕

(626) **Il y a dix becs-en-sabot sous la fenêtre.**

窓の下にハシビロコウが 10 羽いるよ。〔真下ではない〕

(627) **Hajime court même sous la pluie.**　はじめは雨の中でも走る。

> 日本語では「雨の中」と言うけれど、フランス語では dans la pluie ではなく sous la pluie が正しいとされているよ。

(628) **Cela s'est passé sous Muneharu Tokugawa.**

それは徳川宗春の時代に起こった。

> この用法では、sous の次に人名が来るけど、誰でもよいわけでもなくて、その時代を治めていた人（王様、天皇、大統領など）に限られるよ。

(629) **Malheureusement, il est sous la direction de Monsieur Tanaka.**

残念ながら、彼は田中先生の指導を受けている。〔指導・監督〕

(630) **Le secrétaire a réservé une chambre sous un faux nom.**

秘書は偽名で部屋を予約した。

> この例では、偽名の下に本名が隠れて見えない感じ。

 **㉙ sur**

sur は、「ある面の上」を意味しますが、日本語の「上」と異なり、地球の重量の向きにかかわらず「上」と言えます。最初の２例を見てみましょう。

(631) **Regarde！Il y a un tigre de Sibérie sur la table！**

見ろよ、テーブルの上にアムールトラがいるぞ！

(632) **Regarde！Il y a une araignée sur le plafond！**

見ろよ、天井にクモがいるぞ！

> この例では「天井の上にクモがいる」とは訳せない。天井板が透明でないかぎり「天井の上」にいるクモは見えないよね。フランス語の sur le plafond は、天井からいわば「ぶらさがっている」状態も表すことができる。物と接していれば地面に対して垂直の面や天井のような面であっても使えるんだ。ちなみに、au plafond と言うこともできるけど、この場合は「壁や床ではなくて天井に」のイメージ。

(633) **Depuis quelques temps, il y a un bec-en-sabot qui vole sur nos têtes...**

さっきから頭の上をハシビロコウが飛んでいるなぁ。〔非接触〕

(634) **Ma femme n'avait pas d'argent sur elle, mais elle voulait boire.**〔所持〕

妻はお金の持ち合わせがなかったが、お酒が飲みたかった。

(635) **Un embouteillage s'est formé sur dix kilomètres jusqu'au tunnel de Yamato.** 大和トンネルまで 10 キロの渋滞が発生。〔空間的な範囲〕

(636) **M. Tanaka écrit un livre sur le lait à la fraise.**〔抽象的な範囲〕

田中氏はイチゴ牛乳に関する本を執筆中である（発売未定）。

(637) **En juin 1940, l'armée allemande avançait sur Paris.**〔急速な移動の方向〕

1940 年 6 月、ドイツ軍はパリに向かって進軍していた。

> 移動の終点である対象（ここではパリ）に、最後は覆いかぶさるイメージがあるかな。

(638) **Tomoko va sur ses 30 ans.**〔方向➡直前〕

智子は 30 歳になろうとしている。

(639) **Le train pour Saijo est sur son départ.**〔直前〕

西条行きは発車間際だ。

(640) **Sur ces mots ironiques, il est parti.**〔直後〕

皮肉をあれこれ言って、彼は発った。

(641) Il faut planifier une réforme sur plusieurs années.〔時間的な範囲〕

数年にわたる改革の計画を立てなければならない。

(642) Ne juge pas quelqu'un sur les apparences.〔根拠・基準〕

人を外見で判断しちゃだめよ。

(643) Marie marche sur les mains et Nobuyuki dort sur le dos.〔支え〕

麻里恵は逆立ちをして歩き、伸行はあおむけで寝ている。

(644) Sur cent candidats, quatre-vingt-dix-neuf ont été reçus.〔比率〕

100人中99人が合格した（99/100）。

(645) La chambre de ma femme ne mesure que 32 mètres de long sur 18 mètres de large.〔比率〕

妻の部屋はわずか縦32メートル、横18メートルしかない。

(646) Tous les mois, Ikue économise sur son salaire.〔抽出〕

郁恵は毎月給料の中から貯金している。

 ㉚ vers

vers は、場所を表す名詞の前に置いて方向を表したり（ p.247 § 39. ❷）、時を表す名詞の前に置いて「〜頃」のような意味を表します。

(647) Ma femme a vrillé la porte vers minuit.　妻は真夜中頃、ドアにドリルで穴を開けた。

〔チェック問題〕

日本語訳を参考に、カッコ内に適当な前置詞を入れてください。

□ 1. Ma femme fait tout (　　　　　) plaire à cet homme.

　　妻はあの男に気に入ってもらうためにあらゆることをしている。

□ 2. Tadashi laboure son champ (　　　　　) la pluie.　雨が降る中、正は畑を耕している。

□ 3. J'ai fini (　　　　) toi !　俺のほうが早く終わった！

□ 4. Il y a une discothèque (　　　　) toi !　おまえの家、ディスコがあるの？

□ 5. Kaoru fait un voyage d'affaires (　　　　　) Yokohama.　薫は横浜に出張する。

〔チェック問題 解答〕
□ 1. pour　□ 2. sous　□ 3. avant　□ 4. chez　□ 5. à（町名の前では en などではなく à）

➡ ドリル p.226, 230, 234

§17. 動詞と時制の概要

　フランス語の動詞は、日本語などと異なり、主語によって語尾が変わります。例えば、「穴をふさぐ」という意味の colmater という動詞の直説法現在形（いわゆる「現在形」）は、「私」なら je colmate ですが、「彼女たち」なら elles colmatent となります。このように、主語によって変わる（＝「活用する」）語尾の部分を「活用語尾」、「活用語尾」より前の部分を「語幹」などと言います。原則として、語幹の部分は不変ですが、ごく一部の動詞では語幹部分も変化することがあります。

　動詞はいくつかの基準で分類することができます。

 ❶ 動作の性質による分類

● **自動詞**：主語以外に及ばない、主語が行う何らかの動作などを表す動詞。目的語をとらない。
　　courir「走る」、revenir©「戻ってくる」など。

© revenir : re-「再び」＋ venir「来る」

● **他動詞**：主語から目的語に対する何らかの動作などを表す動詞。目的語をとる。
　　biffer「抹消する」、déloger©「退去させる」など。

© déloger : dé（分離）＋ loger「住まわせる」

辞書によっては、自動詞の一部を間接他動詞としているものもあります。

 ❷ 態による分類 （☞ p.177 § 26.）

● **能動動詞**
(648) **Koji ne dort pas bien.**　康史はよく眠れない。

● **受動動詞**
(649) **M. Tanaka a été sifflé par tout le monde.**
　　田中氏はみんなから野次られた。

● **代名動詞** （☞ p.132 § 18.）
(650) **Kazuto s'est blessé le doigt.**　一人は指を怪我した。

❸ 主語の性質による分類

● **人称動詞** ：１人称、２人称、３人称で用いられるもの

affoler°「動転させる」、**écailler**°「うろこをとる」、**interposer**°「間に置く」

　　　　　° affoler：a-（à）＋ fol（＜ fou「狂ったような」）＋ er（動詞を作る）
　　　　　° écailler：écaille「うろこ」＋ er（動詞を作る）
　　　　　° interposer：inter-「間に」＋ poser「置く」

● **非人称動詞** ：主語として非人称の il しかとらず、１人称、２人称、３人称複数形では用いられないもの

falloir「〜しなければならない」　　　　　　　　　 p.248 § 40. ❶

 ❹ 活用による分類

🦉 **規則動詞**

(651) **Le vinaigre**° **agace les dents.**　ヴィネガーが歯にしみる。〔agacer：第一群規則動詞〕

　　　　　　　　　　　　　　　　° vinaigre：vin「ワイン」＋ aigre「酸っぱい」

(652) **Yui se vernit les ongles.**　優衣は爪にマニキュアを塗っている。

　　　　　　　　　　　　　　　　　　　　　　　　〔se vernir 第二群規則動詞〕

「第三群規則動詞」という分類を設けることもありますが、そこに含まれるものにも数種類ありますので、本書では不規則動詞に含めています。

🦉 **不規則動詞**

(653) **L'enfant acquiert des connaissances lui-même.**〔acquérir〕

　　　子どもは自ら知識を獲得する。

(654) **Ma femme ne le savait pas marié.**〔savoir〕　妻は彼が既婚だと知らなかった。

 ❺ 助動詞

フランス語で、ふつう「助動詞」と言えば、avoir と être のことです。この２つの動詞は、直説法複合過去形などの活用形を作るのにも使われ、本来の「持つ」「〜である」といった意味がほとんど感じられないようになります。avoir と être のどちらを使うのかは、動詞や構文などによって決まります（ p.140 § 19. ❹）。

(655) **Junko a rentré son vélo dans la maison.**

　　　純子は自転車を家の中に片付けた。〔助動詞 avoir〕

(656) **Junko est rentrée à 18 heures.**　純子は 18 時に帰宅した。〔助動詞 être〕

以下では、本動詞としての avoir、être の注意点を見ていきましょう。

🍓 avoir の注意するべき用法

- フランス語では年齢を表現するのに avoir を使います。

(657) **Cette fille a 17 ans.**　この女の子は 17 歳だ。

- 複合過去形や単純未来形で「所有」ではなく「獲得」を意味することがあります。

(658) **Tu as eu cette grande citrouille où ?**

　　　どこでこの大きなカボチャを手に入れたの？

(659) **Reste tranquille et tu auras du vodka.**

　　　おとなしくしていてね。そうしたらウオッカをあげるよ（←君はウオッカを手に入れるよ）。

- 「所有」したり「獲得」するものが抽象的なもののこともあります。

(660) **J'ai eu la chance de dormir seul.**

　　　幸運にもひとりで寝られた（←幸運を手に入れた）。

🍓 être の注意するべき用法

- 複合過去形（および単純過去形）では aller と同じような意味になることがあります。

(661) **Avez-vous été à Marseille ?**　マルセイユに行かれたことは？

❻ 準助動詞

「助動詞」ではないが、後に不定詞をとって助動詞に近い働きをするものを「準助動詞」と言います。「準助動詞」に関する定義は曖昧で、辞書や参考書などによって異なります。

🍓 近接未来形・近接過去形

aller + inf. と venir de + inf. の構文をそれぞれ「近接未来形」「近接過去形」と呼びます。

(662) **Bun va aller au lit.**　文はベッドに向かう。〔近接未来形〕

(663) **Ann vient de manger des fraises.**　杏はイチゴを食べたところだ。〔近接過去形〕

(664) **Je vais aller acheter des fraises.**　イチゴを買いに行きます。〔近接未来形〕

（🐢 p.155 § 22. ❸、🐢 p.147 § 21. ❶）

🍓 devoir

(665) **On doit boire plus de lait à la fraise !**〔義務〕　もっとイチゴ牛乳を飲まなければ。

(666) **Il doit neiger en hiver dans cette région.**〔推量〕

　　　この地方では冬に雪が降るに違いない。

(667) **Tu aurais dû aller voir les gibbons !**〔遺憾の意〕

テナガザルを見るべきだったのに！

🍓 **faire, laisser**　🐦 p.203 § 31.

🍓 **falloir**

非人称の il のみが主語になる動詞です。🐦 p.248 § 40. ❶

(668) **Il te faut peindre tes talons en violet.**〔義務〕

君はカカトを紫に塗らなければならない。

> il faut + inf. à qn. の構文より、il faut que にする方が普通だよ。上の文も、Il faut que tu peignes ...
> の方が自然かな。

🍓 **pouvoir**

(669) **Ta femme peut manger 70 hotdogs ?**〔可能・能力〕

君の奥さん、ホットドッグを 70 個も食べられるの？

(670) **Puis-je faire bouillir des spaghettis ici ?**〔許可・自由〕

こちらでスパゲティを茹でてもよろしいでしょうか？

> puis は pouvoir の直説法現在形の je のみが持っている第二形。歴史的には je puis が本来の形で、
> je peux が新しい形なんだよ。Peux-je ... ? とは言えず、その代わりに Puis-je ... ? と言うことが
> あるけど、ちょっと改まった感じかな。日常的には、Est-ce que je peux ... ? が普通。

🍓 **savoir**

(671) **Ta femme sait piloter un avion de chasse ?**〔可能・能力〕

君の奥さん、戦闘機を操縦できるの？

> savoir は習得した知識・能力を表すけれど、pouvoir は外的条件によって何かが「できる」「できない」
> ことを表すよ。例えば、Ma femme sait conduire un poids-lourd.「妻は大型トラックを運転でき
> る（←運転するための知識・技術を持っている）」。Ma femme ne peut pas conduire parce que
> son permis lui a été retiré à cause d'une conduite en état d'ivresse.「妻は飲酒運転したこと
> により免許を没収されたので、運転することができない（←運転するための知識・技術を持ってい
> たとしても、法律という外的条件により運転が不可能）」。

🍓 **vouloir**

(672) **Vous aussi, vous voulez boire du lait à la fraise, n'est-ce pas ?**〔願望〕

皆さんもイチゴ牛乳飲みたいですよね？

❼ 法と時制

「法」というのは、言ったり書いたりする内容に対する、話者や書き手の心的態度のこと。もう少し具体的に言うと、ある文が表す内容と、現実との関係（事実としてとらえているか、そうではないか、など）や何らかの意図、聞き手に対する態度などのことを言います。分かりやすいところでは、「命令法」という「法」はその名の通り、誰かに対する命令を表します。言語により「法」の分類や概念が異なりますので、他の言語の法を参考に理解しようとする場合にはご注意ください。例えば、フランス語の「接続法」とスペイン語の「接続法」では用いられる範囲が大きく異なります。フランス語には次の6つの法があります。

- **直説法**：出来事などを事実であると断定して述べる
- **条件法**：出来事などを仮定的なもの、非現実的なものとして述べる
- **命令法**：出来事などが実現するよう求める
- **接続法**：出来事などを事実であるかどうか判断せずに述べる

以上4つは主語によって形が変わります（まとめて「人称法」と言ったりすることもあります）が、以下の2つは主語による形の変化はなく（「無人称法」などと言うことがあります）、動作や状態を漠然と表します。

- **不定法**
- **分詞法**

それぞれに特徴がありますが、意味的に重なり合っている部分もあります。例えば命令の意味は、Sortez！「出ろ！」と命令法でも、Que tout le monde sorte！のように接続法でも表すことができます。特に難しいのは接続法ですが、初級の段階では用法を機械的に覚えてしまったほうが早くて確実かもしれません。

❽ 単純時制と複合時制

動詞の活用形のうち、助動詞を使わずに作ることができるものを「単純時制」、助動詞と過去分詞を組み合わせて作るものを「複合時制」と言います。複合時制は原則として「完了」を表します。

§18. 代名動詞

フランス語の文法では、一般的に「代名動詞」と呼ぶものがありますが、英語にはない何か特別な動詞であるというより、「再帰代名詞」という代名詞の使い方が理解できれば大丈夫です。補語人称代名詞の用法に自信がない方は、まずはそちらをしっかり確認しておきましょう（ p.67 §9.）。

❶ 代名動詞とは何か

(673) $_{CC}$<u>Tous les matins,</u> $_S$<u>je</u> $_V$<u>promène</u> $_{COD}$<u>mon rhinocéros.</u>
毎朝私はサイを散歩させている。

この文の直接目的語を代名詞に置き換えると次のようになりますね。

(674) $_{CC}$<u>Tous les matins,</u> $_S$<u>je</u> $_{COD}$<u>le</u> $_V$<u>promène.</u>

では、誰か、何かを散歩させるのではなく、自らが散歩する場合には何と言うのでしょうか。次の文は誤りです。

(675) * **Je promène.**

promener という動詞は「〜を散歩させる」（＝他動詞）であり、「散歩する」（＝自動詞）ではありません。では「サイ」の代わりに「自らを」という直接目的語を付けてみましょう。

(676) $_{CC}$<u>Tous les matins,</u> $_S$<u>je</u> $_V$<u>promène</u> $_{COD}$<u>moi-même.</u>

名詞の直接目的語 mon rhinocéros ➡ 代名詞 le で置き換えたのにならって、この例を書き換えると、

(677) $_{CC}$<u>Tous les matins,</u> $_S$<u>je</u> $_{COD}$<u>me</u> $_V$<u>promène.</u>

132

となります。これがフランス語としては最も普通の文です。この文で、je と me は同じ「人」を指しています。このように、主語と同じ「人」や「もの」を指す代名詞が付いている動詞を「代名動詞」と言い、この代名詞（先の例では me）を「再帰代名詞」と言います。代名動詞の存在意義の 1 つは、他動詞を自動詞化することにあります。

 ## ❷ 代名動詞の活用

動詞自体の活用の仕方は、他の動詞の場合と全く同じです。

第一群規則動詞 **se figer** こわばる	
je me fige	**nous nous figeons**
tu te figes	**vous vous figez**
il se fige	**ils se figent**

第一群規則動詞 **s'échauder**© 熱湯でやけどをする	
je m'échaude	**nous nous échaudons**
tu t'échaudes	**vous vous échaudez**
il s'échaude	**ils s'échaudent**

© échauder : é（ある状態への移行）+ chaud「熱い／暑い」+ er（動詞を作る）

複合過去形など、助動詞が必要な場合には常に être を使います。以下の 6 例を比較してください。

(678) **Philippe lève** _{COD}**sa femme à 5 heures.** フィリップは妻を 5 時に起こす

➡ (679) **Philippe** _{COD}**la lève à 5 heures.** 〔la = sa femme〕

➡ (680) **Philippe** _{COD}**l'a levée à 5 heures.** 〔直接目的語あり＝他動詞＝助動詞 avoir〕

(681) **Philippe lève** _{COD}**lui-même à 5 heures.** フィリップは 5 時に起きる

➡ (682) **Philippe** _{COD}**se lève à 5 heures.** 〔se = lui-même = Philippe〕

➡ (683) **Philippe** _{COD}**s'est levé à 5 heures.** 〔代名動詞＝助動詞 être〕

代名詞 le, la, les, se はすべて 3 人称ですが、le, la, les は主語とは別の人・ものを指す代名詞、se は主語と同一の人・ものを指す代名詞です。

(684) **Philippe lève** _{COD}**Paul.** ➡ **Philippe** _{COD}**le lève.** 〔Philippe と Paul / le は別人〕

(685) **Philippe** _{COD}**se lève.** 〔Philippe と se は同一人物〕

否定文や主語倒置をした時などの語順を確認しておきましょう。

(686) **Je ne me souviens pas de lui.**　あいつのことなんて覚えてないよ。

(687) **Asseyez-vous** _{COD}**à côté de la girafe.**　〔← _{COD}s'asseoir〕

キリンの隣におかけください。

(688) **Ne** _{COD}**te laves-tu** _S**pas tous les jours ?**　〔← _{COD}se laver〕毎日体洗っていないの？

(689) **Ne** _{COD}**t'es-tu** _S**pas lavé hier ?**　昨日体洗わなかったの？

(690) **Tu** _{COD}**te lèves** 〔直説法現在形〕 ➡ **Lève-toi**_{COD}**!** 〔命令法現在〕

(🐢 p.70 § 9. ❸)　(🐢 p.166 § 25. ❶)

❸ 代名動詞の用法

文法書などでは、代名動詞の用法を4つに分けることがありますが、区別が曖昧な場合もありますので、あまり気にしなくてもよいかもしれません。

🐢 再帰的用法：動作が主語自身に及ぶ場合

(691) **Sumie** _{COD}**s'habillait tout en noir.**

朱美恵は全身黒い服を着ていた。〔habiller は「〜に服を着せる」➡「自分に着せる」〕

(692) **Ma femme ne** _{COD}**se démaquille pas devant moi.**

妻は私の前では化粧を落とさない。〔se démaquiller「自分の化粧を落とす」〕

(693) **Hiroko** _{COI}**s'est caché** _{COD}**la figure.**　裕子は顔を隠した。

🐢 相互的用法：複数の人がお互いに何かをし合うことを表す場合

(694) **Ils** _{COD}**s'aiment.**　彼らは愛し合っている。

(695) **Ils** _{COI}**se jettent** _{COD}**des pétales de fleurs.**　彼らは花びらを投げ合っている。

「お互いに」であることをはっきりさせたり強調させるために、se が直接目的語の場合には l'un(e) l'autre などを、se が間接目的語の場合には l'un(e) à l'autre などを付けることがあります。

(696) **Yui et Yui** _{COI}**se ressemblent un peu l'une à l'autre.**

結衣と優衣はお互いにちょっと似ている。

🐢 受動的用法：主語がもので、誰かから何らかの動作を受けることを表す。内容的には習慣

的に複数回発生するものが普通で、現在形や半過去形になることが多い。「受
動的」であるが、いわゆる受動態とは異なり、par + qn. のような動作主補語
(🐢 p.178 § 26. ❷) を付けることはない。

(697) Les livres de M. V. se vendent bien.　Ｖ氏の著書はよく売れている。

🔹 **本来的代名動詞**：元の他動詞がなくなってしまい、代名動詞としてしか使わないものや、
　　　　　　　　　 自動詞に再帰代名詞が付いたものなど。再帰代名詞は直接目的語扱いの
　　　　　　　　　 ものが多い。

(698) Ma femme s'en est allée sans dire un mot.　〔s'en aller ← aller ?〕

　　妻は一言も発せずに立ち去った。

🔹代名動詞の過去分詞の一致

　代名動詞の過去分詞の一致は、助動詞に avoir を使う動詞の場合と同じ、つまり、過去分詞より前に直接目的語がある時、その直接目的語の性と数に一致します。

(699) Kyoko et Nobuko _{COD}se sont regardées.　京子と伸子は見つめ合った。

　この例の場合、再帰代名詞 se が直接目的語で、Kyoko + Nobuko = 女性複数なので、過去分詞に es が付いています。ただ、再帰代名詞が常に直接目的語とは限りません。

(700) Ma femme _{COD}s'est lavée.　妻は体を洗った。

　この例の場合、s' は直接目的語で、ma femme = 女性単数なので、過去分詞に e が付きますが、次例の場合、動詞の後に les mains という直接目的語がすでにあるため、s' が直接目的語になることはできません。1 つの動詞が、直接目的語の名詞と直接目的語の代名詞を同時にとることはできないからです（例えば、* Je la regarde Paul. などとは言えません）。

(701) Ma femme _{COI}s'est lavé _{COD}les mains.　妻は両手を洗った。

　従って、s' は直接目的語ではなく間接目的語となり、過去分詞より前には直接目的語がないので過去分詞の一致が起こらなくなります。このように、過去分詞の一致が起こるかどうかは、意味（日本語訳）で考えるのではなく、あくまでも直接目的語があるかどうか、あるなら過去分詞より前かどうかで考えてください。再帰代名詞 me, te, se, nous, vous は、それ自体では直接目的語なのか間接目的語なのか分かりません。代名動詞ではない "元の動詞" の構文を考えてみる必要があります。例えば、se téléphoner の se はどうでしょうか。その答えを解くためには、téléphoner Paul と言うのが正しいのか、téléphoner à Paul と言うのが正しいのかを調べる必要があります。téléphoner _{COI}à Paul が正解ですね。この、à Paul が他人ではなく、自分もしくは自分たちの場合が se なのです（Elles _{COI}se sont téléphoné と過去分詞一致せず）。téléphoner _{COI}à Paul が正しい構文なので、_{COI}se téléphoner。regarder _{COI}à Paul ではなく regarder _{COD}Paul が正しい構文なので、_{COD}se regarder になります（Elles _{COD}se sont regardées と過去分詞一致）。

このように、元の動詞の構文を考えた結果、se が直接目的語と考えられる場合でも、先に見た例のように、直接目的語の名詞がある場合には、se は間接目的語になりますので注意してください。

(702) Ce sont des limes _{COD}**qu'ils** _{COI}**se sont offertes.** 〔que = limes [f][pl]〕

　　　彼らがお互いに贈ったやすりです。

(703) _{COD}**Combien de limes** _{COI}**s'est-elle achetées ?**

　　　彼女は自分にやすりを何本買ったの？

　関係代名詞 que や、quel + 名詞、combien de + 名詞なども直接目的語になり得ることに注意しましょう。

〔チェック問題〕 ────────────────────────────────

　下線部の代名動詞を複合過去形にしましょう。

□ 1. Keiko se couche（巻末活用表❸）tard.　圭子は寝るのが遅い。

　　➡　_____

□ 2. Ils se donnent（❸）des baisers.　彼らはお互いにキスしている。

　　➡　_____

□ 3. Ils se nuisent（㉗）.　彼らはお互いに傷つけ合っている。

　　➡　_____

□ 4. Ma femme se rappelle（❽）son nom.　妻は彼の名前を思い出す。

　　➡　_____

□ 5. Quelle télé t'achètes-tu ?（❼）　どのテレビを自分用に買ったの？

　　➡　_____

〔チェック問題 解答〕
□ 1. Keiko _{COD}s'est couchée tard.　□ 2. Ils _{COI}se sont donné _{COD}des baisers.　□ 3. Ils _{COI}se sont nui.　□ 4. Ma femme _{COI}s'est rappelé _{COD}son nom.　□ 5. _{COD}Quelle télé _{COI}t'es-tu achetée ?（直接目的語 Quelle télé が過去分詞より前にあることに注意）

➡ ドリル p.194, 198

§19. 直説法① 直説法現在形と 複合過去形

　直説法現在形は、フランス語で最も使われる形です。基本とも言える形ですので確実に覚えて
いきましょう。

 ❶ 直説法現在形の形態

　助動詞としても使う avoir、être は不規則活用です。発音にも注意しながら覚えていきましょう。

avoir 巻末活用表❶	
j'ai	nous avons
tu as	vous avez
il a	ils ont

être ❷	
je suis	nous sommes
tu es	vous êtes
il est	ils sont

第一群規則動詞：不定詞が er で終わる動詞

bâiller あくびをする ❸	
je bâille	nous bâillons
tu bâilles	vous bâillez
il bâille	ils bâillent

herbager 放牧する ❻	
j'herbage	nous herbageons
tu herbages	vous herbagez
il herbage	ils herbagent

> nous herbageons の e に注意しよう。第一群規則動詞の nous の活用語尾には e は含まれないけれ
> ど、発音上 [ʒ]（ジェ）音を維持するために e を入れないといけないんだ。第一群規則動詞の中には
> 主語によって語幹が変わるものもあるので、巻末の活用表で確認してね。

第二群規則動詞：不定詞が ir で終わる動詞

vernir ニスを塗る ❹	
je vernis	nous vernissons
tu vernis	vous vernissez
il vernit	ils vernissent

abrutir ぼうっとさせる ❹	
j'abrutis	nous abrutissons
tu abrutis	vous abrutissez
il abrutit	ils abrutissent

　これ以外のものについては、巻末の活用表などで覚えていきましょう。

❷ 直説法現在形の用法

🐦 現在の行為・状態を表す

(704) Depuis 10 ans, nous habitons à Isezakicho.

10年前から伊勢佐木町に住んでいます。

🐦 現在の習慣

(705) Yoko joue au golf tous les dimanches.

庸子は毎週日曜日にゴルフをしている。

現在形そのものが習慣を表しているわけではないんだ。この文で、tous les dimanchesを削除したら、「今ゴルフをしている」の意味に変わるよ。

🐦 普遍的事実・格言など

(706) L'eau bout à 100 degrés. 水は100度で沸騰する。

〔チェック問題〕

カッコ内の動詞を適切な直説法現在形にしてください。

☐ 1. Yasuyuki (avoir ❶) une voix grave. 靖之はいい声をしている。

➡ _____

☐ 2. Vous (être ❷) épuisés ? ヘトヘトなの？

➡ _____

☐ 3. Nous (arranger ❻) un voyage de noces. 新婚旅行の計画を立てているんだ。

➡ _____

☐ 4. M. Tanaka ne (bannir ❹) pas l'alcool. 田中氏は酒を断たない。

➡ _____

☐ 5. Yuko (savoir ㊹) parler plusieurs langues. 裕子は何カ国語も話すことができる。

➡ _____

〔チェック問題 解答〕
☐ 1. a ☐ 2. êtes ☐ 3. arrangeons ☐ 4. bannit ☐ 5.sait

➡ **ドリル** p.30, 34, 38, 42, 86, 90, 94, 98

❸ 直説法複合過去形の形態

直説法複合過去形は、助動詞（avoir または être）の直説法現在形（🐸❶）と過去分詞（🐸 p.174 §25. ❸）を組み合わせて作ります。助動詞が être の場合、過去分詞を主語の性数に合わせて一致させます。例えば、「私」が女性の場合、je suis venue と e が付きます。

第一群規則動詞 **danser** 踊る	
j'ai dansé	nous avons dansé
tu as dansé	vous avez dansé
il a dansé	ils ont dansé

不規則動詞 **venir** 来る	
je suis venu[e]	nous sommes venu[e]s
tu es venu[e]	vous êtes venu[e][s]
il est venu	ils sont venus

(707) **Nous avons trouvé ce livre à la librairie de Kita 5 jo.**

この本は北5条の本屋で見つけたんだよ。

(708) **Mika est allée faire les courses au supermarché.**

美香はスーパーに買い物をしに行った。

主語を倒置する場合（🐸 p.224 §36. ❶）には、助動詞の直後に主語の代名詞を入れます。

(709) **Avez-vous choisi ?**

（レストランなどの注文について）お決まりですか？

さらに、それが否定の場合には、助動詞と主語を、否定の ne ... pas で挟みます。助動詞と主語の代名詞がハイフンで結ばれ、一体化されていると考え、このまとまりごと ne ... pas で挟みます。🐸 p.192 §29.

(710) **N'avez-vous pas bu de lait à la fraise ?**

イチゴ牛乳をお飲みにならなかったのですか？

❹ 助動詞の選択

すべての他動詞と、大部分の自動詞には、助動詞 avoir を用います。ごく一部の自動詞のみに助動詞 être を用います。

> 「移動を表す動詞の助動詞は être」という説明をすることもあるけれど、そうとも限らないよ。例えば、atteindre「到達する」、courir「走る」、marcher「歩く」、nager「泳ぐ」、visiter「訪れる」、voler「飛ぶ」なんかは助動詞に avoir を使う。

確率的には圧倒的に助動詞 avoir になるものが多いので、特に初級の段階では、いわば「例外的に助動詞 être になるもの」を覚えてしまったほうが確実かもしれません。

🦅 助動詞 être になるもの

● すべての代名動詞　　🦅 p.132 § 18.

(711) **Koki s'est <u>levé</u> à 6 heures.**　幸喜は 6 時に起きた。

● 一部の自動詞：aller「行く」、arriver「到着する」、décéder「死去する」、devenir「～になる」、intervenir[◎]「介入する」、mourir「死ぬ」、naître「生まれる」、partir「出発する」、parvenir[◎]「たどり着く」、rester「とどまる」、revenir「戻ってくる」、survenir[◎]「突発する」、venir「来る」など（派生語を含む）

> [◎] intervenir「介入する」← inter-「間に」+ venir「来る」
> [◎] parvenir「たどり着く」← par-「～を通って、を貫いて」+ venir「来る」
> [◎] survenir「突発する、不意に来る」← sur-「上」+ venir「来る」

(712) **Sakanoueno Tamuramaro est <u>décédé</u> le 17 juin 811.**

坂上田村麻呂は 811 年 6 月 17 日に逝去した。

(713) **Ma femme est <u>revenue</u> 184 jours après.**　妻は 184 日後に戻って来た。

● 受動態　　🦅 p.177 § 26.

(714) **Yoshihisa est <u>respecté</u> de tout le monde.**　良久はみんなから尊敬されている。

> être を複合過去形などの複合時制にする場合、助動詞には avoir を使うよ。Ma femme a été une espionne.「妻はスパイだった」のようにね。

🦅 構文により、助動詞 être にも avoir にもなるもの

他動詞（＝直接目的語をとる）用法では avoir、自動詞（＝直接目的語をとらない）用法では être をとるもの

140

(715) Megumi a sorti ₍COD₎la voiture ₍CC₎du garage.

恵は車庫から車を出した。〔他動詞用法〕

(716) Megumi est sortie ₍CC₎de la chambre.

恵は部屋から出た。〔自動詞用法〕

(717) Michiko a retourné ₍COD₎l'okonomiyaki.

倫子はお好み焼きを裏返した。〔他動詞用法〕

(718) Michiko est retournée ₍CC₎à Tennoji.

倫子は天王寺に戻った。〔自動詞用法〕

🦇 **過去の行為を表す時は助動詞 avoir、完了した行為の結果の状態を表す時は助動詞 être になるもの**

(719) Son dernier roman a paru la semaine dernière.

彼の最新作は先週出た（発売開始）。

(720) Son dernier roman est paru depuis une semaine.

彼の最新作は1週間前から出ている（発売開始➡発売中という状態）。

この区別は個人差が大きく、どちらを使ってもよいこともあります。

❺ 直説法複合過去形の用法

🦇 **過去の出来事を表す**

(721) Yui a appris le birman à l'université.

優衣は大学でビルマ語を学んだ。

🦇 **過去の行為の結果の、現在の状態を表す**

(722) Enfin, ma femme est rentrée. ようやく、妻は帰宅した。

「帰宅した」ということは「その後、再び外出した」のような文脈がなければ、「今も家にいる」（過去の行為の結果の、現在の状態）ということを意味するよ。

直説法複複合過去形
直説法複合過去形が表す出来事の直前に起こった出来事を表すために、複複合過去形（重複合過去形とも）を使うことがあるよ。Quand j'ai eu fini de faire toute la vaisselle, ma femme est venue avec d'autres verres.「私が皿洗いをすべて終えると、妻は他のグラスを持って来た」。助動詞の複合過去形の後に過去分詞を付けて作るんだ。ただ、少し古めかしい感じがするかな。Quand j'ai fini de faire toute la vaisselle, のように複合過去形で十分。

カッコ内の動詞を適切な直説法複合過去形にしてください。

☐ 1. Kumiko (naître ㉖) le 5 avril.　久美子は 4 月 5 日に生まれた。

　　➡ _____

☐ 2. Ils (ne pas finir ❹) leur travail.　彼らは仕事を終えなかった。

　　➡ _____

☐ 3. Ika (descendre ⓳) à Kita-Senju.　衣加は北千住で降りた。

　　➡ _____

☐ 4. M. Tanaka (boire ㊲) pas mal de lait à la fraise.　田中氏はだいぶイチゴ牛乳を飲んだ。

　　➡ _____

☐ 5. Kana (rentrer ❸) les chaises dans la maison.　夏名はイスを家の中に片付けた。

　　➡ _____

〔チェック問題 解答〕
☐ 1. est née　☐ 2. n'ont pas fini　☐ 3. est descendue　☐ 4. a bu　☐ 5. a rentré（後に
直接目的語がある＝他動詞用法なので、助動詞は être ではなく avoir。過去分詞の一致も
しません）
　　　　　　　　　　　　　　　　　　　　➡ ドリル p.122, 126

助動詞の省略
主語、助動詞、法と時制が同じ動詞が複数並んでいる時、2 つ目の動詞以降で主語と助動詞を省略
することもできるよ。次の文には 3 つの動詞（regarder, admirer, caresser）があり、主語はす
べて La princesse、法と時制は 3 つの動詞とも直説法複合過去形。そこで、admirer, caresser に
ついては主語と助動詞（a）を省略して過去分詞だけになっているね。La princesse a regardé,
admiré, et caressé les pattes du bec-en-sabot.「王女は、ハシビロコウの脚を見つめ、感嘆し、
なでた」。

§20. 直説法② 直説法半過去形

書き言葉でも話し言葉でもよく使われ、用法も多岐に亘るために、理解するのが難しい時制の1つかもしれません。英語には、フランス語の直説法半過去形のすべての用法を持つ時制はないでしょう。半過去形はフランス語で imparfait と言いますが、これは「完了していない」➡「未完了」という意味で、「未完了過去」などと呼ばれることもあります。

 ❶ 直説法半過去形の形態

直説法半過去形は、直説法現在形の nous の活用形から語尾の -ons をとり、すべての動詞に共通の半過去形の語尾を付ければ作ることができます。

第一群規則動詞 **fricoter**　煮込む	
je fricot<u>ais</u>	nous fricot<u>ions</u>
tu fricot<u>ais</u>	vous fricot<u>iez</u>
il fricot<u>ait</u>	ils fricot<u>aient</u>

第二群規則動詞 **rajeunir**　若返る	
je rajeuniss<u>ais</u>	nous rajeuniss<u>ions</u>
tu rajeuniss<u>ais</u>	vous rajeuniss<u>iez</u>
il rajeuniss<u>ait</u>	ils rajeuniss<u>aient</u>

- **第一群規則動詞**：dénicotiniser[◎]「ニコチンを減らす」 ➡ 直説法現在形 nous dénicotinisons ➡ dénicotinis|ons ➡ dénicotinis + je なら -ais ➡ 直説法半過去形 je dénicotinisais
  [◎] dénicotiniser：dé（除去）+ nicotine「ニコチン」+ iser「〜化する」

- **第二群規則動詞**：rétrécir「狭くする」 ➡ 直説法現在形 nous rétrécissons ➡ rétréciss|ons ➡ rétréciss + vous なら -iez ➡ 直説法半過去形 vous rétrécissiez

- **不規則動詞**：　faire「する」 ➡ 直説法現在形 nous faisons ➡ fais|ons ➡ fais + ils なら -aient ➡ 直説法半過去形 ils faisaient

この方法で作ることができないのは être だけです（nous の直説法現在形は nous sommes）。

être	
j'étais	nous étions
tu étais	vous étiez
il était	ils étaient

❷ 直説法半過去形の用法

直説法半過去形にはさまざまな用法がありますが、過去のある時点において、何らかの出来事が進行中であったことを表すのが最もよく見られる用法です。

🐦 過去のある時点で、進行中・継続中だった出来事を表す

例えば次の例では、「私が家へ帰った時」という過去の出来事が述べられていますが、

(723) **Quand je suis rentré, ma femme dessinait un siège de toilette.**

私が家へ帰った時、妻は便座の絵を描いていた。

私の帰宅時点で妻が何をしていたのか、何をしている最中であったのか、を説明しています。

(724) **Autrefois, nous habitions près de la gare de Miebashi.**

以前、私たちは美栄橋駅の近くに住んでいた。

この文では、「以前」という漠然とした時の表現ですが、過去のある時点で「美栄橋駅の近くに住んでいた」という継続的な出来事を表しています。直説法現在形ではないので、現在は美栄橋駅の近くには住んでいないと考えられます（今もなお美栄橋駅の近くに住んでいれば現在形）。現在の状況などと比較するときにもよく使われます。

(725) **Avant, j'habitais à Tenjinbashi, maintenant à Kita-Horie.**

前は天神橋に住んでいましたが、今では北堀江に住んでいます。

同じ構文が並ぶことになるので、maintenant 以下では主語と動詞が省略されているよ。補えば、maintenant j'habite à Kita-Horie と、直説法現在形が出てくるね。

(726) **Quand une autruche** 直説法複合過去形 **a percuté une de nos fenêtres,**
je 直説法半過去形 **sortais.**

ダチョウが我が家の窓に激突してきた時、私は出かけようとしていた。

sortir「出る」は、玄関のドアを開け一歩でも外に出れば"完結する"瞬間的な出来事を表す動詞ですが、このような動詞でも半過去形に置かれることがあります。また、「未完了」の意味から、私が外出を中止した可能性もあります。

> je sortais という半過去形が「出かけていた」にはならない点に注意しよう。sortir は「出る」であって「出ている」という意味ではないからなんだ。もし、「ダチョウが窓に激突してきた時、私は外出していた」という意味を伝えたければ、Quand une autruche a percuté une de nos fenêtres, j'étais sorti[e]. とか je n'étais pas à la maison と言うよ。j'étais sorti[e] は sortir の直説法大過去形（❸）。大過去形を使い、a percuté という複合過去形で表されている出来事よりも前（昔）に発生した出来事を表し、大過去形が持つ「過去の過去の行為の結果を表す」力を使って、「激突した」時点より前（昔）に「外出した」結果である「外出中だった」という状態を表しているんだよ。

🐦 過去の習慣

繰り返しを意味するような時の表現（次例では Tous les matins）を付けると、過去の習慣を表します。

(727) **Tous les matins, Michiyo faisait son yoga.**　　毎朝、通代はヨガをしていた。

> 今もヨガをする習慣があるなら、fait と現在形になるよ。

🐦 仮定文

条件法現在形などとともに、si + 直説法半過去形の形で、現在の事実あるいは未来時に予想される事実に反する仮定を表す時にも使われます。

(728) **Si j'étais libre maintenant, je lirais l'encyclopédie illustrée des oiseaux.**
もし今ヒマだったら、鳥類図鑑を読むだろう。　　　　　　　　　（ p.220 § 35.）

❸ 半過去形と複合過去形の使い分け

この2つの時制の使い分けは、文法的なルールによる、というより、どう伝えたいかによります。しかし、半過去形は、期間を表す表現や、終了時点を表す表現と相性が悪いといったことがあります。

例えば、「波平は23時まで髪の毛を数えた」という文をフランス語にしてみると、

(729) **?? Namihei** 直説法半過去形 **comptait ses cheveux jusqu'à 23 heures.**
(730) **Namihei** 直説法複合過去形 <u>**a compté**</u> **ses cheveux jusqu'à 23 heures.**

となり、複合過去形の方が自然でしょう。同様に、「のび太は18時間昼寝した」という文をフランス語にしてみると、

(731) **?? Nobita** 直説法半過去形 **faisait la sieste pendant 18 heures.**

(732) **Nobita** 直説法複合過去形 **a fait la sieste pendant 18 heures.**

この場合も複合過去形の方が良いでしょう。複合過去形は、何かを終了した、完了したものとして表しますが、半過去形はそうではありません。このため、終了時点を表す表現（jusqu'à 23 heures など）や期間を表す表現（pendant 18 heures など）がある場合には、複合過去形の方が用いられやすいのです。この他、何かの出来事の回数を表す場合も複合過去形が選ばれやすいです。

(733) **?? Goemon** 直説法半過去形 **coupait 38 fois quelque chose d'inutile.**

(734) **Goemon** 直説法複合過去形 **a coupé 38 fois quelque chose d'inutile.**

五ェ門は38回つまらんものを斬ってしまった。

〔チェック問題〕 ────────────────────────────

それぞれ指定された主語の直説法半過去形を答えてください。

□ 1. bousiller（❸）「仕事をいい加減にやる」の je

➡ _____

□ 2. noircir（❹）「黒くする」の vous

➡ _____

□ 3. prendre（㊱）「とる」の ils（直説法現在形 nous prenons）

➡ _____

□ 4. voir（㊳）「見る」の elle（直説法現在形 nous voyons）

➡ _____

□ 5. connaître（㉕）「知っている」の nous（直説法現在形 nous connaissons）

➡ _____

〔チェック問題 解答〕
半過去形の活用語尾に下線を付けます。 □ 1. je bousill<u>ais</u> □ 2. vous noirciss<u>iez</u>
□ 3. ils pren<u>aient</u> □ 4. elle voy<u>ait</u> □ 5. nous connaiss<u>ions</u> ➡ ドリル p.130, 134

146

§21. 直説法③ その他の過去時制

 ❶ 近接過去形

venir de + inf. を「近接過去形」と言います。「近接過去形」として使われる venir 自体は、直説法現在形か直説法半過去形になることが普通です。

(735) On <u>vient de faire</u> un triple axel. 〔venir：直説法現在形〕

　トリプルアクセル決めてきたとこ。

(736) Quand je suis arrivé au restaurant, ma femme <u>venait de commander</u> dix bières. 〔venir：直説法半過去形〕

　私がレストランに着いた時、妻はビールを 10 杯頼んだところだった。

　近接未来形（ p.155 §22. ❸）の場合と異なり、venir de + inf. の venir が移動を表すことはありません。「〜しに来る」の意味では、venir + inf. となり前置詞 de は不要です。

(737) Il <u>vient manger</u> toujours chez moi.　あいつ、いつもうちに飯食いに来るな。

 ❷ 直説法大過去形の形態

　直説法大過去形は、助動詞（avoir または être）の直説法半過去形（ p.143 §20. ❶）と過去分詞（ p.174 §25. ❽）を組み合わせて作ります。

形態

第一群規則動詞 **déranger**　邪魔する	
j'avais dérangé	nous avions dérangé
tu avais dérangé	vous aviez dérangé
il avait dérangé	ils avaient dérangé

第一群規則動詞 **rentrer**　帰る	
j'étais rentré[e]	nous étions rentré[e]s
tu étais rentré[e]	vous étiez rentré[e][s]
il était rentré	ils étaient rentrés

(738) Quand je suis arrivé à la gare de Shibuya, le dernier train pour Saginuma était déjà parti.

私が渋谷駅に着いた時には、鷺沼行きの終電はすでに出発済みだった。

この例では、現在から見て直説法複合過去形で表されている「私が渋谷駅に着いた時」は過去ですが、直説法大過去形で表されている「鷺沼行きの終電はすでに出発済み」はさらに遠い過去です。このように、過去のある時点から見て、さらに遠い過去を表すのが基本的な用法です。「過去の過去を表す」などと言うこともあります。習慣を表す半過去形と共に用いることもあります。

(739) Quand j'étais rentré, je prenais une douche tout de suite.

私は帰宅すると、すぐにシャワーを浴びていた。

この例の場合、je prenais une douche tout de suite「すぐにシャワーを浴びていた」という過去の習慣の前に、「帰宅する」というもう１つの習慣があったことを表します。図式化すれば、〔帰宅➡シャワー〕〔帰宅➡シャワー〕〔帰宅➡シャワー〕が繰り返されていたことを表します。

〔**チェック問題**〕─────────────────────────

それぞれ指定された主語の直説法大過去形を答えてください。

□ 1. être（巻末活用表❷）の ils　　　　➡ _____

□ 2. coposséder[◎]（❸）「共同所有する」の nous　➡ _____
　　　　　　　　　　　　　　　　　　[◎]coposséder : co-「共に」＋ posséder「所有する」

□ 3. partir（⓭）「出発する」の elle　　　➡ _____

□ 4. conduire（㉗）「導く」の tu　　　　➡ _____

□ 5. s'asseoir（㉟）「座る」の elles　　　➡ _____

〔**チェック問題 解答**〕
□ 1. ils avaient été（助動詞が avoir であることに注意）　□ 2. nous avions copossédé
□ 3. elle était partie（助動詞 être、過去分詞の一致に注意）□ 4. tu avais conduit
□ 5. elles s'étaient assises（すべての代名動詞は助動詞 être、過去分詞の一致に注意）
➡ ドリル p.138

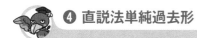

❹ 直説法単純過去形

　フランス語の時制の中で、直説法単純過去形と前過去形の２つは会話で使われることはなく、書き言葉でしか見かけることがないものです。この２つの時制は、現在とは"つながりのない過去"における出来事を表します。この性質から、使用頻度で見ると、圧倒的に３人称で使われることが多いので、 ３人称の活用語尾だけ見ておけば十分かもしれません。

🍓 形態

第一群規則動詞 **affabuler** 作り話をする	
j'affabul<u>ai</u>	nous affabul<u>âmes</u>
tu affabul<u>as</u>	vous affabul<u>âtes</u>
il affabul<u>a</u>	ils affabul<u>èrent</u>

第二群規則動詞 **farcir** 詰め物をする	
je farc<u>is</u>	nous farc<u>îmes</u>
tu farc<u>is</u>	vous farc<u>îtes</u>
il farc<u>it</u>	ils farc<u>irent</u>

　３人称単数形の活用語尾は、第一群規則動詞：-a、第二群規則動詞：-it、不規則動詞：-it（例：voir ＞ il vit）、-ut（例：pouvoir ＞ il put）、-int（例：venir ＞ il vint）、３人称複数形の活用語尾は、第一群規則動詞：-èrent、第二群規則動詞：-irent、不規則動詞：-irent（例：rendre ＞ ils rendirent）、-urent（例：connaître ＞ ils connurent）、-inrent（例：tenir ＞ ils tinrent）になります。

　他の時制の活用を理解されている方は、いろいろとお気づきの点があるでしょう。いくつか見ていきましょう。まず、第一群規則動詞の je。直説法半過去形 (j'affabulais) と同じ音ではないか。厳密に言うと半過去形の語尾は [-ε]、単純過去形の語尾は [-e] と微妙に異なるのですが、慣れるまでは発音で区別するのは難しいかもしれません。

　もっとややこしそうに見えるのは、第二群規則動詞の je, tu, il の形です。この３つの主語の直説法現在形はどうなりますか。je farcis, tu farcis, il farcit。つまり、直説法現在形と直説法単純過去形は全く同じ形、全く同じ発音なのです。しかし、直説法単純過去形は、同一文章内に１回しか単純過去形が出て来ないことはあまりないので、直説法現在形なのか単純過去形なのか迷うものがあっても、周りに明らかに直説法単純過去形としか考えられないものがあれば、その迷っているものも単純過去形である可能性が高いでしょう。

(740) Mon camarade, Joseph Davranche, lui donna cent sous. Je fus surpris. Il me dit [...] (Maupassant, *Mon oncle Jules*)

この文の donna は donner の直説法単純過去形、fus surpris は surprendre の単純過去形受動態（または、être の単純過去形＋形容詞 surpris）。では、dit は？ 形としては直説法現在形か直説法単純過去形のいずれかです。しかし、直説法現在形の可能性はほぼゼロでしょう。直前まで直説法単純過去形が並んでいて、時間・場面が変わったことを示す表現もなく、dit が直説法現在形で、現在のことを表しているとは考えにくいのです。

🐣 用法

直説法単純過去形・前過去形は、現在と"つながりのある過去"を表すことができないので、日本語で「今」を含む表現に相当する時の表現、aujourd'hui「今日」、ce matin「今朝」、cette semaine「今週」、ce mois「今月」、cette année「今年」などと一緒に使うことができません。

(741) Ce matin, nous sommes allés voir des becs-en-sabot.〔直説法複合過去形〕
今朝、私たちはハシビロコウを見に行きました。

複合過去形であれば言えることも、次例のように単純過去形にはできないのです。

(742) * Ce matin, nous allâmes voir des becs-en-sabot.〔直説法単純過去形〕

単純過去形が表す出来事は、基本的に、文に出てくる順に発生しています。

(743) Le loup arriva et souffla sur la maison de paille du premier petit cochon qui s'envola. (*Les trois petits cochons*)
オオカミがやってきて、最初の子豚の麦わらの家に息を吹きかけると、家は吹き飛んだ。

この文の最後 qui s'envola（関係詞節）が、maison を修飾する形容詞のように働いているからといって日本語の形容詞の語順と同じように、関係詞節から先に訳すと「吹き飛んだ家に息を吹きかけると」のようになり、これはおかしなことになります。関係詞節であろうと、前から順番に解釈していくことが重要です。

❺ 直説法前過去形

🐣 形態

直説法前過去形は、助動詞（avoir または être）の直説法単純過去形（🐗❹）と過去分詞（🐗 p.174 §25. ❽）を組み合わせて作ります。

第一群規則動詞 **gratiner**　グラタンにする	
j'eus gratiné	nous eûmes gratiné
tu eus gratiné	vous eûtes gratiné
il eut gratiné	ils eurent gratiné

不規則動詞 **venir**　来る	
je fus venu[e]	nous fûmes venu[e]s
tu fus venu[e]	vous fûtes venu[e][s]
il fut venu	ils furent venus

🍓 用法

　会話でほとんど使われることがない単純過去形同様、前過去形も会話で聞かれることはほとんどありません。前過去形は多くの場合 aussitôt que、dès que（🦅 p.236 §38. ❷）など「直後」を表す表現とともに用いられ、単純過去形で表された過去の出来事の直前に起きた出来事を表します。

(744) **Aussitôt que je** 直説法前過去形 **fus rentré, ma femme** 直説法単純過去形 **commença à boire.**　私が帰るとすぐ、妻はお酒を飲み始めた。

> 独立節で用いられた前過去形
> 動作の迅速な完了を表すために、単純過去形を用いず、独立節で前過去形を使うことがあるよ。この場合、vite「すぐに」、en un moment「一瞬で」などの時の表現が付くことが多いよ。Ma femme eut dévoré la viande en un moment.「妻はあっというまに肉を食い尽くした」。

> 絵本での単純過去形
> 小さな子ども向けの絵本の中に、単純過去形が出てくることは珍しくないよ。でもおそらく、それが単純過去形という活用形であるとは認識せず、何となく昔のことを表している、というぼんやりした認識しかないんじゃないかな。

§22. 直説法④ 未来時制

フランス語で「未来形」と言えば、直説法単純未来形を指しますが、他にも直説法前未来形、近接未来形と呼ばれるものがありますので、それを見ていきましょう。

❶ 直説法単純未来形の形態

その名の通り、未来の出来事を表すだけでなく、推量の意味で用いられることもあります。英語と異なり「未来の助動詞」のようなものを使わない、独自の活用形があります。単純未来形にはすべての動詞に共通の活用語尾があり、すべての主語において r で始まるのが特徴です。r が「未来形」の象徴的な "音" と言ってもよいでしょう。

🍓 形態

第一群規則動詞 **folâtrer** 浮かれる	
je folâtre<u>rai</u>	nous folâtre<u>rons</u>
tu folâtre<u>ras</u>	vous folâtre<u>rez</u>
il folâtre<u>ra</u>	ils folâtre<u>ront</u>

第二群規則動詞 **mincir** ほっそりする	
je minci<u>rai</u>	nous minci<u>rons</u>
tu minci<u>ras</u>	vous minci<u>rez</u>
il minci<u>ra</u>	ils minci<u>ront</u>

原則として、不定詞の語尾 r, re, oir をとったものに、上表下線部の未来形活用語尾を付けます。

- **第一群規則動詞**：cligner「ウィンクする」 ➡ cligne|r ➡ je cligne + rai
- **第二群規則動詞**：flétrir「花をしおれさせる」 ➡ flétri|r ➡ je flétri + rai
- **不規則動詞**：　　prendre「とる」 ➡ prend|re ➡ je prend + rai

しかし、例外も多いので、je の単純未来形だけでも覚えておくとよいでしょう。単純未来形では、主語によって語幹が変わることはありません。

> 他の時制では、主語によって語幹が変わることもあるよね。例えば jeter の直説法現在形：je jette, tu jettes, il jette, nous jetons, vous jetez, ils jettent（語幹 jett- / jet-）などなど。

以下にあげた、よく使われる動詞の単純未来形は、je の形だけでも覚えておきましょう。

acheter : j'achèterai　　aller : j'irai　　appeler : j'appellerai　　avoir : j'aurai

boire : je boirai　　courir : je courrai　　cueillir : je cueillerai　　devoir : je devrai

envoyer : j'enverrai　　être : je serai　　faire : je ferai　　falloir : il faudra

lever : je lèverai　　mener : je mènerai　　pleuvoir : il pleuvra　　pouvoir : je pourrai recevoir : je recevrai   savoir : je saurai   tenir : je tiendrai   valoir : je vaudrai

venir : je viendrai   voir : je verrai   vouloir : je voudrai

〔チェック問題〕

それぞれ指定された主語の直説法単純未来形を答えてください。

☐ 1. avoir（❶）「持つ、持っている」の nous　➡ ＿＿＿＿＿＿＿＿＿＿＿

☐ 2. être（❷）「ある、いる」の ils　　　　 ➡ ＿＿＿＿＿＿＿＿＿＿＿

☐ 3. bêler（❸）「ヤギがメエと鳴く」の il　 ➡ ＿＿＿＿＿＿＿＿＿＿＿

☐ 4. trahir（❹）「裏切る」の vous　　　　 ➡ ＿＿＿＿＿＿＿＿＿＿＿

☐ 5. mettre（❷⓪）「置く」の tu　　　　　 ➡ ＿＿＿＿＿＿＿＿＿＿＿

〔チェック問題 解答〕
☐ 1. nous aurons　☐ 2. ils seront　☐ 3. il bêlera　☐ 4. vous trahirez　☐ 5. tu mettras
➡ ドリル p.142, 146

🍖 用法

● 未来の出来事や状態を表す

(745) **Dans un mois, Ann aura 13 ans.**　1ヶ月後、杏は 13 歳になる。

(746) **Demain, Kensuke et Yasuo iront prendre des photos de train.**

明日、健介と恭夫は電車の写真を撮りに行くだろう。

次例の場合には、主語の意思が感じられます。

(747) **Ma femme dit : « Je ne reverrai plus cet homme. »**

妻は「あの男にはもう合わない」と言う。

● 2人称（tu, vous）で軽い命令を表す

(748) **Vous me rendrez le CD d'Akina Nakamori.**　中森明菜の CD を返してください。

● 現在の推測・推量を表す（avoir または être のみ）

(749) **Le téléphone sonne, mais ce ne sera pas ma femme.**

電話が鳴った。でも、妻ではないだろう。

● 語調を緩和する（demander, prier など）

(750) **Je vous prierai de ne pas dire la vérité ici.**

ここでは本当のことを言わないようにお願いいたします。

153

❷ 直説法前未来形

一言で言えば「未来完了形」です。

🍓 形態

直説法前未来形は、助動詞（avoir または être）の直説法単純未来形（🐢❶）と過去分詞（🍓 p.174 § 25. ❽）を組み合わせて作ります。

第一群規則動詞 **acidifier** 酸っぱくする	
j'aurai acidifié	**nous aurons acidifié**
tu auras acidifié	**vous aurez acidifié**
il aura acidifié	**ils auront acidifié**

第一群規則動詞 **monter** のぼる	
je serai monté[e]	**nous serons monté[e]s**
tu seras monté[e]	**vous serez monté[e][s]**
il sera monté	**ils seront montés**

〔**チェック問題**〕——————————————————————

それぞれ指定された主語の直説法前未来形を答えてください。

☐ 1. avoir（❶）「持つ、持っている」の vous ➡ _____

☐ 2. être（❷）「ある、いる」の ils ➡ _____

☐ 3. taper（❸）「たたく」の elle ➡ _____

☐ 4. monter（❸）「のぼる」の vous ➡ _____

☐ 5. mettre（❷⓪）「置く」の tu ➡ _____

〔チェック問題 解答〕
☐ 1. vous aurez eu ☐ 2. ils auront été ☐ 3. elle aura tapé
☐ 4. vous serez monté[e][s] ☐ 5. tu auras mis ➡ ドリル p.146

🍓 用法

● **未来のある時点より前に何かが完了することを表す**

(751) **Mon mari** 直説法単純未来形 **sortira quand il** 直説法前未来形 **aura fini tout le ménage.**
夫は家事をすべて終えたら出かけるだろう。

154

この例では、単純未来形が表す「夫が外出する時点」よりも前に、「家事をすべて終える」ことが前未来形によって表されています。

- **過去の出来事について断定を避け、推量を表したり語調を緩和する**

(752) **Pendant mon absence, ma femme aura poli soigneusement la louche.**

　　　私の留守中に、妻は丁寧にお玉を磨いたのだろう。

(753) **Vous vous serez trompé.** 　あなたはお間違いのようです。

> 妻がお玉を磨いたことが確実なら、複合過去形を使って ma femme a poli ma louche とするよ。同
> 様に、相手が間違えたと断定するなら Vous vous êtes trompé. と複合過去形を使うよ。

❸ 近接未来形

aller をいわば「未来」を表す助動詞のように用い、aller + inf. で未来のことを表すことができます。これを「近接未来形」と言います。しかし、aller + inf. が「〜しに行く」のように aller が「移動」を表す場合もあります。次例では、aller は「移動」の意味です。

(754) **Demain, j'** 直説法単純未来形 **irai boire du lait à la fraise chez toi.**

　　　明日、君の家にイチゴ牛乳を飲みに行く。

aller + inf. が近接未来形の場合、aller 自体は直説法現在形か半過去形に限られ、前の例や次の例の場合には、aller は「移動」の意味で用いられていると判断できます。

(755) **Hier, je** 直説法複合過去形 **suis allé voir un bec-en-sabot au Parc zoologique de Chiba.** 　昨日、千葉市動物公園へハシビロコウを見に行った。

しかし、aller 自体が直説法現在形か半過去形になっている場合には、近接未来形なのか、移動を表しているのか区別できないこともありえます。

直説法単純未来形と近接未来形の違い

近接未来形に含まれる aller が現在形になっていることから、現時点（aller が半過去形の場合には過去のある時点）と近接未来形が表す出来事の発生の間につながりがあることが予想されます。いわば現時点（過去のある時点）において、その出来事の発生・実現がすでに始まっているのです。例えば、遠くで雷の音が聞こえはじめ、辺りが暗くなって来たような状況、つまりまもなく雨が降ることが確実視される状況では、

(756) **Il va pleuvoir.** 　雨が降るな。

のように、単純未来形（Il pleuvra）よりも近接未来形のほうが適しています。その出来事の発生が確実視されるのであれば、「近い未来」でなくても構いません。

§23. 条件法

❶ 形態

条件法には、条件法現在形、条件法過去形という2つの形があります。

条件法現在形は、直説法単純未来形（ p.152 §22. ❶）と半過去形（ p.143 §20. ❶）の活用形を組み合わせて作ります。例えば、limer「やすりにかける」という第一群規則動詞を条件法現在形にしてみましょう。まずは、直説法単純未来形を作ります：je limerai。単純未来形の活用語尾に必ず含まれる r までを残し、それ以降を削除します：je limer。これに、主語に応じた半過去形の語尾を付けます：je limer + ais = je limerais。この方法ですべての動詞に対応できますので、必要に応じて直説法単純未来形と半過去形の作り方を確認しておきましょう（半過去形語尾に下線）。

第一群規則動詞 **cancaner** 悪口を言う	
je cancaner<u>ais</u>	nous cancaner<u>ions</u>
tu cancaner<u>ais</u>	vous cancaner<u>iez</u>
il cancaner<u>ait</u>	ils cancaner<u>aient</u>

第二群規則動詞 **fourbir** 研ぐ	
je fourbir<u>ais</u>	nous fourbir<u>ions</u>
tu fourbir<u>ais</u>	vous fourbir<u>iez</u>
il fourbir<u>ait</u>	ils fourbir<u>aient</u>

je, tu, il, ils の活用形は同じ発音です。

🍓 条件法過去形

条件法過去形は、助動詞（avoir または être）の条件法現在形と過去分詞（ p.174 §25. ❽）を組み合わせて作ります。

第一群規則動詞 **zinguer** 亜鉛めっきをする	
j'aurais zingué	nous aurions zingué
tu aurais zingué	vous auriez zingué
il aurait zingué	ils auraient zingué

不規則動詞 venir　来る	
je serais venu[e]	nous serions venu[e]s
tu serais venu[e]	vous seriez venu[e][s]
il serait venu	ils seraient venus

🐢 条件法過去第二形

条件法過去には「第二形」と呼ばれる形があります。これは接続法大過去形（🐢 p.165 § 24. ❹）と全く同じ形ですが、3人称で使われることが多く、また改まった書き言葉の中でしか使われません。接続法大過去形は直説法大過去形の代わりにも使われることがあるので、同じことを表すために、以下のような時制の組み合わせも可能です。

(757) **Si ma femme avait été plus tranquille, elle n'aurait pas détruit le mur du salon.** 〔Si + 直説法大過去形、条件法過去形〕

もし妻がもっとおとなしかったら、居間の壁を破壊していなかっただろう。

(758) **Si ma femme avait été plus tranquille, elle n'eût pas détruit le mur du salon.**

〔Si + 直説法大過去形、接続法大過去形＝条件法過去第二形〕

(759) **Si ma femme eût été plus tranquille, elle n'eût pas détruit le mur du salon.**

〔Si + 接続法大過去形＝直説法大過去形、接続法大過去形＝条件法過去第二形〕

❷ 用法

条件法の用法を大きく3つに分けると、仮定文での用法、断定を避ける用法、時制の一致により直説法単純未来形・前未来形に代わる用法の3つです。

🐢 仮定文での用法

(760) **Si j'étais un crocodile, je me brosserais les dents tous les jours.**

もし私がワニだったら、毎日歯みがきをするだろう。 🐢 p.220 § 35.

🐢 断定を避ける用法

条件法現在形を使うことで、断定という直球を和らげ、語調を緩和することができます。語調を緩和することにより、丁寧な表現を使った方が良い相手がいる状況で敬語のような丁寧な言い方になったり、伝聞・推量などを表したりします。

(761) **Je voudrais parler au Roi.**　国王にお話がしたいのですが。〔条件法現在形：丁寧〕

(762) **Je veux parler au Roi.**　国王に話してぇ。〔直説法現在形〕

(763) **Il y aurait eu une collision entre une moto et un panda géant sur la Nationale 4.**〔条件法過去形：伝聞・推量〕

国道４号で、バイクとジャイアントパンダの衝突事故が発生<u>したらしい</u>。

(764) **Il y a eu une collision entre une moto et un panda géant sur la Nationale 4.**〔直説法複合過去形：断定〕

国道４号で、バイクとジャイアントパンダの衝突事故が発生<u>した</u>。

(765) **Tu aurais dû manger des takoyakis à Osaka !**

君は大阪でたこ焼きを食べる<u>べきだったのに</u>！〔devoir の条件法過去形：遺憾の意〕

🍓 **時制の一致** 🐸 p.181 §27. ❸

〔チェック問題〕───────────────────────────

それぞれ指定された主語の条件法現在を答えてください。

☐ 1. gambader（❸）「跳ね回る」の tu

➡ _____

☐ 2. ralentir（❹）「速度を緩める」の il

➡ _____

☐ 3. rappeler（❽）「呼び戻す」の nous

➡ _____

☐ 4. aller（⓬）「行く」の vous

➡ _____

☐ 5. voir（㊳）「見る」の je

➡ _____

〔チェック問題 解答〕
☐ 1. tu gambaderais ☐ 2. il ralentirait ☐ 3. nous rappellerions ☐ 4. vous iriez
☐ 5. je verrais　　　　　　　　　　　　　　　　　➡ ドリル p.150

結果を表す帰結節を省略する文もあるよ。Si seulement ma femme buvait moins !「せめて、妻の飲む量がもっと少なかったらなあ〔願望〕、Si on allait au Musée parasitologique de Meguro avec moi ?「僕と、目黒寄生虫館に行きませんか？〔si + 直説法半過去形: 勧誘〕。

§24. 接続法

❶ 直説法と接続法の違い

直説法は、出来事などを事実であると断定して述べる形ですが、接続法は、出来事などを事実であるかどうか判断せずに述べる形です。述べている出来事が事実であっても構いません。次の2例で接続法で表されている内容は事実です。

(766) **Bien qu'il pleuve aujourd'hui, ma femme est allée courir en bikini.**

今日雨が降っているにもかかわらず、妻はビキニの水着を着て走りに行った。

(767) **Je suis content qu'il y ait des fraises à la maison.**

家にイチゴがあって私は満足している。

❷ 接続法現在形

🦇 形態

第一群規則動詞 **beurrer** バターを塗る	
je beurre	nous beurrions
tu beurres	vous beurriez
il beurre	ils beurrent

第二群規則動詞 **trahir** 裏切る	
je trahisse	nous trahissions
tu trahisses	vous trahissiez
il trahisse	ils trahissent

接続法現在形の活用語尾は、avoir, être を除き、すべての動詞に共通です。多くの場合、直説法現在形の ils の活用形から作ることができます。例えば、rendre「返す」の場合、ils rendent の語尾 ent をとった部分 (rend) を語幹とし、これに、主語に応じた接続法現在形の活用語尾を付けます。je なら e なので je rende, nous なら ions なので nous rendions になります。faire, pouvoir などのように特殊な語幹をとるものもあります（je fasse, je puisse）。avoir, être は語幹も語尾も不規則なので、そのまま覚えてしまったほうが早いでしょう（avoir : j'aie, tu aies, il ait, nous ayons, vous ayez, ils aient、être : je sois, tu sois, il soit, nous soyons, vous soyez, ils soient）。

🍓 用法
接続法は、何かに"接続して"しか、つまり、特定の表現の後でしか使いません。

(768) Je sais que Tatsuya 直説法現在形 **peut travailler avec moi.**

達太が私と一緒に働くことができることを知っている。

(769) Je veux que Tatsuya 接続法現在形 **puisse travailler avec moi.**

達太が私と一緒に働くことができることを望んでいる。

この 2 つの例の違いは、Je sais / Je veux と、peut（直説法現在形）/ puisse（接続法現在形）だけです。なぜ、peut / puisse という違いが出るかと言うと、Je sais だから peut、Je veux だから puisse。つまり、Je veux < vouloir の後なので直説法ではなく接続法になっています。もう少しかたい説明をすると、que 以下の従属節（ p.104 §15. ❶）内の動詞が直説法（peut）になるか、接続法（puisse）になるかを左右しているのは主節なわけで、savoir の後では直説法で良いが、vouloir の後では接続法が必要なのです。このように、何の後では接続法にしなければならないのか、最初は 1 つ 1 つ覚えていく必要があります。接続法が難しいと思われる理由は、活用形自体が複雑であることに加え、いつ使うのかも覚えなければならないからでしょう。

● **主節の動詞（句）が願望、要求、祈願などを表す時**

(770) Je veux que Kaoru vienne. 　薫には来て欲しい。〔vouloir que〕

この他：aimer「好む」、attendre「待つ」、s'attendre「期待する」、commander「命令する」、demander「求める」、exiger「要求する」、prétendre「要求する」、prier「頼む」、souhaiter「望む」、supplier「懇願する」など

> souhaiter の類義語とされることもある espérer は直説法になるんだ。J'espère que ma femme arrêtera de boire un jour. 「私は妻がいつかお酒をやめることを期待している」。

● **主節の動詞（句）が義務、必要性、評価などを表す時**

(771) Il faut que Kana rentre avant 17 heures. 〔falloir que〕

　　　夏名は 17 時までに帰らなければならない。

この他：il est bon que「〜はよいことだ」、il est dommage que「〜は残念だ」、

　　　　il est important que「〜は重要だ」、il est indispensable que「〜は不可欠だ」、

　　　　il est naturel que「〜」は当然だ、il est nécessaire que「〜は必要だ」など

● **主節の動詞（句）が可能性を表す時**

(772) Il est possible que Norihiko rentre avant 23 heures. 〔il est possible que〕

　　　規彦が 23 時前に帰ることもある。

この他：il se peut que「〜かもしれない」

● 主節の動詞（句）が喜怒哀楽や懸念などの感情を表す時

(773) **Je crains que les étudiants ne comprennent rien.**〔craindre que〕

　　私は学生が何も理解していないのではないかと恐れている。

(774) **Je suis content que Kaoru soit venue.**　薫が来てくれて嬉しい。〔être content que〕

すでに来てくれたので接続法過去形になっているけど、これから来てくれるので嬉しい、ということなら、vienne と接続法の現在形にするよ。

この他：contester「認めない」、démentir「否定する」、être désolé que「〜は残念だ」、être étonné que「〜に驚いている」、s'étonner que「〜に驚く」、être heureux que「〜は幸せだ」、il est douteux que「〜か疑わしい」、il semble que「〜らしい」、regretter「後悔する」など

il semble que に間接目的語が付くと、直説法にすることが多いよ。
Il me semble que ma femme a bu plus de 50 verres.「私には妻が50杯以上飲んだように思える」。
でも、Il semble que ma femme ait bu plus de 50 verres. 「妻は 50 杯以上飲んだようだ」。

● 発言や思考を表す主節の動詞（句）が否定形・疑問形の時

(775) **Je ne crois pas que ma femme dise la vérité.**〔croire の否定形〕

　　妻が本当のことを言っているとは思えない。

(776) **Pensez-vous que ma femme dise la vérité ?**〔penser の疑問形〕

　　私の妻が本当のことを言っていると思いますか？

この他：admettre「認める」、dire「言う」、juger「判断する」など

croire などの動詞（＝主節の動詞）が否定形や疑問形でも、従属節の内容が事実であると判断できる時には、接続法でなく直説法を使うよ。
例えば、Je ne crois pas que ma femme soit heureuse.「私は妻が幸せだとは思わない」に対して、
Ma femme ne croit pas que je suis heureux.「妻は私が幸せだとは思わない」と直説法にできるよ。
自分（je）が幸せかどうかは自分で事実と判断できるからね。

● 確実性を表す表現が否定形・疑問形の時

(777) **Il n'est pas évident que ma femme n'ait pas bu hier soir.**

　　昨晩妻がお酒を飲まなかったかどうかは明らかではない。

この他、以下の表現の否定形・疑問形：

être certain que「〜を確信している」、il est certain que「〜は確かだ」、il est vrai que「〜は本当だ」、être sûr que「〜を確信している」、il est sûr que「〜は確実だ」など

● **先行詞が表すもの・人が実在していないか、実在するか分からない時**

次の例では、関係代名詞 qui の先行詞は否定の personne（ 🐭 p.99 § 14. ❹）。つまり、そういう人は誰もいないので、puisse と接続法になっています。

(778) Il n'y a personne qui puisse convaincre ma femme.

> 私の妻を説得できる人は誰もいない。

(779) Je cherche quelqu'un qui puisse convaincre ma femme.

> 私の妻を説得できる人を探している。

この例の場合、探している段階ということは、実際に説得できる人が見つかるか分からないので、接続法になっているよ。でも、実際にそういう人を発見できた場合には直説法になるんだ：J'ai trouvé un homme qui peut convaincre ma femme. 私の妻を説得できる人を見つけた。

● **先行詞に最上級、あるいはそれに相当する表現が含まれる時**

次の例では、que の先行詞＝ le duo comique japonais le plus drôle の中に、le plus drôle という最上級が含まれています。le premier, le dernier, le seul なども同じように扱います。

(780) Le duo comique japonais le plus drôle que je connaisse, c'est Milk Boy.

> 私の知る、日本で一番面白いコンビは、ミルクボーイである。

「一番」であることが事実なら、直説法にできるよ。C'est la dernière bouteille de vin qui restait à la maison.「これはその時に家に残っていた最後のワインだった」。先行詞に最上級が含まれていても、直説法が続くことは珍しくないよ。

● **目的を表す場合**

(781) Je travaille 7 jours sur 7 pour que mes enfants puissent boire du lait à la fraise.　私は、子どもたちがイチゴ牛乳を飲めるように、週に7日働いている。

この他：afin que, de sorte que, de manière que など 🐭 p.211 § 33. ❷

● **対立・譲歩を表す場合**（🐭 p.229 § 37.）

(782) Qui que vous soyez, il est interdit de boire du lait à la fraise juste avant le cours.　あなたが誰であろうと、授業開始直前にイチゴ牛乳を飲むのは禁止です。

(783) Où que **vous alliez,** ça m'est égal.

あなたがどこへ行こうと、私には関係ありません。

この他：bien que「～にもかかわらず」、quelque ... que「どんなに～でも」、quoique「～に
もかからわず」、quoi que「何でも」、si ... que「どんなに～でも」、tout ... que「どん
なに～でも」など

● 条件を表す場合

(784) À condition que **ma femme** boive **moins, j'irais moins au supermarché.**

妻の飲む量が減れば、私がスーパーに行く頻度は下がるだろう。

この他：en admettant que「～と仮定すれば」、à moins que「～でなければ」、pourvu que「～
でありあえすれば」、à supposer que「～と仮定して」、supposé que「～と仮定すれば」

● 除外を表す場合　sans que 📖 p.123 **§ 16. ㉕**

● 「～まで」のような表現の後（📖 p.234 **§ 38.**）

(785) Restez debout ici jusqu'à ce que **notre bec-en-sabot** se réveille.

ハシビロコウが目を覚ますまでここで立っていてください。

この他：avant que「～する前に」、en attendant que「～まで」など

● 命令、願望、祈願を表す場合

Je veux que, Je souhaite que, J'ordonne などが省略されたものです。

(786) Que tout le monde sorte tout de suite !〔命令〕

みんなすぐに外に出ろ！

(787) Que ma femme arrête de boire !〔願望・祈願〕

妻がお酒を飲むのをやめますように！

● 主語が名詞節の場合

主語が名詞や代名詞でなく、節（📖 p.107 **§ 15. ❸**）の場合、名詞節内の動詞は接続法になります。

(788) ₛ**Que ma femme soit rentrée à minuit**ᵥ ne m'a pas surpris.

妻が真夜中に帰宅したが私は驚かなかった（←…帰宅したことは私を驚かせなかった）。

カッコ内の動詞を適切な接続法現在形にしてください。

☐ 1. Il faut que tu (arriver ❸) à Sakai avant midi.　正午までに堺に着かなあかん。

➡ _____

☐ 2. Bien que je (faire ㉝) des économies, ma femme gaspille notre argent.

私が貯金しているのに妻はお金を浪費している。

➡ _____

☐ 3. Attends ici jusqu'à ce que notre bec-en-sabot (revenir ⓱).

ハシビロコウが戻ってくるまでここで待て。

➡ _____

☐ 4. Qui que tu (être ❷), je n'ai pas de tanmen pour toi.

お前が誰であろうと、お前に食わせるタンメンはねぇ。

➡ _____

☐ 5. Je suis supris que Yuko (savoir ㊹) parler plusieurs langues.

裕子が何カ国語も話すことができて驚きだ。

➡ _____

〔チェック問題 解答〕
☐ 1. arrives　☐ 2. fasse　☐ 3. revienne　☐ 4. sois　☐ 5. sache　➡ ドリル p.178, 182

❸ 接続法過去形

　後述するように、接続法半過去形と大過去形はほぼ使われないので、実質的には接続法の活用形は接続法現在形と過去形の2種類だけになります。この2つは「現在形」「過去形」という名前ですが、「未完了形」「完了形」と呼んだほうがよいかもしれません。接続法現在形は、直説法で言うところの現在形、半過去形、単純未来形が表すような内容をカバーし、接続法過去形は同じく直説法複合過去形、大過去形、前過去形が表すようなものをカバーします。

(789) Je suis très heureux que Miho m'ait proposé un bon vin rouge.

　美保が美味しい赤ワインを提案してくれたので私はとても幸せだ。

❹ 接続法半過去形、大過去形

接続法半過去形と大過去形は、現代フランス語では使用頻度が極めて低く、それぞれ接続法現在形、過去形で代用してもよいことが認められています。規則動詞の活用は下表の通りですが、覚える必要はないでしょう。

🐦 形態

第一群規則動詞 **béquiller** 松葉杖をついて歩く	
je béquilla<u>sse</u>	nous béquilla<u>ssions</u>
tu béquilla<u>sses</u>	vous béquilla<u>ssiez</u>
il béquill<u>ât</u>	ils béquilla<u>ssent</u>

第二群規則動詞 **tarir** 干上がる	
je tari<u>sse</u>	nous tari<u>ssions</u>
tu tari<u>sses</u>	vous tari<u>ssiez</u>
il tar<u>ît</u>	ils tari<u>ssent</u>

(790) **Il fallait que je** truffasse **la dinde.** 〔接続法半過去形〕

➡ (791) **Il fallait que je** truffe **la dinde.** 〔接続法現在形〕

　　私は七面鳥にトリュフを詰めなければならなかった。

(792) **J'étais content que ma femme** se fût lavé **les pieds.** 〔接続法大過去形〕

➡ (793) **J'étais content que ma femme** se soit lavé **les pieds.** 〔接続法過去形〕

　　私は妻が妻自身の足を洗ってくれたので満足していた。

なお、接続法大過去形は書き言葉において、条件法過去第二形として用いられることもあります（🐦 p.157 § **23. ❶**）。

> 直説法単純過去形・前過去形が、活用形の複雑さなどで衰退したように、接続法半過去形・大過去形も活用形が複雑なので衰退したんじゃないかな。また、接続法が表す内容は「事実であるかどうか判断しない」＝「事実かどうか不問」なので、時間の概念がそれほど重要ではなく、接続法現在形・過去形（＝完了形）だけで十分と考えられたのかもしれないね。

> **独立節での接続法**
> 今のフランス語では、接続法は従属節の中で使うのが普通だけど、古い語法の名残で、一部、独立節でも使うよ。Ainsi soit-il.「かくあれかし／アーメン」、Dieu vous bénisse ! 「神の祝福を」。「万歳」を vivre の接続法現在形を使って訳すことがあるけれど、複数形の名詞が後続すれば vivent と複数形にすることもあるよ。Vive[nt] les vacances ! 「バカンス万歳！」

§25. 命令法、不定法、分詞法

　命令法は、基本的には命令を表す法です。不定法には、不定法現在形と不定法過去形の2つの形がありますが、どちらも本質的には「時間の概念」を持っていません。つまり、「現在形」「過去形」と言いながら現在や過去を表すとは限りません。分詞法は、動詞と形容詞の両方の性質を持つ形です。分詞法には大きく分けて、現在分詞、ジェロンディフ、過去分詞の3つがあります。

❶ 命令法現在形

 形態

　命令法の活用形には、文法上の主語は付かず、また、tu, nous, vous の3つの主語に対応する形しかありません。いわゆる「命令形」は命令法現在形のことです。活用形自体は、基本的に直説法現在形と同じですが、第一群規則動詞、aller および直説法現在形の tu が -es で終わる動詞では、命令法現在の tu では -s を削除します。

第一群規則動詞 **dessaler**　塩抜きをする	
	(nous) dessalons
(tu) dessale	**(vous) dessalez**

第二群規則動詞 **polir**　つや出しする	
	(nous) polissons
(tu) polis	**(vous) polissez**

- **lubrifier**「機械に注油する」　直説法現在形 tu lubrifies ➡ 命令法現在 lubrifie
- **aller**「行く」　　　　　　　直説法現在形 tu vas ➡ 命令法現在 va
- **ouvrir**「開ける」　　　　　直説法現在形 tu ouvres ➡ 命令法現在 ouvre

(794) Arrête d'enlever des poils de nez !　鼻毛を抜くのはやめろよ！

avoir, être, savoir, vouloir の4つだけは直説法現在形の活用形からは作れません。

- **avoir** ➡ 命令法現在 [tu] aie, [nous] ayons, [vous] ayez
- **être** ➡ 命令法現在 [tu] sois, [nous] soyons, [vous] soyez
- **savoir** ➡ 命令法現在 [tu] sache, [nous] sachons, [vous] sachez
- **vouloir** ➡ 命令法現在 [tu] veuille, [nous] veuillons, [vous] veuillez

否定にする時は、他の時制の時と同じように、動詞を ne と pas で挟みます。目的語の代名詞を付ける時は、肯定命令文の時だけ動詞の後に置きます（☞ p.70 §9. ❸）。

(795) **Passe-**₍COI₎**moi** ₍COD₎**cet haltère de 100kg !** そこの 100 キロのバーベルとって！

➡ (796) **Passe-**₍COD₎**le-** ₍COI₎**moi !**

(797) **Ne touchez pas** ₍COI₎**à mon tournevis**©** !** 俺のドライバーに触らないで！

© tournevis : tourner「回す」+ vis「ネジ」

➡ (798) **N'** ₍COI₎**y touchez pas !** （☞ p.75 §10. ❷）

〔チェック問題〕

　それぞれ指定された主語の命令法現在形を答えてください。

□ 1. bâter（❸）「馬に荷ぐらを付ける」の tu ➡ _____

□ 2. roussir（❹）「焦がす」の vous ➡ _____

□ 3. suivre（㉒）「ついていく」の nous ➡ _____

□ 4. lire（㉙）「読む」の vous ➡ _____

□ 5. croire（㉞）「思う、信じる」の tu ➡ _____

〔チェック問題 解答〕
□ 1. bâte（s が付かないことに注意）□ 2. roussissez □ 3. suivons □ 4. lisez
□ 5. crois ➡ ドリル p.82

🍓用法

　その名の通り命令や勧告を表す以外に、否定形では禁止を表したりします。

(799) **Allons boire du lait à la fraise ce soir !** 今晩、イチゴ牛乳を飲みに行こう！

(800) **Ne démolis pas ton aspirateur !** 掃除機を分解しちゃダメ！

(801) **Soyez prudents !** 慎重にね。

文法上の主語が表されていなくても、必要に応じて属詞は意味上の主語に性数一致するよ。(801) の文では、隠れた vous に対応しているよね。

　s'il te plaît, s'il vous plaît を後に付けると少し口調が穏やかになります。

(802) **Ne** ₍COI₎**me posez pas** ₍COD₎**de questions, s'il vous plaît !**

　　　私に質問しないでください。

❷ 命令法過去形

命令というのはこれから何かをして欲しい、何かをするように指示したり頼むことで、すでに過ぎた時間（＝過去）に何かをするようには命令できません。「過去形」という名称は誤解を招くかもしれませんが、一言で言えば「完了形」とお考えください。命令法現在形が直説法単純未来形に近いとすれば、命令法過去形は前未来形に近いと言えます。

🍓 **形態**

命令法過去形は、助動詞（avoir または être）の命令法現在形（🦅❶）と過去分詞（🦅 p.174 §25. ❽）を組み合わせて作ります。

第一群規則動詞 **composter** 堆肥を施す	
	(nous) ayons composté
(tu) aie composté	(vous) ayez composté

第一群規則動詞 **arriver** 到着する	
	(nous) soyons arrivé[e]s
(tu) sois arrivé[e]	(vous) soyez arrivé[e][s]

🍓 **用法**

直説法前未来形同様に、未来のある時点までに何かを終えておくことを命令する時に用います。

(803) **Aie fini ta toilette à midi !**　　12 時にはお化粧を終えていてくれ！

(804) **Sois rentrée avant minuit.**　　真夜中 12 時までには帰っていなさい。

中性代名詞 y, en（🦅 p.57-78 §10. ❷❸）が後続する時は、発音上の理由から s を付けるよ。Vas-y！ Manges-en！のようにね。

 ❸ 不定法現在形（不定法単純形）

🍓 **形態**

辞書に見出し語として出ている形で、「不定詞」と呼ばれる形です。語尾は、-er（第一群規則動詞）、-ir（第二群規則動詞）、-oir（不規則動詞）、-re（不規則動詞）の4種です。

「現在形」と言いながら、現在の出来事を表すとは限りません。

(805) **Je vois mon bec-en-sabot voler élégamment.**

　　ハシビロコウが優雅に飛ぶのを見る。

(806) **J'ai vu mon bec-en-sabot voler élégamment.**

　　ハシビロコウが優雅に飛ぶのを見た。

(807) **Je verrai mon bec-en-sabot voler élégamment.**

　　ハシビロコウが優雅に飛ぶのを見るだろう。

この３つの例では、voler がいつのことを表すのかは、Je vois（直説法現在形）、J'ai vu（直説法複合過去形）、Je verrai（直説法単純未来形）かによって変わります。（🐢 p.206 § 32.）

また、不定法は動詞と名詞の性質を兼ねています。言い換えれば、名詞と同じように働くことができるので、「動詞の名詞形」と呼ぶこともあります。次例では、Parler à ma femme maintenant という不定詞のまとまり（不定詞句）が主語の働きをしています。

(808) _S**Parler à ma femme maintenant** _{COI}**me** _V**paraît** _A**difficile.**

　　今、妻に話すことは私には難しいように思える。

(809) _S**Je** _V**dois** _{COD}**parler à ma femme maintenant.**

　　私は、今、妻に話をしなければならない。

この例では、parler à ma femme maintenant が、直接目的語の役割を果たしています。

❹ 不定法過去形（不定法複合形）

🍓 **形態**

〔avoir / être ＋過去分詞（🐢 p.174 § 25. ❸）〕で作られる形です。

🍓 **用法**

助動詞＋過去分詞でできている複合時制ですので、完了を表します。

🐢 p.237 § 38. ❹

(810) **Après avoir couru, M. Temma prend une douche.**

　　天満氏は、走った後、シャワーを浴びる。

❺ 現在分詞

現在分詞には、助動詞を使わない「現在分詞単純形」と、助動詞の現在分詞単純形＋過去分詞で作る「現在分詞複合形」があります。

🍓 形態

原則として、直説法現在形の nous の活用形から語尾の -ons の代わりに -ant を付ければ現在分詞単純形を作ることができます。-ant はすべての動詞に共通の語尾です。現在分詞は単純形、複合形ともに主語による活用はなく、１つの動詞に１つの形しかありません。まずは単純形の作りを見ておきましょう。

- **第一群規則動詞**：magouiller「裏工作する」➡ 直説法現在形 nous magouillons ➡
  magouill|ons ➡ magouill + ant ➡ 現在分詞単純形 magouillant
- **第二群規則動詞**：pâlir「青ざめる」➡ 直説法現在形 nous pâlissons ➡
  pâliss|ons ➡ pâliss + ant ➡ 現在分詞単純形 pâlissant
- **代名動詞**：　　　se banaliser「平凡化する」➡ 直説法現在形 nous nous banalisons ➡
  nous banalis|ons ➡ nous banalis + ant ➡ 現在分詞単純形 nous banalisant

代名動詞の場合には、文脈にあった再帰代名詞を付けます。この方法では作れない例外が３つだけありますので、覚えておきましょう。カッコ内に参考までに直説法現在形の形も示します。

- **avoir**　➡ ayant（nous avons）
- **être**　➡ étant（nous sommes）
- **savoir**　➡ sachant（nous savons）

続いて複合形です。助動詞の現在分詞単純形 ayant (avoir) または étant (être) ＋過去分詞で作ります。

- **助動詞に avoir をとる動詞**：conceptualiser「概念化する」〔第一群規則動詞〕
  ➡ 現在分詞複合形 ayant conceptualisé
- **助動詞に avoir をとる動詞**：raplatir「再び平らにする」〔第二群規則動詞〕
  ➡ 現在分詞複合形 ayant raplati
- **助動詞に être をとる動詞**：descendre「下りる」〔不規則動詞〕
  ➡ 現在分詞複合形 étant descendu
- **代名動詞**：se buter「かたくなになる」
  ➡ 現在分詞複合形 s'étant buté

それぞれ指定された動詞の現在分詞単純形を答えてください。

☐ 1. avoir（❶）「持つ、持っている」　　　　➡ _____

☐ 2. être（❷）「ある、いる」　　　　　　　　➡ _____

☐ 3. déganter[◎]（❸）「〜の手袋をとる」　　➡ _____

　　　　　　　◎ déganter : dé-「分離・除去」＋ gant「手袋」＋ -er（動詞を作る）

☐ 4. rendre（❶❾）「返す」　　　　　　　　　➡ _____

☐ 5. faire（❸❷）「する、作る」　　　　　　　➡ _____

〔チェック問題 解答〕
☐ 1. ayant　☐ 2. étant　☐ 3. dégantant　☐ 4. rendant　☐ 5. faisant　➡ ドリル p.170

🗨 用法

　現在分詞は、能動的な意味を持つ形容詞のように働きます。「現在分詞」と言いながら、「現在」を表すとは限らず、主節の動詞などによって表される時間と同時に何かが起こっていること、起こっている最中であったことを表すのが基本です。

(811) Je vois ma femme buvant _{COD}du vodka _{CC}devant la mairie. (= qui boit)
　　　妻が役場の前でウオッカを飲んでいるのが見える。

　この場合、Je vois が直説法現在形なので、buvant も qui boit のように現在形を使って書き換えられますが、次例では、Je voyais と直説法複合過去形なので、buvant も qui buvait のように半過去形を使って書き換えることになります。

(812) J'ai vu ma femme buvant _{COD}du vodka _{CC}devant la mairie. (= qui buvait)
　　　妻が役場の前でウオッカを飲んでいるのが見えた。

　つまり、「現在分詞」という名前ではありますが、現在分詞形になっている動詞自体には「過去」「現在」「未来」といった時間の概念はなく、主節の動詞などによっていつのことを表すのかが決まるのです。

　現在分詞は"形容詞のように働く"とは言っても、性数一致をして形が変わることはありません。また、動詞の性質も持っているので、目的語や状況補語をとることができます。

(813) Nous habitons dans une maison donnant _{COI}<u>sur le fleuve Natori</u>**.**

(= qui donne)　名取川に面した家に住んでいます。

(814) On a pris le train allant _{CC}<u>à Demachiyanagi</u>**.** (= qui allait)

出町柳行きに乗った。

(815) Ma femme, ayant trop bu, dort _{CC}<u>à terre</u>**.** (= qui a trop bu)

妻は飲み過ぎて地べたで寝ている。

このような現在分詞の用法は主に書き言葉で見られるもので、話し言葉では関係詞節（上の例ではカッコ内に示したもの）のほうが普通です。

🦔 絶対分詞節

主節の主語とは別に、現在分詞が独自の主語を持つ時、この現在分詞が形成している節を「絶対分詞節」と言います。次例では、étant fermée という現在分詞が使われている節＝分詞節に、La porte という主語がついているので、La porte étant fermée à clé を「絶対分詞節」と言います。会話にはまず現れません。

(816) La porte étant fermée à clé, ma femme a forcé la fenêtre.

ドアにカギがかかっていたので、妻は窓をこじ開けた。

❻ 動詞的形容詞

現在分詞は性数一致をしませんが、動詞の性質を持っているので、目的語や状況補語をとることができるものでした。現在分詞とほぼ同じ形でありながら「動詞的形容詞」という別のものがあります。厳密に言えば「動詞」ではなく「形容詞」なので、本来は「形容詞」の項に入れるべきものですが、形が現在分詞に極めて似ていますのでここで扱います。

🍓 形態

原則として、現在分詞と同じです。ただし、一部例外があります。

● 不定詞が -quer, -guer で終わる動詞

現在分詞は -quant, -guant だが、動詞的形容詞は -cant, -gant（両形は発音同じ）

（現在分詞 fatiguant, 動詞的形容詞 fatigant など）

● 現在分詞は -ant で終わるが、一部は動詞的形容詞で -ent（両形は発音同じ）

（adhérant/adhérent「くっついた」、coïncidant/coïncident「一致した」、différant/différent「異なった」、équivalant/équivalent「同等の」、excellant/excellent「秀でた」、précédant/précédent「前の」、violant/violent「乱暴な」など）

🍎 用法

現在分詞は要するに「動詞」なので、否定になったり、目的語や状況補語をとることができますが、動詞的形容詞は要するに「形容詞」なので、必要に応じて性数一致するものの、否定になったり、目的語や状況補語をとれません。

(817) Ce sont des oiseaux ne chantant pas.〔現在分詞：否定形、性数一致せず〕

これは鳴かない鳥たちだ。

(818) Ce sont des enfants obéissant _{COI} à leurs parents.

〔現在分詞：間接目的語あり、性数一致せず〕

これは両親の言うことをよく聞く子どもたちだ。

(819) Ce sont des enfants obéissants.〔動詞的形容詞：性数一致あり〕

これは従順な子どもたちだ。

例えば、petit という形容詞は「小さい」という意味ですが、一瞬だけ「小さい」ということではなく、何か（誰か）がある程度の期間「小さい」ことを意味します。形容詞は動詞と異なり基本的に「時間」の概念を持っていません。動詞的形容詞も同じことで、ある程度、その状態・性質が継続することを表します。これに対して現在分詞は一時的な動作を表すことが多いです。

 ### ❼ ジェロンディフ

現在分詞と比べるとはるかに使用頻度が高い形で、副詞と同じ働きをします。

🍎 形態

現在分詞の前に en を付けます。形が変わることはありません。また、現在分詞と異なり、助動詞＋過去分詞の形をした「複合形」は、現代フランス語にはないと言ってよいでしょう。

🍎 用法

ジェロンディフの意味上の主語は、主節の動詞の主語と同じです。同時性を表すのが基本的な用法ですが、さまざまな意味を帯びることもあります。

(820) Ne bois pas trop en préparant le repas !〔同時性・様態〕

食事の準備をしながら飲み過ぎないで！

(821) En travaillant trop, nous nuisons à notre santé.〔原因・理由・仮定〕

働き過ぎると、健康を損なう。

(822) En allant tout droit, tu arriveras un jour à Wakkanai.〔仮定〕

ずっとまっすぐ行けば、君はいつか稚内に着くだろう。

(823) Cette petite fille gagne sa vie en vendant des briquets. 〔手段〕

この少女はライターを売って（←売りながら）生計を立てている。

(824) Ma femme ne maigrit pas <u>tout</u> en faisant des exercices. 〔対立・譲歩〕

妻はエクササイズをしているのに痩せない。（対立の意味では tout が付きやすい）

🦇 現在分詞とジェロンディフの違い

両者はよく似ていて、入れ替えることができることも珍しくはありませんが、両者の違いをまとめると下表のようになります。

	性　質	意味上の主語	形　態
現在分詞	形容詞に近い	最も近い名詞・代名詞	単純形（同時）・複合形（先行）
ジェロンディフ	副詞に近い	主節の主語	単純形のみ

まずは現在分詞を使った2例を見てください。それぞれ現在分詞を用いた下線部は、青字で示した名詞にかかり、その名詞が「歩く」の意味上の主語になります。

(825) Mon collègue a vu ma femme <u>marchant avec un tigre</u>.

私の同僚は私の妻がトラと歩いているところを見た。〔トラと一緒なのは妻〕

(826) <u>Marchant avec un tigre</u>, mon collègue a vu ma femme.

トラと歩きながら、私の同僚は私の妻を見た。〔トラと一緒なのは同僚〕

次はジェロンディフです。ジェロンディフの場合、意味上の主語は主節の主語なので、ジェロンディフを使ったまとまり（下線部）がどこにあろうと、「歩く」の意味上の主語は主節の主語、つまり同僚になります。

(827) Mon collègue a vu ma femme <u>en marchant avec un tigre</u>.

トラと歩きながら、私の同僚は私の妻を見た。〔トラと一緒なのは同僚〕

(828) <u>En marchant avec un tigre</u>, mon collègue a vu ma femme.

トラと歩きながら、私の同僚は私の妻を見た。〔トラと一緒なのは同僚〕

 ❽ 過去分詞

🦇 形態

- 第一群規則動詞の場合。不定詞語尾の er を削除し、その代わりに é を付ける：

  craw<u>ler</u> ➡ crawl<u>é</u>「クロールで泳ぐ」

- 第二群規則動詞の場合。不定詞語尾の ir を削除し、その代わりに i を付ける（あるいは単に r を削除する）：assoup<u>ir</u> ➡ assoup<u>i</u>「居眠りさせる」

● **不規則動詞**

avoir : eu [y]、être : été、s'asseoir : assis「座る」、battre : battu「打つ」、boire : bu「飲む」、conduire : conduit「導く、運転する」、connaître : connu「知っている」、courir : couru「走る」、craindre : craint「恐れる」、croire : cru「思う、信じる」、descendre : descendu「降りる」、devoir : dû〔義務・推量を表す〕、dire : dit「言う」、écrire : écrit「書く」、faire : fait「する、作る」、joindre : joint「つなぐ」、lire : lu「読む」、mettre : mis「置く」、mourir : mort「死ぬ」、naître : né「生まれる」、ouvrir : ouvert「開く」、peindre : peint「塗る」、plaire : plu「気に入る」、pleuvoir : plu「雨が降る」、pouvoir : pu〔可能を表す〕、prendre : pris「とる」、recevoir : reçu「受け取る」、rendre : rendu「返す」、rire : ri「笑う」、savoir : su「知る、知っている」、suffire : suffi「足りる」、suivre : suivi「ついていく」、tenir : tenu「つかんでいる」、valoir : valu「価値がある」、voir : vu「見る」、venir : venu「来る」、vivre : vécu「生きる」。

🦅 助動詞とともに用いる用法

助動詞＋過去分詞で、直説法複合過去形、大過去形、前未来形、前過去形、条件法過去形、接続法過去形、大過去形、不定法複合形、現在分詞複合形を作るのに使います。助動詞＋過去分詞でできている時制を「複合時制」と言い、複合時制は原則として「完了」を表します。（🦅 p.131 §17. ❽）

🦅 助動詞を使わず単独で用いる用法

現在分詞（🦅 ❺）が「現在」を表すとは限らないのと同様に、過去分詞も「過去」を表すとは限りません。また、過去分詞を形容詞のようにして名詞（代名詞）に付けて使う場合、その名詞（代名詞）に性数一致し、一般に、他動詞（🦅 p.127 §17. ❶）の過去分詞は受動的な意味を持ちます。

(829) C'est un professeur respecté.〔←他動詞 respecter〕

　　これは尊敬されている先生です。

自動詞や代名動詞（🦅 p.132 §18.）の過去分詞は受動的な意味を持ちません。

(830) J'ai ramassé des feuilles mortes.〔←自動詞 mourir〕

　　私は枯れ葉（←死んだ葉）を拾った。

> そもそも自動詞は直接目的語をとらないから、受動態になれないよね。

主語の同格形容詞として用いることもあります。過去「分詞」が使われているので「分詞節」の一種です。

(831) Assise devant la maison, ma femme buvait du scotch.〔←代名動詞 s'asseoir〕

　　妻は家の前に座って、スコッチウィスキーを飲んでいた。

この文では、「妻はスコッチウィスキーを飲んでいた」時の妻の状態を補足しています。

現在分詞の絶対分詞節（☞ p.172 § 25. ❺）同様に、過去分詞を使った絶対分詞節も存在しますが、会話ではほとんど使いません。

(832) Ma femme partie, j'ai senti un allégement[◎].

妻がどこかへ行ったので、気が楽になった。

◎ allégement：a（ある状態への移行）＋ léger「軽い」＋ ment（行為など表す）

🐟 過去分詞の一致

● **助動詞なしで形容詞的に使われた過去分詞**：修飾する名詞（代名詞）に一致

(833) Il y avait une maison écroulée.　崩れた家があった。

● **助動詞 être とともに使われた過去分詞**：主語の性数に一致

(834) Aujourd'hui, ma femme est partie à âne.

今日、妻はロバに乗ってどこかへ出かけた。

(835) Kenichi et Yoshihisa sont respectés de tout le monde.〔受動態〕

健一と良久はみんなから尊敬されている。

● **助動詞 avoir とともに使われた過去分詞**：

　過去分詞より前に直接目的語があればその性数に一致

(836) Ce sont des fraises ₍COD₎que j'ai achetées ce matin.〔直接目的語 que = fraises [f][pl]〕

これは私が今朝買ったイチゴだ。

(837) ₍COD₎Combien de bananes as-tu mangées ?　何本バナナ食べたん？

このように、直接目的語が疑問詞などのこともあります。

● **代名動詞の過去分詞**：過去分詞より前に直接目的語があればその性数に一致

☞ p.132 § 18.

過去分詞の一致はフランス人にとっても難しい規則のようで、間違える人も少なくないよ。特に SNS など、くだけたフランス語では、過去分詞の一致どころか活用形のつづりが間違っている（わざと？）こともよくあるよ。Tu as ➡ T'as, Tu sais ➡ Tsé, Je ne sais pas ➡ Chépa（☞ p.192 § 29.）、Tu fais quoi ? ➡ Tu fé quoi ? などなど。

§26. 能動態と受動態

　主語（S）が行う動作が直接目的語（COD）に及ぶ場合の動詞の形態を能動態、逆に主語が動作を受けることを表す動詞の形態を受動態と言います。

(838) $_S$**Le bec-en-sabot** $_V$**a avalé** $_{COD}$**le poisson.**〔能動態〕
　　　ハシビロコウは魚を飲み込んだ。

➡ (839) <u>Le poisson</u> a été avalé par le bec-en-sabot.〔受動態〕

 ❶ 態の変換

　能動態の文を受動態の文に変換するには、３つの操作を行います。次の文を受動態に変えてみましょう。

(840) $_S$**Ma fille** $_{V 直説法複合過去形}$ **a caressé** $_{COD}$**nos becs-en-sabot.**
　　　娘はハシビロコウをなでた。

(841) **Nos becs-en-sabot** $_{être 直説法複合過去形}$ <u>**ont été**</u> $_{過去分詞}$ <u>**caressés**</u> $_{動作主補語}$ <u>**par ma fille.**</u>

(a) 能動態の直接目的語（nos becs-en-sabot）を受動態の主語とする。間接目的語は受動態の主語にできない。

(b) 能動態の他動詞（a caressé）を、être + 過去分詞に置き換える。この être の時制は、もともとの他動詞の時制（上の例では直説法複合過去形）と同じものにする。また、過去分詞は受動態の動詞の主語に性数一致させる。

(c) 能動態の文の主語（ma fille）を、動作主補語（前置詞 par または de で導かれる）にする。

　他動詞であっても受動態に変換できないものもあります。また、人称代名詞が動作主補語になる文はほとんど使われません。

> 動詞の書き換えについて補足するよ。能動態を受動態に書き換えると、動詞の「部品」の数は必ず1つ増えるよ。例えば、先ほどの例、a caressé は助動詞＋過去分詞で「2」。これを受動態にすると、ont été caressés になって「3」。これは、受動態にする時に能動態にはない être が入るからだね。

obéir「〜に従う」、désobéir「〜に従わない」、pardonner「〜を許す」などは、例外的に能動態の間接目的語を主語にした受動態が作れるよ。例えば、_SLes étudiants _Vn'ont pas obéi _{COI}à M. Tanaka.「学生たちは田中氏の言うことを聞かなかった」 ➡ M. Tanaka n'a pas été obéi par les étudiants.

❷ 動作主補語を導く前置詞の選択

基本的に、動作主補語は前置詞 par によって導かれますが、継続的な意味の場合には de を用います。

(842) **Notre fille est entourée par les becs-en-sabot.**

娘はハシビロコウに囲まれている。

(843) **Notre maison est entourée d'un mur blanc.**　家は白い壁に囲まれている。

(844) **Le Mont Yoshino est couvert de neige.**　吉野山は雪に覆われている。

受動態の動作主補語の場合に限らず、前置詞 de の後では、不定冠詞複数 des、部分冠詞 du / de la は機械的に省略されます。上の例では本来は、前置詞 de + 部分冠詞 de la が付くことが予想されますが、de la が省略され de だけが残っています。

❸ 能動態の動詞の主語が on などの場合

動作主が on のように不特定の人の場合には、受動態で動作主補語を省略します。

(845)　_SOn a construit _{COD}la Tour de Kyoto en 1964.〔能動態〕

京都タワーは 1964 年に建てられた。

➡ (846) **La Tour de Kyoto a été construite en 1964.**〔受動態〕

❹ 受動態以外で受動の意味を表す構文

ここで説明した受動態以外にも、受動の意味を表す構文があります。

- **能動態だが、受動の意味を持つ動詞**

(847)　_SJ' _Vai reçu _{COD}des gifles de ma femme.〔recevoir 能動態〕

私は妻のビンタをくらった。

- **se faire + inf. / se laisser + inf.**

(848) Ma femme se fait attendre toujours.

妻はいつも人を待たせる（←人に自分を待たせる）。（🐢 p.204 § 31. ❶）

> この文では「〜に（させる）」という部分が省略されているね。省略される１つのケースは、対象が不特定の場合だよ。

- **se voir + inf.**

(849) Mon bec-en-sabot s'est vu donner le titre du chef de gare.

私のハシビロコウは駅長の称号を与えられた。（🐢 p.207 § 32. ❺）

〔チェック問題〕────────────────────────

能動態の文は受動態に、受動態の文は能動態に書き換えてください。

□ 1. Atsushi a écrit cette lettre d'amour.　淳はこのラブレターを書いた。

➡ _____

□ 2. Ce projet de loi sera approuvé.　この法案は承認されるだろう。

➡ _____

□ 3. On produit des lamelles séchées de calebasse en Tochigi.

カンピョウは栃木県で生産されている。

➡ _____

□ 4. Des cyprès du Japon bordent cette route.　杉が街道沿いに植えられている。

➡ _____

□ 5. Le peuple respecte le Roi.　国民は国王を尊敬している。

➡ _____

〔チェック問題 解答〕
□ 1. Cette lettre d'amour a été écrite par Atsushi.　□ 2. On approuvera ce projet de loi.　□ 3. Des lamelles séchées de calebasse sont produites en Tochigi.　□ 4. Cette route est bordée de cyprès du Japon.（前置詞 de + 不定冠詞 des ➡ de）　□ 5. Le Roi est respecté du peuple.（前置詞 de + 定冠詞 le ➡ du）　➡ ドリル p.114

§27. 話法

　誰かが言った内容を他の人に伝える時、伝える方法・形態には少なくとも２種類あります。発言内容をそのままの形で伝えるのが直接話法で、発言内容（セリフ）を « »（ p.252 §41. ❾）で挟み、その前などに発言を表す動詞（「伝達動詞」などと言い、dire「言う」、demander「たずねる」など）を付けます。ある人の発言内容を、伝える人のことばに変換して伝えるのが間接話法で、セリフは従属節（多くは que で始まる 主語＋動詞 のまとまり）の形になります。

(850) Kazuto dit : « J'ai pêché une anguille à Akabane hier.»〔直接話法〕
　　　一人は「赤羽（荒川）でウナギを釣ったよ！」と言う。

(851) Kazuto dit qu'il a pêché une anguille à Akabane hier.〔間接話法〕

　直接話法の文のセリフ内で J'ai pêché ... となっているのが、間接話法では qu'il a pêché に変わったことに注目してください。これが、伝える人のことばに変換された部分です。直接話法のセリフの中に２つ以上の〔主語＋動詞〕のまとまりがある場合には、それぞれの前に que が付きます。

(852) Kazuto dit : « J'ai mangé cette anguille mais ce n'était pas bon. »
　　　一人は「そのウナギを食べたんだけど、美味しくなかった」と言う。〔直接話法〕

(853) Kazuto dit qu'il a mangé cette anguille mais que ce n'était pas bon.
　　　〔間接話法〕

❶ 直接話法における伝達動詞とセリフの位置関係

　直接話法では、伝達動詞とセリフの位置関係は次の３つが可能ですが、セリフ全体よりも前に伝達動詞が置かれている場合を除き、伝達動詞が主語倒置することに注意してください。

(854) Kazuto a dit : « J'aime bien aller pêcher en moto. »〔セリフ全体の前〕
　　　一人は「バイクで釣りに行くのが好きなんだ」と言った。

(855) « J'aime bien aller pêcher en moto », a dit Kazuto.〔セリフ全体の後〕

(856) « J'aime bien, a dit Kazuto, aller pêcher en moto. »〔セリフの中〕

> 主語が名詞の場合、Kazuto a-t-il dit のように複合倒置（ p.225 §36. ❶）にはならないんだ。ちなみに、主語が人称代名詞の場合は、a dit Kazuto の代わりに、a-t-il dit になるよ。

❷「人」に関する表現の変換

人称代名詞、所有形容詞など「人」に関する表現が変わります。次の2例の書き換えを見てみましょう。青字部分、下線部分に注目してください。

(857) Kei me dit : « Je peux vous prêter ma caméra vidéo.»〔直接話法〕

桂は私に「私のビデオカメラをあなたにお貸しできます」と言う。

(858) Kei me dit qu'il peut me prêter sa caméra vidéo.〔間接話法〕

 ❸ 時制の一致

伝達動詞が"過去時制"の時、例えば、直説法複合過去形、半過去形など"過去"と名の付く時制のとき、下表に示した「時制の一致」（「時制の照応」とも）という変換が必要になります。

直接話法	直説法複合過去形★	直説法現在形	直説法前未来形★	直説法単純未来形
間接話法	直説法大過去形★	直説法半過去形	条件法過去形★	条件法現在形

(859) M. Tanaka dit 直説法現在形 : « Je tricote 直説法現在形 • »〔直接話法〕

➡ (860) M. Tanaka dit 直説法現在形 qu'il tricote 直説法現在形 •〔間接話法：時制の一致せず〕

田中氏は「おれ、編み物しているんだ」と言う。

(861) M. Tanaka a dit 直説法複合過去形 : « Je tricote 直説法現在形 • »〔直接話法〕

➡ (862) M. Tanaka a dit 直説法複合過去形 qu'il tricotait 直説法半過去形 •〔間接話法：時制の一致〕

田中氏は「おれ、編み物しているんだ」と言った。

この表にないものは変わりません。例えば、直接話法のセリフの中に半過去形がある場合、それは間接話法にしても原則として半過去形のままです。

(863) Yuji a dit : « Je buvais 直説法半過去形 beaucoup autrefois à Takenotsuka. »

〔直接話法〕雄二は「昔は竹の塚でたくさん飲んでいたんだ」と言った。

(864) Yuji a dit qu'il buvait 直説法半過去形 beaucoup autrefois à Takenotsuka.

〔間接話法：時制の一致せず〕

(865) M. Tanaka a dit : « J'aimerais 条件法現在形 parler au Président. »

〔直接話法〕田中氏は「学長にお話がしたいのですが」と言った。

(866) M. Tanaka a dit qu'il aimerait 条件法現在形 parler au Président.

〔間接話法：時制の一致せず〕

また、表中で★が付いている時制はすべて「複合時制〔助動詞＋過去分詞〕」です。直接話法から間接話法に書き換えるとき、原則として、助動詞を使わない時制は書き換えた後も助動詞を使わない時制、助動詞を使う時制（★）は書き換えた後も助動詞を使う時制になります。

 ❹ 時や場所を表す副詞類の一致

時制の一致が起きるとき、時や場所を表す以下のような副詞も書き換える必要があります。

直接話法	間接話法
aujourd'hui「今日」	ce jour-là「その日」
hier「昨日」	la veille「前日」
demain「明日」	le lendemain「翌日」
maintenant「今」	alors, à ce moment-là「その時」
dans 5 heures「5 時間後」	5 heures plus tard / 5 heures après「その 5 時間後」
il y a 5 heures「5 時間前」	5 heures plus tôt / 5 heures avant「その 5 時間前」
la semaine prochaine「来週」	la semaine suivante「翌週」
la semaine dernière「先週」	la semaine précédente「前週」
ici「ここ」	là「あそこ」
ceci「これ」	cela「あれ」
ce ... -ci「この〜」	ce ... -là「あの〜」

(867) **Kimiko nous a dit : « Je** <u>*h*acherai</u> 直説法単純未来形 **des brocolis demain. »**
〔直接話法〕
公子は私たちに「明日、ブロッコリーをみじん切りにするでしょう」と言った。

(868) **Kimiko nous a dit qu'elle** <u>*h*acherait</u> 条件法現在形 **des brocolis le lendemain.**
〔間接話法〕

(869) **Shuji a dit : « Le WC** <u>a été bouché</u> 直説法複合過去形受動態 **il y a 17 minutes. »**
〔直接話法〕修司は「トイレは 17 分前に詰まりました」と言った。

(870) **Shuji a dit que le WC** <u>avait été bouché</u> 直説法大過去形受動態 **17 minutes avant / plus tôt.**〔間接話法〕

 ❺ 時制の一致や副詞類の一致の例外

伝達動詞が過去時制に置かれ、時制の一致や副詞類の一致が起こる条件が整っていても、あえて時制の一致や副詞類の一致を起こさないことがあります。これは例えば、直説法現在形と直説

182

法半過去形の本質的な違いによるものです。前者は基本的には現在何かが起こっていることを表しますが、後者は現在も起こっている出来事は表せません。

(871) **La semaine dernière, il m'a dit : « J'habite** _{直説法現在形} **à Moriya. »** 〔直接話法〕
先週、彼は私に「私は守谷市に住んでいます」と言った。

この文を原則通りに時制の一致をして、

(872) **La semaine dernière, il m'a dit qu'il habitait** _{直説法半過去形} **à Moriya.** 〔間接話法〕

と書き換えると、先週言われた時点では守谷市に住んでいたものの、現在（今日）では守谷市以外に住んでいるとも解釈できてしまいます。そのため、現在でも守谷市に住んでいることをはっきり表すために、

(873) **La semaine dernière, il m'a dit qu'il habite** _{直説法現在形} **à Moriya.** 〔間接話法〕

と時制の一致を起こさないことがあります。セリフの内容が普遍的事実（例えば La Terre tourne autour du Soleil.「地球は太陽の周りを回っている」など）、現在でも変わらない事実の場合には、時制の一致を起こさないことができます。

 ❻ 直接疑問文と間接疑問文

直接話法のセリフが疑問文（ p.224 § 36.）になっているものを「直接疑問文」、間接話法のセリフが疑問文になっているものを「間接疑問文」と言います。直接疑問文を間接疑問文に変換する方法は疑問文や疑問詞によって変わります。

🐸 疑問詞がない疑問文の場合
主語倒置が行われていればそれを通常の語順に戻し、セリフの先頭に si を付けてつなぎます。

(874)　**J'ai demandé à ma femme : « Tu veux encore boire ? »**
➡ (875) **J'ai demandé à ma femme si elle voulait encore boire.**
私は妻に「まだお酒を飲みたいの？」とたずねた。

🐸 疑問詞が que, qu'est-ce que, qu'est-ce qui の場合
主語倒置が行われていればそれを通常の語順に戻し、que または qu'est-ce que は ce que に、qu'est-ce qui は ce qui にしてつなぎます。

(876)　**J'ai demandé à ma femme : « Qu'est-ce que tu veux encore ? »**
➡ (877) **J'ai demandé à ma femme ce qu'elle voulait encore.**
私は妻に「今度は（←また）何が欲しいのか？」とたずねた。

(878)　**J'ai demandé à ma femme : « Qu'est-ce qui _{COI}te fait _{COD}peur ? »**

➡ (879)　**J'ai demandé à ma femme ce qui _{COI}lui faisait peur.**

　　私は妻に「何が君を怖がらせているのか？」とたずねた。

🐦 その他の疑問詞の場合

主語倒置が行われていればそれを通常の語順に戻し、もともとの疑問詞をセリフの先頭に付けてつなぎます。

(880)　**J'ai demandé à ma femme : « Pourquoi as-tu une grande valise dans tes bras quand tu te pèses ? »**

➡ (881)　**J'ai demandé à ma femme pourquoi elle avait une grande valise dans ses bras quand elle se pesait.**

　　私は妻に「なぜ体重を測るときに、大きなトランクを抱えているの？」とたずねた。

(882)　**J'ai demandé à ma femme : « Où as-tu caché le pèse-personne ? »**

➡ (883)　**J'ai demandé à ma femme où elle avait caché le pèse-personne.**

　　私は妻に「どこに体重計を隠したのか？」とたずねた。

(884)　**J'ai demandé à ma femme : « Quand t'es-tu pesée la dernière fois ? »**

➡ (885)　**J'ai demandé à ma femme quand elle s'était pesée la dernière fois.**

　　私は妻に「最後に体重を測ったのはいつ？」とたずねた。

(886)　**J'ai demandé à ma femme : « Comment as-tu pu grossir si vite ? »**

➡ (887)　**J'ai demandé à ma femme comment elle avait pu grossir si vite.**

　　私は妻に「どうやってそんなにはやく太った（←太ることができた）のか？」とたずねた。

 ❼ 直接命令文と間接命令文

直接話法のセリフが命令文になっているものを「直接命令文」、間接話法のセリフが命令文になっているものを「間接命令文」と言います。

(888)　**Le Président nous a dit : « Mangez beaucoup de tomates cerises ! »**

　　〔直接命令文〕大統領は我々に、プチトマトをたくさん食べるようにと言った。

➡ (889) **Le Président nous a dit de manger beaucoup de tomates cerises.**

　　〔間接命令文〕

「プチトマト」は和製英語（和製フランス語）で、日本でしか通じないよ。もともとは、京都の種苗メーカーが、小さなトマトの品種の種を「プチトマト」として発売したのが広まったと言われているよ。フランス語では tomate cerise、英語では cherry tomato と言うね。

直接命令文を間接命令文に変えるには、命令形の動詞を de + inf. に置き換えます。命令形の動詞が否定の場合には、de + ne pas inf. に置き換えます。

(890) J'ai dit à ma femme : « Arrête de boire ! »

(891) J'ai dit à ma femme d'arrêter **de boire.**

私は妻に「飲むのはやめろ！」と言った。

(892) Ma femme m'a dit : « Ne bois plus de lait à la fraise ! »

(893) Ma femme m'a dit de ne plus boire **de lait à la fraise.**

妻は私に「イチゴ牛乳はもう飲むな！」と言った。

〔チェック問題〕

直接話法の文は間接話法に、間接話法の文は直接話法の文に書き換えてください。

□ 1. Il m'a dit : « Ma femme n'est pas rentrée hier. »

彼は私に「私の妻は昨日帰ってこなかった」と言った。

➡ _____

□ 2. Il m'a dit : « Ma femme n'ira pas au travail demain non plus. »

彼は私に「私の妻は明日も仕事に行かないだろう」と言った。

➡ _____

□ 3. Il m'a dit : « Ma femme ne dort pas ici. »

彼は私に「私の妻はここでは寝ていない」と言った。

➡ _____

□ 4. Il m'a demandé : « Qu'est-ce qui te fait rire ? »

彼は私に「何が君を笑わせる？」とたずねた。

➡ _____

□ 5. Il m'a demandé : « Quand pourras-tu dormir tranquillement ? »

彼は私に「いつになったら君は静かに眠れるの？」とたずねた。

➡ _____

〔チェック問題 解答〕

□ 1. Il m'a dit que sa femme n'était pas rentrée la veille. □ 2. Il m'a dit que sa femme n'irait pas au travail le lendemain non plus. □ 3. Il m'a dit que sa femme ne dormait pas là. □ 4. Il m'a demandé ce qui me faisait rire. □ 5. Il m'a demandé quand je pourrais dormir tranquillement. ➡ ドリル p.158, 162

185

§28. 文の構成要素

フランス語の文は、主に、主語（S）、動詞（V）、直接目的語（COD）、間接目的語（COI）、属詞／属辞（A）、状況補語（CC）という 6 つの要素で構成されます。

(894) ₛ**Tsuyoshi** ᵥ**est** ₐ**sérieux.**

剛は真剣だ。

(895) ꜀꜀**Hier,** ₛ**nous** ᵥ**avons pris** ꜀ₒᴅ**des photos** ꜀꜀**avec un bec-en-sabot.**

昨日、我々はハシビロコウと一緒に写真を撮った。

(896) ₛ**Phillippe** ᵥ**a offert** ꜀ₒᴅ**des roses** ꜀ₒᵢ**à sa femme.**

フィリップはバラを妻に贈った。

 ❶ **主語（S）・動詞（V）**

動詞が表す動作を行う人やもの、何らかの状態にある人やものを表す語を「主語」と言います。動作や状態を表す語を「動詞（ p.127 §17.）」と言います。命令文（ p.166 §25.）や、

(897) Moi !?　おれ？

のような不完全な文を除いて主語は省略しません。

(898) ₛ**Hiroshi** ᵥ**boit** ꜀꜀**gaiement.**

〔Hiroshi は boit（V）の主語（S）〕

広は陽気にお酒を飲んでいる。

主語の役割を果たすことができるのは、名詞と代名詞（および、名詞と同じように働くことができるもの）です。

(899) ₛ**La Terre** ᵥ**est** ₐ**bleue et** ₛ**les fraises** ᵥ**sont** ₐ**rouges.**

地球は青く、イチゴは赤い。〔La Terre, les fraises = 名詞〕

(900) ₛ**Elle** ᵥ**débite** ꜀ₒᴅ**du lait à la fraise.**〔Elle = 代名詞〕

彼女はイチゴ牛乳を小売りしている。（ p.67 §9.）

(901) ₛ**Huer** ᵥ**n'est pas** ₐ**chanter.**〔Huer = 不定詞➡名詞のように機能〕

ヤジることは歌うことではない。（ p.168 §25. ❸）

(902) _SQue ma femme me cache quelque chose _Vn'est pas _Adouteux.

〔Que ma femme me cache quelque chose＝名詞節➡名詞のように機能〕

妻が私に何かを隠しているということは、疑いの余地がない。（ p.107 § 15. ❸）

❷ 直接目的語（COD）

〔動詞＋名詞〕のような形で、前置詞を挟まずに動詞に直接結ばれている目的語を「直接目的語」と言います。

(903) M. Tanaka _Vaime _{COD}sa famille.　田中氏は家族のことが好きだ。

不定詞（ p.168 § 25. ❸）は名詞と同じように働くことができるので、直接目的語（のよう）になることができます。

(904) Mon chien _Vaime _{COD}courir dans la neige.

　　私の犬は雪の中を走るのが好きだ。

🍮 名詞と不定詞で構文が変わる動詞

名詞が来る時と不定詞が来る時とで、前置詞が必要かどうかが変わる動詞もあります。

(905) Ann _Vapprend _{COD}la danse.　杏はダンスを習っている。
(906) Ann _Vapprend _{COD}à danser.

この、à danser を代名詞にする時、Ann y apprend. にはならず、Ann l'apprend. になります。このように、名詞が来る時と不定詞が来る時とで構文（前置詞の有無）が変わる動詞は、名詞が来る場合の構文を基準に代名詞を選びます。à danser と前置詞 à が付いていますが、名詞では à la danse ではなく la danse と前置詞が要らないので、これを踏まえて、à danser を l'（ p.74 § 10. ❶）で置き換えます。以下も同様です。

(907) Takuya _Va décidé _{COD}son départ pour l'Écosse.
(908) Takuya _Va décidé _{COD}de partir pour l'Écosse.

　　卓哉はスコットランドへ向けて出発することを決めた。

de partir pour l'Écosse を代名詞で置き換えるなら、Takuya en a décidé. ではなく、Takuya l'a décidé（l' は中性代名詞）となります。

● 名詞の場合には前置詞不要、不定詞には à が付くもの

apprendre「習う」、commencer「始める」、continuer「続ける」、など

187

● 名詞の場合には前置詞不要、不定詞には **de** が付くもの

accepter「受け入れる」、attendre「待つ」、craindre「恐れる」、décider「決める」、éviter「避ける」、oublier「忘れる」、promettre「約束する」、refuser「拒否する」、regretter「後悔する」、risquer「〜するおそれがある」、など

> 名詞の場合には前置詞をとらず、不定詞には前置詞 de が付く動詞だけど、achever「終える」、arrêter「止める」、essayer「試みる」、finir「終える」、tâcher「〜しようと努める」などは、de + 不定詞を中性代名詞 en でも le でも置き換えることをせず、省略するよ。例えば、Arrête de faire des bêtises !「バカなことをするのはやめなさい！」の de faire des bêtises は、en にも le にもならずに、単に Arrête ! と言うんだ。代名詞で置き換えようとする、ということは、すでに何をやめて欲しいか分かっているので、代名詞にしなくても通じるはずなんだ。

❸ 間接目的語（COI）

〔動詞＋前置詞＋名詞〕のような形で、前置詞を挟んで動詞に結ばれている目的語を「間接目的語」と言います。多くの場合、前置詞は à ですが、à 以外のこともあります。どの前置詞になるかは、動詞によって決まっています。また、動詞によって、直接目的語（COD）と間接目的語（COI）の両方をとるものと、間接目的語（COI）しかとらないものがあります。間接目的語しかとらない動詞を「間接他動詞」とも言いますが、辞書によってはこれを自動詞に含めているものもあります。

直接目的語と間接目的語の両方をとる動詞

「もの」がある人から別の人へ移動することを表す動詞の多くは、直接目的語と間接目的語の両方をとることができます。2つの目的語をとる場合には、直接目的語➡間接目的語の順が普通です。

● 「もの」が主語から別の人へ移動することを表す動詞：

　donner「あげる」、passer「渡す」、prêter「貸す」、など。

(909) M. Tanaka v donne cod des fraises coi à ses étudiants.
　　　田中氏は学生たちにイチゴをあげる。

● 「もの」が主語のところへ移動することを表す動詞：

　acheter「買う」、arracher「奪い取る」、enlever「奪い取る」、ôter「とりあげる」、prendre「取る」、retirer「奪う」、voler「盗む」、など。これらの動詞では、「人」を表す間接目的語を「〜から」と訳します。

(910) M. Tanaka v achète cod des fraises coi à ce colporteur.
　　　田中氏はこの行商人からイチゴを買う。

ただし、acheter は間接目的語が「〜から」にも「〜に」にもなります。

(911) M. Tanaka ∨**achète** COD**des roses** COI**à sa femme.**

田中氏は妻にバラを買う。

「〜に」の意味では、à の代わりに pour も使えるよ。

🐚 間接他動詞で前置詞 à をとるもの

appartenir à「〜に属する」、céder à「〜に屈する」、convenir à「〜に適する」、correspondre à「〜に相応する」、croire à「〜の存在・実現などを信じる」、échapper à「〜を免れる」、nuire à「〜に有害だ」、participer à「〜に参加する」、penser à「〜のことを考える」、plaire à「〜の気に入る」、renoncer à「〜を諦める」、ressembler à「〜に似ている」、réussir à「〜に成功する」、succéder à「〜に続いて起こる」、など。

(912) Le mariage ∨**nuit** COI**à la santé.** 〔nuire à〕

結婚は健康に有害だ。

(913) Cette téquila ∨**plaît** COI**à ma femme.** 〔plaire à〕

妻はこのテキーラが気に入っている。

🐚 間接他動詞で前置詞 de をとるもの

abuser de「〜を乱用する」、bénéficier de「〜を享受する」、changer de「〜を変える」、dater de「〜に始まる」、décider de「〜を決める」、dépendre de「〜に依存する」、discuter de「〜について議論する」、disposer de「〜を自由に使う」、douter de「〜を疑う」、jouir de「〜を享受する」、manquer de「〜を欠く」、parler de「〜について話す」、profiter de「〜を利用する」、rêver de「〜を夢見る」、servir de「〜の役目を果たす」、souffrir de「〜で苦しむ」、témoigner de「〜を証明する」

(914) Ma femme ∨**abuse** COI**de son pouvoir.** 〔abuser de〕

妻は権力を乱用している。

(915) Je ∨**rêve** COI**d'une vie plus heureuse.** 〔rêver de〕

もっと幸せな生活を夢見ている。

〔動詞＋無冠詞名詞〕でできている「動詞相当句」は、一般に間接目的語をとります。

(916) J' ∨**ai besoin** COI**du calme.** 〔avoir besoin de「〜が必要だ」〕

私には静寂が必要だ。

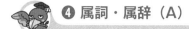

主語または直接目的語の性質や状態などを表す語句を「属詞／属辞」と言います。

(917) _S**Tadashi** _V**est** _A**un ancien Président de l'université.** 〔主語の属詞〕

正は元学長である。

(918) _S**Bun et Ann** _V**sont** _A**heureux.** 〔主語の属詞〕

文と杏は幸せだ。

(919) _S**Je** _V**crois** _{COD}**Mayumi** _A**heureuse.** 〔直接目的語の属詞〕

私は、麻由美は幸せだと思う。

「属詞」と言っても、「名詞」「動詞」のような品詞のことではないので、誤解を避けるために「属辞」と呼ぶこともあります。属詞の働きをすることができるのは、名詞と形容詞（および、名詞や形容詞と同じように働くことができるもの）です。

(920) _S**Ouagadougou** _V**est** _A**la capitale du Burkina Faso.**

〔la capitale du Burkina Faso© = 名詞〕

ワガドゥグーはブルキナファソの首都だ。

© Burkina Faso : Burkina「高潔な人（モシ語）」+ Faso「祖国（ジュラ語）」

(921) _S**C'** _V**est** _A**toi qui as fait bouillir mon lait à la fraise ?**

俺のイチゴ牛乳を沸騰させたのは君か？〔toi = 代名詞➡名詞のように使用〕

(922) Ma femme dit toujours que vivre, _S**c'** _V**est** _A**souffrir.**

〔souffrir = 不定詞➡名詞のように使用〕

妻はいつも、生きることとは苦しむことだ、と言っている。

(923) _S**Ma femme** _V**est** _A**ivre.** 〔ivre = 形容詞〕

妻は酔っ払っている。

(924) _S**Nobuyasu** _V**est** _A**blessé.** 〔blessé = 過去分詞➡形容詞のように使用〕

伸保は怪我をしている。

属詞（A）と直接目的語（COD）は、実は非常に近い性質を持っています。属詞が名詞の場合と、直接目的語が名詞の場合は、いずれも動詞の後に前置詞を挟まずに置かれる、という共通点があります。

(925) _S**C'** _V**est** _A**un étudiant.** 〔属詞の働きをしている名詞〕

これは学生だ。

(926) ₅**Paul** ᵥ**regarde** ₍cₒD₎**un étudiant.**〔直接目的語の働きをしている名詞〕

ポールが学生を見ている。

être, devenir, rester などの後に置かれた「直接目的語」だけを「属詞」と呼ぶ、という考え方もできるかもしれません。直接目的語と属詞の２つが、中性代名詞では le（ p.74 § 10. ❶）、関係代名詞では que（ p.86 § 12. ❸）、疑問代名詞でも que（ p.94 § 13. ❷）というように同じ形になることがあるということからも、非常に近い関係にあることが分かるでしょう。

❺ 状況補語

その名の通り、さまざまな状況を表す語句です。

(927) ₅**Ma femme** ᵥ**boit** ₍cc₎**devant les moutons.**〔場所〕

妻はヒツジたちの前で酒を飲んでいる。

(928) ₅**Ma femme** ᵥ**boit** ₍cc₎**depuis avant-hier.**〔時〕

妻は一昨日から酒を飲んでいる。

(929) ₅**Ma femme** ᵥ**boit** ₍cc₎**gaiement.**〔様態〕

妻は陽気に酒を飲んでいる。

(930) ₅**Ma femme** ᵥ**boit** ₍cc₎**parce qu'elle est contente de son arrivée.**〔理由〕

妻は彼が来たことに満足して酒を飲んでいる。

(931) ₅**Ma femme** ᵥ**boit** ₍cc₎**pour bien dormir.**〔目的〕

妻はよく眠れるように酒を飲んでいる。

前置詞の付かない状況補語
状況補語は、前置詞が付いていることが多いけど、前置詞が付かないものもあるので、ここで主なものをまとめておくよ。①時の状況補語：〔日付・曜日など〕Je t'enverrai un tas de pneus usés samedi.「次の土曜に、古タイヤをやまほど送るね」（ p.239 § 38. ❻）。〔期間〕Ce film ennuyeux a duré deux heures.「このつまらない映画は２時間続いた」（前置詞 pendant の省略。 p.120 § 16. ㉓）。②場所の状況補語：avenue, rue, place など、住所表記等でも使われる名詞の前にある前置詞＋定冠詞は省略されることがあるよ。Nous habitons [dans la] rue de Rivoli.「リヴォリ通りに住んでいます」。この他、page「ページ」や chapitre「章」なども同様に、前置詞＋定冠詞を省略できる。Vous trouverez [à la] page 934 toutes les indications nécessaires pour tirer la chasse d'eau.「934 ページに、トイレの水を流すために必要なすべての情報が載っています（← 934 ページで、トイレの水を流すために必要なすべての情報を見つけることができます）」。③様態の状況補語：Ma femme buvait les yeux fermés.「妻は目を閉じて酒を飲んでいた」。④数量の状況補語：〔身長・体重など〕Ma femme mesure un mètre quarante.「娘の身長は１メートル40だ」。〔距離〕Hidenori a marché 13 kilomètres.「秀典は 13 キロ歩いた」。〔価格〕Le bikini de ma femme a coûté 980 yens.「妻のビキニは 980 円だった」。

§29. 否定構文

　フランス語で否定文にするには、原則として動詞を ne と pas で挟みます。ne は、母音または無音の h で始まる語の前では n' になります。助動詞と過去分詞で作る活用形（＝複合時制。例えば、直説法複合過去形 🐟 p.139 §19. ❸）の場合には、助動詞のみを ne（n'）と pas で挟みます。話し言葉では、ne が省略されることも珍しくありません。

(932) **Hiroto ne** ᵥ**conduit pas.**　寛人は車を運転しない。

(933) **Ma femme n'** ᵥ**hésite pas à boire dès le matin.**

　　　妻は朝からお酒を飲むことを躊躇しない。

(934) **Ann n'** 助動詞**a pas** 過去分詞**oublié ses devoirs.**　杏は宿題を忘れなかった。

(935) **N'** 助動詞**as-tu** ₛ**pas** 過去分詞**fini tes devoirs ?**　宿題終わっていないの？

(936) **Je [ne]**ᵥ**sais pas.**　知らんがな。

> 文法的に正しいのは Je ne sais pas だけど、これを SNS などで Chépa などと書くことがあるよ。これは、Je ne sais pas ➡ Je sais pas、さらに発音が変化して「シェパ」のような音になり、これを文字化したものだよ。

 ❶ ne, pas と不定詞の語順

　動詞が不定詞（inf.）の場合には、ne pas を不定詞の前に並べるのが普通です。補語人称代名詞は pas と不定詞の間に入れます（🐟 p.67 §9.）

(937) **Ma femme semble ne pas**ᵢₙ_f.**comprendre la situation.**

　　　妻は状況が分かっていないようだ。

(938) **Il vaut mieux ne pas** ₍COI₎**lui** ᵢₙf.**téléphoner.**　あいつには電話しないほうがいい。

　ただし、位置により意味が変わることもあります。

(939) **Je ne peux pas** ᵢₙf.**manger la soupe que ma femme a préparée.**

　　　私には、妻が作ったスープを飲むことはできない。

この例では、ne ... pas は「可能」を表す peux < pouvoir の直説法現在形を挟んでいますので「不

可能」を表し、「飲むことはできない」になりますが、次例では、ne ... pas が pouvoir を挟まず、manger の前に並べられています。このことから、「飲まない」ことが「できる」という「可能」を表します。「飲んでも」「飲まなくても」よいのです。

(940) Je peux ne pas _{inf.}manger la soupe que ma femme a préparée.

　　私には、妻が作ったスープを飲まないことができる。

> フランス語では、boire de la soupe（boire「飲む」）とは言わず、manger de la soupe（manger「食べる」）と言うよ。これは、もともと、固くなってきたパンをミルクやブイヨンに浸したものを soupe と言っていたからなんだ。あくまでも「食べ物」ということだね。

しかし、croire, penser, devoir, falloir, vouloir などは、ne と pas の位置が変わっても実質的には同じ意味になります。

(941) Je ne crois pas que ma femme soit honnête.

　　私は、妻が正直である、とは思わない。

(942) Je crois que ma femme n'est pas honnête.

　　私は、妻は正直ではない、と思う。

> 一方が soit と接続法現在形になるのに対して、もう一方が est と直説法現在形になっていることに気付いたかな。🐦 p.161 § 24. ❷

 ❷ ne ... pas と副詞の位置

absolument, complètement, sûrement, vraiment のように「100%」「確実性」を意味する副詞の場合には、pas の前にあるか後にあるかによって意味が変わります。

(943) Ma femme ne me croyait absolument pas. 〔全体否定〕

　　妻は私のことを全く信じていなかった。

この例の場合、副詞 absolument は pas の前に置かれています。absolument は pas を修飾し「全く ... ない」のように否定を強めます、これに対して次例では、pas の後にあって否定の語に挟まれていない（ne ... pas の外にある）ため、否定を強める働きをせず、部分否定になります。

(944) **Ma femme ne me croyait pas absolument.**〔部分否定〕

妻は私のことを完全に信じていたわけではない。

「部分否定」というのは要するに「そうかもしれないし、そうではないかもしれない」、極端に言えば五分五分ということです。

 ❸ 否定の de

肯定文で直接目的語（ p.187 §28. ❶）に不定冠詞または部分冠詞が付いている時、否定文で de に変わることがあります。これを「否定の de」などと言うことがあります。

(945) **Michiyo ᵥboit 𝒄ₒ𝒅du vin.**　通代はワインを飲む。〔直接目的語に部分冠詞〕

(946) **Michiyo ᵥne boit pas de vin.**　通代はワインを飲まない。

(947) **Kana ᵥaime 𝒄ₒ𝒅le poisson.**　佳奈は魚が好きだ。〔直接目的語に定冠詞〕

(948) **Kana ᵥn'aime pas 𝒄ₒ𝒅le poisson.**　佳奈は魚が好きではない。〔定冠詞なので不変〕

(949) **C' ᵥest ₐune girafe ?**　これはキリンですか？〔属詞に不定冠詞〕

(950) **Ce ᵥn' est pas ₐune girafe ?**　これはキリンではないのですか？〔属詞なので不変〕

il y a（ p.248 §40. ❷）の次に来る名詞についても同様です。

(951) **Il y a 𝒄ₒ𝒅des becs-en-sabot en Shimane.**　島根にハシビロコウがいる。

(952) **Il n'y a pas 𝒄ₒ𝒅de becs-en-sabot en Shimane.**　島根にハシビロコウはいない。

しかし、対立を表している文などで、直接目的語に付いている不定冠詞・部分冠詞であっても de にならないことがあります。

(953) **Je ne demande pas 𝒄ₒ𝒅du lait, mais 𝒄ₒ𝒅du lait à la fraise.**

牛乳を求めているんじゃないよ、イチゴ牛乳だよ。

この文の場合、ただの牛乳は求めていないけれど、イチゴ牛乳は求めています。このように、否定文の途中に mais がある時、mais 以降は肯定文の意味になります。次の例の場合、

(954) **Je ne demande pas 𝒄ₒ𝒅du lait, mais je demande 𝒄ₒ𝒅du lait à la fraise.**

mais の直後に je ne me demande pas の肯定形 je demande を補うことができます。また、強い否定を表すために、pas de ではなく pas un(e) の形を用いることがあります。

(955) **Akihide n'a pas de chemises.**　昭英はワイシャツを持っていない。

(956) **Akihide n'a pas une chemise.**〔否定の強調〕
　　　昭英はワイシャツを 1 枚も持っていない。

pas un(e) を 1 つの不定形容詞と見なすこともあります。

> 「ワイシャツを持っていない」のに、Akihide n'a pas de chemises. と複数形になるのはおかしいかな？　多くの場合、否定の de の後の名詞の数（単数形か複数形か）は、肯定文の時の数と同じになるよ。例えば「本を持っていない」を訳すと、Je n'ai pas de livres. これは、人が本を持っている場合、1 冊しか持っていないことより、複数持っていることの方が普通だからだよ。

❹ 応用的な否定構文

🐦 **ne ... pas encore　まだ〜ない**

(957) **Il ne** COI**me rend pas encore** COD**le livre de photos de Rie Miyazawa.**
　　　彼はまだ私に宮沢りえの写真集を返してくれない。

この他、ne ... pas の pas に代えて他の否定語を使った否定構文を見ていきましょう。personne の場合を除いて、pas と同じように〔助動詞＋過去分詞〕の時制で、否定語は過去分詞の前に入ります。いくつかの否定語を組み合わせて使うこともできます。

🐦 **ne ... guère　ほとんど〜ない、もはや〜ない**

(958) **Les trains de cette ligne n'arrivent guère à l'heure.**
　　　この路線の電車が定刻に着くことはほとんどない。

🐦 **ne ... jamais　決して〜ない、一度も〜ない**

(959) **Asahiko ne ment jamais.**　朝彦は決して嘘をつかない。

(960) **Il n'** 助動詞 **est jamais** 過去分詞 **venu à l'heure.**　あいつ、時間までに来たことないな。

🐦 **ne ... plus　もう〜ない、もはや〜ない**

(961) **Hajime n'habite plus à Matsubara.**　元はもう松原には住んでいない。

(962) **Je ne la verrai plus jamais.**〔ne ... plus「もう〜ない」＋ ne ... jamais「決して〜ない」〕
　　　もう彼女に決して会うことはないだろう。

🐸 **ne … personne　誰も〜ない**（🐭 p.99 §14. ❹）

personne は代名詞（正確には「不定代名詞」）なので、名詞と同じように主語や直接目的語、前置詞を付ければ間接目的語などとしても働きます。

(963) Georges ne _h_ait ₍COD₎**personne.**　ジョルジュは誰のことも憎まない。

(964) M. Odama ne téléphone ₍COI₎**à personne.**　尾玉氏は誰にも電話をかけない。

(965) Atsushi ne sort ₍CC₎**avec personne.**　淳は誰とも外出しない。

(966) ₍S₎**Personne ne parle à M. Tanaka.**　誰も田中氏に話さない。

personne だけは、〔助動詞＋過去分詞〕の時制で過去分詞より後に来ることに注意してください。

(967) Je n'ai vu ₍COD₎**personne à Paris.**　パリでは誰にも会わなかった。

🐸 **ne … rien　何も〜ない**（🐭 p.99 §14. ❸）

rien も代名詞（不定代名詞）なので、名詞と同じように主語や直接目的語、前置詞を付ければ間接目的語などとしても働きます。personne と異なり、助動詞を使う時制では、rien は過去分詞の前に入ります。

(968) Ma femme dit toujours : « ₍S₎**Rien n'est éternel. »**
　妻は「何ひとつとして永遠のものなどない」といつも言っている。

(969) Ça ne ₍COI₎**me fait plus** ₍COD₎**rien.**〔ne … plus「もう〜ない」＋ ne … rien「何も〜ない」〕
　もうどうでもええわ（←それは私にもう何も作らない）。

(970) Je n'ai rien ₍過去分詞₎**vu ! Je n'ai rien** ₍過去分詞₎**vu !**
　何も見てない！何も見てないよ！

 ❺ 否定の強調

否定を強調するには pas（あるいはそれに代わる語）とともに du tout を用います。du tout が付くのは pas などの直後とは限りません。

(971) Je n'ai pas du tout sommeil.　ぜんぜん眠くないよ。

(972) Il n'y a pas de problèmes du tout.　問題などまったくない。

(973) Ma femme n'est pas du tout romantique.
　妻にはまったくロマンチックなところはない。

(974) Mon mari ne sait rien du tout.　夫はまったく何も知らない。

❻ ne ... ni ... ni

文中の複数の要素を否定する場合に用いることがあります。

(975) **Aujourd'hui,** ₛ**ni Hiroto ni Takamasa** ᵥ**ne sont là.**

　　今日は寛人も孝将もいない。

(976) **Bun n'aime** _COD_**ni les tomates ni les pêches.**〔複数の直接目的語〕

　　文はトマトも桃も好きではない。

(977) **Yuri n'a** _COD_**ni voiture ni moto.**〔複数の直接目的語〕

　　悠里は車もバイクも持っていない。

直接目的語の前の不定冠詞、部分冠詞（＝否定の de になるはずのもの）は省略しますが、定冠詞は残します。

> 通常の否定文を作り、要素を追加するやり方もあるよ。上の 2 例はそれぞれ、Bun n'aime pas les tomates ni les pêches.、Yuri n'a pas de voiture ni de moto. にもできるよ。

(978) **Ma maison n'est** ₐ**ni trop grande ni trop petite.**〔複数の属詞〕

　　私の家は大きすぎることも小さすぎることもない。

(979) **Ma femme n'est rentrée** _CC_**ni le lendemain ni le surlendemain.**

　　妻は翌日もその翌日も帰ってこなかった。〔複数の状況補語〕

❼ ne ... que 制限を表す構文

ne ... que は「制限」や「絞り込み」を表す構文で、「〜しか〜ない」に近い意味を持ちます。ne の位置は通常の否定構文と同じで、「〜しか」の意味を加えたい表現の直前に que を入れます。

(980) **Il ne boit que du lait à la fraise.**　彼はイチゴ牛乳しか飲まない。

que が「イチゴ牛乳」を表す du lait à la fraise の直前にあることに注目してください。また、lait の前の冠詞が de（「否定の de」）ではなく、部分冠詞（du）であることに注意してください。この文にさらに pas を加えることができますが、

(981) **Il ne boit pas que du lait à la fraise.**　彼はイチゴ牛乳しか飲まないわけではない。

それでも冠詞は du のままです。イチゴ牛乳も飲むから（＝否定になっていないから）です。

(982) Ma femme ne pense qu'à boire.　妻は飲むことしか考えていない。

(983) Ma femme ne sort qu'avec cet homme.　妻はあの男としか出かけない。

que の後に従属節（ p.104 §15. ❶）が来ることもあります。

(984) Je ne l'ai vu que quand j'étais célibataire.

　　独身時代にしか彼に会ったことはないわ。

> ne ... que と seulement はちょっと違う印象を与えるよ。やはり ne には否定の意味があるからね。Je ne bois que du lait à la fraise. は「イチゴ牛乳しか飲まない」だけど、Je bois seulement du lait à la fraise. は「イチゴ牛乳だけを飲む」に近いかな。

❽ ne のみの否定

現代フランス語では、原則として ne ともう１つ否定語（例えば、pas, jamais）を組み合わせて否定にするのが原則ですが、ne 単独で否定を表すことがあります。

🍓 pouvoir / savoir / oser / cesser de ＋不定詞

pourvoir, savoir, oser, cesser de の４つは後に不定詞をとることができますが、この４つの動詞が否定の時、ne のみで否定を表すことができます。

(985) Je ne peux pas dormir. = Je ne peux dormir.　眠れない。

(986) Ma femme ne cesse pas de me déranger.

　　= Ma femme ne cesse de me déranger.　妻は絶えず私を邪魔する。

🍓 si... から始まる条件節で

(987) Si je ne me trompe, on est dimanche.

　　僕の思い違いじゃなければ、今日は日曜日だ。

 ## ❾ 虚辞の ne

ある特定の表現では「虚辞の ne」を使うことがあります。「虚辞」つまり「空っぽのことば」である虚辞の ne は、否定語の ne でありながらはっきりとした否定の意味を表さないもので、これを使うかどうかは任意です。以下の例すべてで虚辞の ne は省略できます。

avant que, à moins que などの後で

(988) Avant que ma femme ne rentre, cachons toutes les bouteilles de vin !

妻が帰る前（←帰らないうちに）に、ワインを全部隠そう！

(989) La fête des sports aura lieu à moins qu'il ne pleuve.

雨が降らない限り、運動会は開催される。

危惧の表現（craindre, crainte, avoir peur, risquer など）の後で

(990) Je crains que ma femme n'achète toutes les bouteilles de vin de ce magasin. 私は妻がこのお店のワインを買い占めるのではないかと恐れている。

不平等比較を表す文で、比較の基準を表す que の後で

(991) Ma femme pèse plus que je ne croyais.

妻は私が思っていたより体重が重い。

〔チェック問題〕────────────────

日本語訳に合うように、肯定文は否定文に、否定文は肯定文に書き換えてください。

□ 1. 妻は酔っ払っていない。　Ma femme est ivre.

➡ _____

□ 2. ドリアンが好きだ。　Je n'aime pas les durians.

➡ _____

□ 3. 彼女に似ている。　Elle ne lui ressemble pas.

➡ _____

□ 4. ハシビロコウ飼ってないの？　Tu as des becs-en-sabot ?

➡ _____

□ 5. ゾウ連れて来ないの？　Tu viens avec un éléphant ?

➡ _____

〔チェック問題 解答〕
□ 1. Ma femme n'est pas ivre. □ 2. J'aime les durians. □ 3. Elle lui ressemble. □ 4. Tu n'as pas de becs-en-sabot ?（Tu n'as pas un bec-en-sabot ? は「1 羽もハシビロコウを飼ってないの？」）□ 5. Tu ne viens pas avec un éléphant ?　➡ ドリル p.46, 50

§30. 強調構文

　文中のある要素にスポットライトをあてて強調する構文を「強調構文」または「分裂文」など
と言います。主語を強調する c'est ... qui の構文と、主語以外の要素を強調する c'est ... que の構
文があります。まずは、次の文の構成要素を確認してください。

(992) ₛMasahiko a prêté ₍₀ₒ₎le CD d'une chanteuse ₍₀ᵢ₎à Kei ₍₀₎hier.

　　　将彦は女性歌手の CD を桂に昨日貸した。

この分析をもとに各要素を強調する文に書き換えてみると以下のようになります。

❶ 主語 (S) を強調した文

　主語を c'est ... qui で挟みます。qui の直後の動詞は、qui の直前の語（＝ qui の先行詞）に合
わせて活用させます。

(993) C'est ₛMasahiko qui a prêté ₍₀ₒ₎le CD d'une chanteuse ₍₀ᵢ₎à Kei ₍₀₎hier.

　　　女性歌手の CD を桂に昨日貸したのは将彦だ。

❷ 直接目的語 (COD) を強調した文

　直接目的語を c'est ... que で挟みます。

(994) C'est ₍₀ₒ₎le CD d'une chanteuse que ₛMasahiko a prêté ₍₀ᵢ₎à Kei ₍₀₎hier.

　　　将彦が桂に昨日貸したのは女性歌手の CD だ。

> 直接目的語が女性名詞や複数名詞で、動詞が助動詞＋過去分詞で作られる形の場合には、過去分詞
> の一致（☞ p.176 §25. ❻）が起こるよ。例えば、「田中氏が 1 日中眺めたのはハシビロコウたちだ」
> は、Ce sont les becs-en-sabot que M. Tanaka a admirés. また、「ハシビロコウ」が複数なので、
> c'est ではなく ce sont になっていることにも注意して。複数形の名詞の主語または直接目的語（ど
> ちらも前置詞が付かない）を強調する時には、ce sont ... que とすることがあるよ。本来は、ce
> sont ... にしたほうがよいのだけど、最近では、複数形の名詞が後続する場合でも c'est ... のまま
> にすることが増えてきたかな。でも、c'est とするか ce sont とするかで区別できることもあるので、
> 覚えていたら ce sont にするようにしよう。例えば、leur livre と leurs livres は発音上まったく同
> じだけど、c'est leur livre / ce sont leurs livres とすれば単数か複数か区別できるでしょ。c'est ...
> qui / que に挟まれるのが人称代名詞（☞ p.67 §9.）の場合には、3 人称の複数形のとき、
> つまり、eux か elles のときだけ、ce sont にするよ。

❸ 間接目的語 (COI) を強調した文

間接目的語を c'est ... que で挟みます。

(995) C'est _{COI}à Kei que _SMasahiko a prêté _{COD}le CD d'une chanteuse _{CC}hier.
将彦が女性歌手の CD を昨日貸したのは桂にだ。

❹ 状況補語 (CC) を強調した文

状況補語を c'est ... que で挟みます。前置詞が付いていれば、前置詞ごと挟みます。

(996) C'est _{CC}hier que _SMasahiko a prêté _{COD}le CD d'une chanteuse _{COI}à Kei.
将彦が女性歌手の CD を桂に貸したのは昨日だ。

次例では、前置詞 devant ＋名詞 のまとまりを挟んでいますね。

(997) C'est _{CC}devant l'école que _SMasahiko a prêté _{COD}le CD d'une chanteuse _{COI}à Kei.
将彦が女性歌手の CD を桂に貸したのは学校の前でだ。

❺ c'est, ce sont の時制

　強調構文で用いる c'est / ce sont は、qui / que の後の時制が何であれ、直説法現在形のままで構いません。例えば、次例で、que の後の動詞（a choisi）は直説法複合過去形ですが、c'est の部分を過去時制にする必要はありません。qui / que の後の時制が助動詞を用いずに作られる形（＝単純時制）の場合には、c'est / ce sont の時制をこれに合わせることもできます（合わせずに現在形のままでも構いません）。

(998) C'est un poisson cher que notre bec-en-sabot a choisi.
　　　我が家のハシビロコウちゃんが選んだのは高級魚だ。

(999) C'est (C'était) à l'USJ que Michiko allait chaque semaine.
　　　倫子が毎週行っていたのはユニバ(=USJ)へだ。
　　　〔allait ＝直説法半過去形〕

それぞれ下線部を強調する文に書き換えてください。

☐ 1. Tomohisa a préparé <u>les documents</u> avec prudence.

　　朋久が慎重に準備したのは書類だ。

　　➡ _____

☐ 2. <u>Takeshi</u> habite près d'ici.

　　この近所に住んでいるのは剛士だ。

　　➡ _____

☐ 3. Kentaro s'est marié <u>avec une collègue</u>.

　　健太郎が結婚したのは同僚とだ。

　　➡ _____

☐ 4. Ma femme a caché son smartphone <u>dans le frigo</u>.

　　妻がスマホを隠したのは冷蔵庫の中だ。

　　➡ _____

☐ 5. <u>Nous</u> avons travaillé le plus.

　　一番仕事をしたのは僕たち。

　　➡ _____

〔チェック問題 解答〕
☐ 1. Ce sont les documents que Tomohisa a préparés avec prudence. ☐ 2. C'est Takeshi qui habite près d'ici. ☐ 3. C'est avec une collègue que Kentaro s'est marié. ☐ 4. C'est dans le frigo que ma femme a caché son smartphone. ☐ 5. C'est nous qui avons travaillé le plus.（ce sont になるのは eux / elles の時だけ。Ce sont eux qui ont travaillé le plus「一番仕事をしたのは彼ら」。ただし、口語では、C'est eux qui ... とも）

➡ ドリル p.118

転位構文（遊離構文）
Ma femme a une Harley-Davidson.「妻はハーレー（大型バイク）を持っている」という文は、妻（ma femme）について述べる文だけど、妻について述べることをよりはっきりさせるために、Ma femme, elle a une Harley-Davidson. のようにすることがあるよ。会話ではよく用いられるんだ。この例のように、文中の名詞（ここでは ma femme）を文頭や文末に移動し、それを代名詞（ここでは elle）で受ける構文を転位構文（遊離構文）と言うよ。主語以外でもできる。Ma femme, je ne lui ai jamais téléphoné.「妻には電話をかけたことが一度もない」。この場合は間接目的語だね。

§31. 使役・放任構文

　日本語の「〜に〜させる」に相当する構文です。誰かに指示・命令して何かをさせることを「使役」と言い、faire + inf. の構文を用います。誰かが何かしているのを止めずに放っておくことを「放任」と言い、laisser + inf. の構文を用います。

 ❶ 使役構文

　faire + inf. で「〜させる」に相当する意味になりますが、inf. に直接目的語があるかないかによって少し構文が異なりますので注意しましょう。

🍓 inf. に直接目的語がない場合

　「〜させる」相手には前置詞が付かず、faire inf. qn. のようになります。faire と inf. は 2 語で一体化し、ひとまとまりの意味を成すので、原則として、faire と inf. の間に他の語を挿入することはできません。次例を *Kazuto fait Mie venir. の語順にすることはできません。

(1000) **Kazuto fait venir Mie.**　一人は美恵を来させる。

　この文の Mie には前置詞が付いていない点に注目してください。なお、Mie を代名詞化すると、

(1001) **Kazuto la fait venir.**

となります。ここでも、*Kazuto fait la venir. にはならない点に注意しましょう。ちなみに、使役の faire の過去分詞は常に不変ですので、上例の動詞を複合過去形などにしても、過去分詞の一致は起こらず、Kazuto l'a fait venir. となります（*Kazuto l'a faite venir.）

🍓 inf. に直接目的語がある場合

　次に、inf. に直接目的語がある場合です。「〜させる」相手に前置詞 à または par が付き、faire inf. qch. à/par qn. のようになります。

(1002) **Kazuto fait préparer les documents à Mie.**　一人は美恵に資料を準備させる。

　この文の les documents と à Mie をそれぞれ代名詞化して挿入すると、

(1003) **Kazuto les lui fait préparer.** (les = les documents, lui = à Mie)

になります。*Kazuto fait les lui préparer, *Kazuto lui fait les préparer などはすべて誤りです。

🍎 前置詞は à ?　par ?

おおざっぱに言えば、「～させる」相手が積極的にその動作を行う場合は par、消極的な場合には à になりやすいです。

🍎 se faire + inf.

使役構文 faire + inf. の faire を代名動詞 se faire にすると「自分に」の意味が加わり、「させる」ではなく「される」と受身の意味になります。

(1004) **Ma femme se fait couper les cheveux par un coiffeur charismatique.**

妻はカリスマ美容師に髪の毛を切ってもらっている。

(1005) **Ma femme se fait renverser par un autruche.**　妻はダチョウにはねられた。

 ❷ 放任構文

🍎 inf. に直接目的語がない場合

使役構文と異なり、「～させておく」相手を inf. の前に入れることもできます。次の２つはどちらも可能です。

(1006) **J'ai laissé sortir ma femme à minuit.**　真夜中に妻が出かけるのを止めなかった。

(1007) **J'ai laissé ma femme sortir à minuit.**

この文の ma femme を代名詞化すると次のようになりますが、過去分詞の一致はしてもしなくても構いません。

(1008) **Je l'ai laissé[e] sortir à minuit.**

🍎 inf. に直接目的語がある場合

この場合にも２種類の構文が可能です。laisser の直後に「～させておく」相手を入れ、その後に inf. を置く構文と、laisser の直後に inf. を置き、その後に「～させておく」相手を間接目的語の形で表す構文です。

(1009) **M. Tanaka laisse ses étudiants boire du lait à la fraise en classe.**

(1010) **M. Tanaka laisse boire du lait à la fraise** _{COI}**à ses étudiants en classe.**

田中先生は、授業中、学生たちにイチゴ牛乳を好きに飲ませている。

ただし、成句のように語順が決まっているものもあります。次例は *Ma femme laisse les choses aller とは言いません。

(1011) **Ma femme laisse aller les choses.**　妻は物事を成り行きに任せている。

🍓 **se laisser + inf.**

(1012) Ma femme <u>se</u> laisse séduire.

妻は誘惑に身を任せている（←誘惑されるがままにしている）。

〔チェック問題〕

日本語に合わせてカッコ内に適当な語を入れてください。

□ 1. 王はハシビロコウに魚を食べさせておく。

Le roi (　　　　　) son bec-en-sabot manger des poissons.

□ 2. 妻は私に運転させる。

Ma femme me (　　　　　) conduire la voiture.

□ 3. 私は若い男をうちから出て行かせた。

J'ai (　　　　　) sortir le jeune homme de chez nous.

□ 4. 妻は怒りをあらわにした。

Ma femme a (　　　　　) voir son indignation.

□ 5. ハシビロコウを外に出さないでください。

Ne (　　　　　) pas sortir les becs-en-sabot !

〔チェック問題 解答〕
□ 1. laisse　□ 2. fait（直説法現在形）　□ 3. fait（過去分詞）　□ 4. laissé（←周りの人に怒りが見えるのを制止しない。この文では「～させておく」相手は表現されていません）　□ 5. faites（fais。命令法現在形）外へ出て行こうとしているハシビロコウを止めなければならないのであれば laissez（laissse）　→ **ドリル** p.110

§32. 知覚構文

　regarder や voir「見る」、écouter や entendre「聞く」、sentir「感じる」などの意味を持つ「知覚動詞」は、使役構文や放任構文のように、inf. と、その inf. の意味上の主語をとることができます。例えば次例の場合、regardons という「知覚動詞」から見て直接目的語は les autruches ですが、同時に les autruches は後続の courir という inf. の意味上の主語にもなっています。このような構文を「知覚構文」「感覚動詞構文」などと言います。使役構文などと同じように、inf. に直接目的語があるかどうかによって構文が変わります。

 ❶ inf. に直接目的語が付かない場合

　〔主語／知覚動詞／ inf. ／ inf. の意味上の主語〕または〔主語／知覚動詞／ inf. の意味上の主語／ inf.〕の語順になります。ただし、inf. に状況補語が付く時には、〔主語／知覚動詞／ inf. の意味上の主語／ inf.〕の語順が原則です。

(1013) _S**Nous** _V**regardons** _{inf. の意味上の S}**les autruches** _{inf.}**courir.**
= _S**Nous** _V**regardons** _{inf.}**courir** _{inf. の意味上の S}**les autruches.**
我々はダチョウたちが走っているのを眺めている。

(1014) _S**Nous** _V**regardons** _{inf. の意味上の S}**les autruches** _{inf.}**courir** _{inf. の CC}**dans la cuisine.**
我々は台所の中をダチョウたちが走っているのを眺めている。

 ❷ inf. に直接目的語が付く場合

　〔主語／知覚動詞／ inf. の意味上の主語／ inf. ／ inf. の直接目的語〕の語順になります。

(1015) _S**Nous** _V**regardons** _{inf. の意味上の S}**les autruches** _{inf.}**manger** _{inf. の COD}**de l'herbe.**
我々はダチョウたちが草を食べているのを眺めている。

 ❸ 代名詞を使った書き換え

　inf. の意味上の主語を代名詞化するには、直接目的語の人称代名詞を使います。

(1016) **Nous regardons nos becs-en-sabot voler. ➡ Nous les regardons voler.**
我々はハシビロコウたちが飛ぶのを見ている。

(1017) **Nous avons regardé** nos becs-en-sabot **voler.**

➡ **Nous** les **avons regardé[s] voler.**　我々はハシビロコウたちが飛ぶのを見た。

代名詞化され、過去分詞より前に置かれた inf. の意味上の主語（この例の場合 les）の性数に合わせて過去分詞（regardé）を一致させることがありますが、一致させないこともあります。

(1018) **Nous avons regardé** nos becs-en-sabot **manger** des poissons.

➡ **Nous** les **avons regardé[s]** en **manger.**

我々はハシビロコウたちが魚を食べるのを見た。

(1019) **Regarde** nos becs-en-sabot **manger** des poissons !

➡ **Regarde-**les en **manger !**

ハシビロコウたちが魚を食べるのを見よ！

 ❹ 知覚動詞＋関係詞節

知覚動詞には、inf. を用いる知覚構文以外に、関係代名詞が先頭に付いている関係詞節をとる構文もあります。関節詞節の代わりに現在分詞（ p.171 §25. ❺）を使うこともできます。

(1020) **Nous avons regardé** nos becs-en-sabot 関係節**qui mangeaient des poissons.**

我々はハシビロコウたちが魚を食べているのを見た。

 ❺ se voir + inf.

se voir + inf. の構文は、「見る」の意味が薄れ、単なる受動態のように使われることがあります。

(1021) **Les autruches** se sont vu[es] inf.**attraper par la police.**

ダチョウたちは警察に捕まえられた。

(1022) **Nos becs-en-sabot** se sont vu[s] inf.**donner des poissons.**

ハシビロコウたちは魚をもらった（←与えられた）。

受動態の文は、能動態の文の間接目的語（COI）を主語に変えて作ることができないのを思い出してね。例えば、sHideya va distribué codles documents coiaux professeurs.「秀弥は書類を先生たちに配った」という能動態の文を受動態に変える場合、Les documents ont été distribués aux professeurs par Hideya. という受動態にすることはできるけれど、*Les professeurs ont été distribués les documents par Hideya. という文は作れないよ。でも、se voir の構文を使えばこれができてしまうんだ。上の例は、sOn va donné coddes poissons coià nos becs-en-sabot. という能動態の間接目的語（COI）を主語にして作った"受動態"と言えるかもね。

voir と regarder

基本的に、regarder は「意図して見る」「注視する」、voir は「見える」「目に入ってくる」という意味だよ。M. Tanaka voit de moins en moins bien.「田中氏は視力が落ちていっている」、Regarde bien ma pomme d'Adam !「俺ののど仏をよく見ろ！」、T'as pas vu (← Tu n'as pas vu) mon camion benne quelque part ?「俺のダンプカーどこかで見かけなかった？」、Vous les Brésiliens, vous m'entendez !?「ブラジルの人、聞こえますか！」（サバンナ八木のギャグ）。「映画を観る」をフランス語にする時も、映画館で観る時には voir un film（スクリーンに投影された映像が目に飛び込んでくるイメージ）なのに対して、家のテレビなどで観る時には regarder un film à la télé（テレビの映画に見入るイメージ）と言えるよ。テレビであっても、観ようと思って観たのではなく、たまたまやっているのを見たのであれば voir un film à la télé とも。ちなみに、キリスト教圏では「のど仏」を「アダムのリンゴ」のように言うけれど、その理由については「禁断の木の実を食べて喉に詰まらせたから」という説がある。でも、本当のところは分からないんだ。

〔チェック問題〕

□ 1. Marie (　　　　　) son bébé bouger dans son ventre.

麻里恵はお腹の中で赤ちゃんが動くのを感じている。

□ 2. Je (　　　　　) nos hippopotames bâiller sur le toit.

私は我が家のカバたちが屋根の上であくびをしているのを眺めている。

□ 3. Nous (　　　　　) le premier train rouler au loin.

遠くで始発電車が走っているのが聞こえてくる。

□ 4. J' (　　　　　) ma femme ne pleurer que d'un œil mais je ne lui ai rien dit.

私は妻が悲しそうなふりをしている（←片目だけで泣いている）のを見たが、妻には何も言わなかった。

□ 5. Les passants (　　　　　) sûrement ma femme imiter un chameau mais ils ont fait semblant de ne rien voir.

通行人たちは、妻がラクダの真似をしていたのを確実に目撃したが、何も見ていないフリをした。

〔チェック問題 解答〕
□ 1. sent　□ 2. regarde　□ 3. entendons（écoutons は自ら意識して聞こうとする）
□ 4. ai vu　□ 5. ont vu

§33. 理由・原因・目的・結果構文

 ❶ 理由・原因を表す構文

🍓 **comme**

主節より前に置いて、comme が理由・原因を表すことができます。comme は、時の構文（🍓 p.234 **§ 38.**）でも使います。

(1023) 〔従属節〕**Comme ma femme boit tous les soirs,** 〔主節〕**j'évite de boire.**
　　　　妻が毎晩飲んでいるので、私は飲まないようにしている。

🍓 **puisque**

puisque は、聞き手も知っている、あるいはすぐに分かるような理由を表します。「ご存じの通り」「分かっていると思うけど」のように、相手に認めざるを得ないようにします。主節の後に置いてもかまいません。

(1024) 〔主節〕**Arrête de boire,** 〔従属節〕**puisque tu as déjà bu 93 verres.**
　　　　飲むのはやめろ、もう 93 杯飲んでいるんだから。

🍓 **parce que**

parce que は、pourquoi ?「なぜ？」に対する答えになります。また、主節の後に付けて、主節で述べられている内容の理由・原因を表します。

(1025) **Pourquoi est-ce que tu bois devant la maison ?**
　　　　— Parce qu'il y a toi dans la maison.
　　　「なぜ君は家の前でお酒を飲んでいるの？」「だって家の中にあなたがいるから」

(1026) 〔主節〕**Ma femme boit devant la maison** 〔従属節〕**parce qu'il y a moi dans la maison.**

🍓 **car**

car は comme, puisque, parce que などと異なり、等位接続詞です。A, car B のように、先に述べた内容（A）の理由を後から述べますが、先に述べた内容（A）とその理由（B）を同じレベル、同じ情報の重要度で伝えます。理由は相手が知らないものが普通です。日常会話ではあまり使われません。

(1027) Ma femme dort, car elle a bu toute la nuit.

妻は寝ている。というのも、一晩中飲んだからだ。

🍓 étant donné que

puisque に近い理由・原因の表現です。主節の後に置くこともできます。

(1028)〔従属節〕Étant donné que vous n'êtes pas mariée,〔主節〕je vous invite à boire.

あなたがまだ結婚していないので、飲みにお誘いします。

> この例に限らず、donné は性数一致させないのが原則だよ。あと、結婚していないからと言って、飲みに誘ってよいかは別だよ。

🍓 à cause de ＋名詞 ⇔ grâce à ＋名詞

à cause de ＋名詞は「～のせいで」、grâce à ＋名詞は「～のおかげで」のように、後に名詞をとって原因などを表します。動詞をとることはできません。

(1029) J'ai mal dormi à cause de ses ronflements.

彼女のいびきのせいでよく眠れなかった。

(1030) Grâce à ce café noir, je n'ai pas dormi pendant la réunion.

このブラックコーヒーのおかげで、会議中に眠らなかった。

🍓 pour ＋不定法複合形

pour は目的を表すことが多い前置詞ですが、不定法複合形（🐢 p.169 §25. ❹）が来ると理由・原因の表現になります。

(1031) Pour avoir beaucoup bu, ma femme roulait sous la table.

たくさん飲んだので、妻はテーブルの下で転がっていた。

❷ 目的を表す構文

目的を表す構文では、不定詞または接続法を使うことが多いです。

🍓 pour

目的の表現で最もよく使われるのは pour です。名詞・代名詞以外に、不定詞や que ＋接続法をとることができます。また、pour が原因・理由の表現として用いられることもあります（🐢 ❶）。

(1032) **Ce sont des punaises pour toi !**〔代名詞〕 君のための画びょうだよ！

主語が同じ場合には pour ＋不定詞、異なる場合には pour que ＋接続法を用います。

(1033) **Je travaille dur pour boire beaucoup de lait à la fraise.**
イチゴ牛乳をたくさん飲むため、一生懸命働いている。

(1034) **Je travaille dur pour que toute ma famille soit heureuse.**
家族全員が幸せになるよう、一生懸命働いている。

🍇 afin de ＋不定詞、afin que ＋接続法

afin de ＋不定詞、afin que ＋接続法も目的の表現ですが、pour に比べると使用頻度は低く、また、主語が明確な意思をもって何かを行うことを表す場合にしか用いないという制限があります。従って、自動的な場合、機械的な場合には使いません。

(1035) **J'ai caché tous les verres afin que ma femme ne boive plus.**
妻がもう酒を飲まないように、私はグラスを全部隠した。

(1036) **Cette voiture hybride émet un signal sonore pour annoncer l'approche.**
〔afin de 不可〕
このハイブリッド車は接近を知らせるために信号音を発する。

🍇 de sorte à ＋不定詞、de sorte que ＋接続法

主語が同じ場合には de sorte à ＋不定詞、異なる場合には de sorte que ＋接続法を用います。sorte の代わりに manière を使う de manière à ＋不定詞、異なる場合には de manière que ＋接続法の構文もあります。

(1037) **J'ai fait doucement la vaisselle de sorte à ne pas mettre ma femme en colère.** 妻を怒らせないように、私は静かに皿洗いをした。

(1038) **J'ai fait doucement la vaisselle de manière que ma femme ne se mette pas en colère.** 妻が怒らないように、私は静かに皿洗いをした。

 ❸ 結果構文

次の例は目的構文です。

(1039) **Parlez en italien de sorte que tout le monde vous** 接続法現在形 **comprenne.**
みんながあなたのことを理解できるよう、イタリア語で話してください。

de sorte que の後に接続法の動詞が来ています。次の例も同じく de sorte que が用いられていますが、

(1040) **Vous avez parlé en allemand** de sorte que **tout le monde vous** 直説法複合過去形 **a compris.**
あなたがドイツ語で話してくれたので、みんなあなたの話を理解できた。

直説法の動詞が続き、「あなたがドイツ語で話してくれたので」➡「みんなあなたの話を理解できた」という関係になっています。「〜なので〜」のような構文を「結果構文」と言います。

🦫 **de sorte que / de manière que / de façon que ＋直説法「〜なので〜」**
(1041) **On m'a donné des fraises** de sorte que **j'ai pu préparer du lait à la fraise.**
イチゴをもらったので、イチゴ牛乳を作ることができた。

🦫 **à tel point que / à ce point que / au point que ＋直説法「あまりに〜なので〜」**
この構文では、何かの事態があまりにも高い点（point）➡高い次元にまで行ったので、何らかの事態が発生した、ということを表します。

(1042) **Il a bu** au point que **sa santé s'est gâtée.**
彼はあまりにもお酒を飲んだので、健康状態が悪化した。

主語が同一の場合には、au point de ＋不定詞も使えます。

(1043) **Il a bu** au point de **se rendre malade.**
彼はあまりにもお酒を飲んだので、病気になった。

🦫 **si 形容詞 / 副詞 que ＋直説法「あまりに〜なので〜」**
(1044) **Mayumi était** si fatiguée qu'**elle dormait debout.**
麻由美はあまりにも疲れていたので、立ったまま眠っていた。

🦫 **tellement 動詞 / 形容詞 / 副詞 que ＋直説法「あまりに〜なので〜」**
(1045) **Hajime a** tellement couru qu'**il s'est fait mal au genou.**
はじめはあまりにも走ったので膝を痛めた。

🦫 **tellement de 無冠詞名詞 que ＋直説法「あまりに〜なので〜」**
(1046) **M. Tanaka** a bu tellement de lait à la fraise qu'**il ne peut pas dormir.**
田中氏はあまりにもイチゴ牛乳を飲んだので眠れない。

この他：tant 動詞 que ＋直説法／ tant de 無冠詞名詞 que ＋直説法「あまりに〜なので〜」、など

🍡 trop ... pour 不定詞／ trop ... pour que ＋接続法「〜すぎて〜できない」

何かの程度が高すぎて、何かができないことを表します。

(1047) M. Tanaka a bu trop de lait à la fraise pour courir à toute vitesse.

田中氏はイチゴ牛乳を飲み過ぎて全力疾走できない（←全力疾走するためには飲み過ぎた）。

〔チェック問題〕——————————————————————————

日本語訳を参考に、カッコ内の動詞を適切な形にしてください。

☐ 1. J'ai caché toutes les bouteilles pour que ma femme ne (pouvoir) pas boire.

　　妻が飲めなくなるように、私はすべてのビンを隠した。　　➡ _____

☐ 2. Lise est sortie sans manteau, de sorte qu'elle (attraper) un rhume.

　　リーズはコートなしで出かけたので、風邪をひいた。　　➡ _____

☐ 3. Il fait tellement chaud que ma femme (faire) cuire un œuf sur le capot.

　　あまりにも暑いので、妻は車のボンネットで卵を焼いている。➡ _____

☐ 4. Il y a trop d'écureuils dans la maison pour que nous (pouvoir) dormir.

　　家の中にリスが多すぎて眠れない。　　➡ _____

☐ 5. Puisqu'il pleut, (rester) à la maison aujourd'hui.

　　雨が降っているから今日は家にいよう。　　➡ _____

〔チェック問題 解答〕
☐ 1. puisse（接続法現在形）☐ 2. a attrapé（直説法複合過去形）☐ 3. fait（直説法現在形）☐ 4. puissions（接続法現在形。trop ... pour の構文では、pour 以下に ne, pas などの否定表現がなくても、意味的に否定になることに注意してください）☐ 5. restons（命令法現在形。主語が付いていないことに注意してください）

§34. 比較構文

　比較構文には、２つのものを比べた結果を表す場合（比較級）と、ある集合の中から取り出された一番のものを表す場合（最上級）があります。また、形容詞・副詞を使った「質の比較」と、名詞を使った「量の比較」があります。

(1048) Le bec-en-sabot est plus grand que l'hirondelle de mer.〔形容詞・比較級〕
　　　 ハシビロコウはアジサシより大きい。

(1049) Le bec-en-sabot est l'oiseau qui bouge le moins.〔副詞・最上級〕
　　　 ハシビロコウは（鳥の中で）最も動かない鳥だ。

(1050) J'ai plus d'escargots géants africains dans la salle de bain.〔名詞・比較級〕
　　　 俺ん家のほうが、お風呂場にアフリカマイマイがたくさんいるぜ。

 ❶ 形容詞・副詞を使った比較級

　　　　　　plus 　　（優等比較）
　　　　　　aussi 　（同等比較）　　形容詞／副詞（que ＋ 比較の対象）
　　　　　　moins 　（劣等比較）

比較の対象（que ...）は表れないこともあります。

(1051) Le bec-en-sabot est plus grand que l'hirondelle de mer.
　　　 ハシビロコウはアジサシより大きい。〔ハシビロコウ＞アジサシ〕

(1052) Le bec-en-sabot est aussi grand que le manchot empereur.
　　　 ハシビロコウはコウテイペンギンと同じ位大きい。〔ハシビロコウ＝コウテイペンギン〕

(1053) Le bec-en-sabot est moins grand que l'autruche.
　　　 ハシビロコウはダチョウより大きくない。〔ハシビロコウ＜ダチョウ〕

que の後に母音または無音の h で始まる語の前では qu' になります。

(1054) Aujourd'hui, il fait plus chaud qu'hier.
　　　 今日は昨日より暑い。

また、名詞より前に来ることが多い形容詞でも、〔que + 比較の対象〕が付く時には名詞の後に置きます。

(1055) **Je n'ai jamais vu un bec-en-sabot plus <u>beau</u> que le nôtre.**

我が家のハシビロコウより美しいハシビロコウを見たことがない。

le nôtre は所有代名詞（ p.83 §11. ❸）。notre bec-en-sabot の代わりだよ。

🍓 程度の差の表現

程度の差が大きい場合には beaucoup（très は使えません）など、差が小さい場合には un peu などを使って表現します。

(1056) **Le lait à la fraise est <u>beaucoup</u> meilleur que le vin.**

イチゴ牛乳はワインよりもずっと美味しい。

(1057) **Mon lait à la fraise est <u>un peu</u> meilleur que le tien.**

僕のイチゴ牛乳は君のよりちょっと美味しい。

程度の差を数値で表したい場合には、de + 数値を付けます。

(1058) **Kazuhisa est plus âgé que moi <u>de 5 ans</u>.**　一央は私より５歳年上だ。

🍓 特殊な形の比較級、最上級

形容詞や副詞の前に plus を付ければ優等比較級になりますが（例えば framboisé「キイチゴの香りがする」➡ plus framboisé「よりキイチゴの香りがする」）、一部の形容詞、副詞には特殊な形の比較級、最上級があります。特殊な形があるのは優等比較だけで、同等比較、劣等比較は規則通りです。特殊な形のものについては、形自体だけでなくその品詞についてもおさえておきましょう。

- （原級）bon ➡ （比較級）meilleur ➡ （最上級）le meilleur 〔形容詞〕
- （原級）bien ➡ （比較級）mieux ➡ （最上級）le mieux 〔副詞〕

(1059) **Le lait à la fraise est meilleur que le vin.** 〔形容詞、優等比較〕

イチゴ牛乳はワインよりも美味しい。

(1060) **Ton lait à la fraise est aussi bon que mon lait à la fraise.** 〔形容詞、同等比較〕

君のイチゴ牛乳は僕のイチゴ牛乳と同じくらい美味しい。

(1061) **L'eau-de-vie est moins bonne que le lait à la fraise.** 〔形容詞、劣等比較〕

ブランデーはイチゴ牛乳より美味しくない（➡ ブランデーはイチゴ牛乳よりまずい）。

(1062) **Elle chante mieux que les autres.**〔副詞、優等比較〕

彼女は他の人たちよりも上手に歌う。

(1063) **Elle chante aussi bien que les autres.**〔副詞、同等比較〕

彼女は他の人たちと同じように上手に歌う。

(1064) **Elle chante moins bien que les autres.**〔副詞、劣等比較〕

彼女は他の人たちより上手に歌えない（➡他の人たちより歌が下手だ）。

petit, mauvais については、plus を付けて作る規則的な比較級・最上級に加えて、以下の特殊な形があります。

- （原級）petit　➡　（比較級）moindre　➡　（最上級）le moindre　〔形容詞〕
- （原級）mauvais　➡　（比較級）pire　➡　（最上級）le pire　　〔形容詞〕

(1065) **Le goéland à queue noire est plus petit que le bec-en-sabot.**

ウミネコはハシビロコウより小さい。〔物理的な小ささ〕

(1066) **Les becs-en-sabot sont très timides et ils s'envolent à la moindre intrusion dans leur territoire.**

ハシビロコウはとても臆病で、ちょっとでも縄張りに入ると飛び去ってしまう（←最も小さな侵入で飛び去る）。〔抽象的な小ささ〕

(1067) **En maths, je suis plus mauvais que lui.**　数学では私は彼よりも成績が悪い。

(1068) **Le réchauffement climatique est pire que prévu.**

地球温暖化は予測されていたよりも進んでいる（←予測されていたよりも悪い）。

意味的に考えて beaucoup「たくさん」➡ plus「よりたくさん」なので、

- （原級）beaucoup　➡　（比較級）plus　➡　（最上級）le plus　〔副詞〕

という考え方もあります。なお、この場合の plus は [plys] と最後の s まで発音します。

(1069) **Bun travaille plus que les autres.**　文は他の人たちよりもたくさん勉強している。

ne ... plus のような否定表現 （☞ p.195 § 29. ❹）で使う plus は、語末の s を発音しないよ。

比較級や最上級にならない形容詞
すべての形容詞や副詞が、比較級や最上級になるとは限らないよ。「絶対的な観念」を表すものは比較級・最上級にはならないんだ。例えば、grand「大きい」は、plus grand「〜より大きい」のようにできるけど、double「二倍の」は、*plus double「〜より二倍の」にはできないんだ。他にも、circulaire「丸い」、dernier「最後の」、éternel「永遠の」、excellent「すばらしい」、excessif「過度の」、impossible「不可能な」、infini「無限の」、parfait「完璧な」、premier「最初の」、unique「唯一の」、universel「普遍的な」などは、比較級・最上級にはなりにくいんだ。

日本語訳を参考に、カッコに入る1語を答えてください。

□ 1. Yoko rentre (　　　　　) tard que les autres.　庸子は他の人より帰りが遅い。

□ 2. Naoki dort (　　　　　) longtemps que Kei.　直樹は桂より睡眠時間が短い。

□ 3. Takahiko doit lire (　　　　)(　　　　　) documents que moi.

　　高彦は私よりもたくさん資料を読まなければならない。

□ 4. Bun est (　　　　　) en maths que Ann.　文は杏よりも数学ができる。

□ 5. Bun écrit (　　　　)(　　　　　) que Ann.　文は杏よりも字が下手だ。

〔チェック問題 解答〕
□ 1. plus　□ 2. moins　□ 3. plus de　□ 4. meilleur（語数制限なければ plus fort も可能）
□ 5. moins bien（écrit という動詞を修飾するので形容詞 bon では不可）

❷ 形容詞を使った最上級

　ある範囲・集合の中から「一番」のものを抽出します。形容詞を使った最上級の場合には、形容詞が修飾する名詞（代名詞）の性数に合わせた定冠詞を先頭に付けます。名詞より前に来る形容詞か、後に来る形容詞かで、語順が異なります。

🦇 名詞より前に来る形容詞を使って最上級を作る場合

<u>定冠詞</u>＋ plus / moins ＋形容詞＋名詞（de ＋ 対象となる集合）の形となります。

(1070) **La rafflesia est <u>la</u> plus grande fleur du monde.**

　　　ラフレシアは世界最大の花である。

(1071) **La rafflesia est une grande fleur.** 〔形容詞＋名詞〕

　　　ラフレシアは大きな花だ。

🦇 名詞より後に来る形容詞を使って最上級を作る場合

<u>定冠詞</u>＋名詞＋<u>定冠詞</u>＋ plus / moins ＋形容詞（de ＋ 対象となる集合）の形となり、定冠詞が繰り返されるのが特徴です。

(1072) **Bun est <u>l</u>'étudiant <u>le</u> plus sérieux de la classe.**

　　　文はクラスで一番まじめな学生だ。

(1073) **Bun est un étudiant sérieux.** 〔名詞＋形容詞〕　文はまじめな学生だ。

❸ 副詞を使った最上級

副詞を使った最上級の場合、副詞には性数の概念がないので定冠詞 le を先頭に付けます。
<u>定冠詞</u> le ＋ plus / moins ＋副詞（de ＋対象となる集合）の形となります。

(1074) **Ann travaille <u>le plus</u> de la classe.** 〔la plus にならない。plus は副詞〕

杏はクラスで一番勉強している。

主語が女性でも、定冠詞が性数一致しないことに注意してね。

❹ 名詞を使った比較級

名詞を使った比較は、量を比較します。同等比較の場合、aussi de ではなく、autant de になることに注意してください。

plus	（優等比較）	
autant	（同等比較）	de 名詞（que ＋ 比較の対象）
moins	（劣等比較）	

(1075) **Atsushi a plus de portables que moi.** 〔優等比較〕

淳は私よりもたくさん携帯電話を持っている。

(1076) **Atsushi a autant de cours que moi.** 〔同等比較〕

淳は私と同じくらい授業を受け持っている。

(1077) **Atsushi a moins de livres que moi.** 〔劣等比較〕

淳は私よりも本を持っていない。

❺ 名詞を使った最上級

最上級には原則として定冠詞が付きますが、この定冠詞は常に le です。定冠詞 le ＋ plus / moins ＋ de 名詞（de ＋対象となる集合）

(1078) **Atsushi a le plus de portables des professeurs.**

〔des professeurs = de + les professeurs〕

淳は教員の中で一番たくさん携帯電話を持っている。

218

(1079) **Akihide a le moins de cravates des professeurs.**

昭英は教員の中で最もネクタイを持っていない（ネクタイの数が一番少ない）。

属詞（ p.190 § 28. ④）の比較
Hirofumi est plus jeune que Masao.「浩史は雅夫より若い」では主語を比較、Ryuichi mange
plus de viande que de poisson.「隆一は魚より肉を食べる」では直接目的語を比較しているけれど、
属詞を比較することもできるよ。例えば、Elle est plus mère qu'épouse.「彼女は妻であるよりは
母親である」、M. Tanaka est moins sévère que méchant.「田中氏は厳格というよりも意地悪だ」
のようにね。

最上級ではないけれど、最上級のような意味になる構文
Rien n'est meilleur que le lait à la fraise.「イチゴ牛乳より美味しいものは何もない（←何もイチ
ゴ牛乳より美味しくない）」という文は、事実上、イチゴ牛乳が「一番美味しい」ことを表している
よね。この例のように、rien や personne などを比較構文で使い、さらに否定することで最上級の
ような意味を表すことができるよ。

❻ autre, même を使った比較

普通、「比較」と言うと、plus, moins, aussi などを使ったものを言いますが、autre「他の」、
même「同じ」なども、比較の一種と考えることができます（ p.48-49 § 6. ❻❼）。

(1080) Osamu a le même portable que M. Tanaka.

修は田中氏と同じ携帯電話を持っている。

---

mal の比較級
副詞 mal には pis という特殊な形があるけど、plus mal と言うほうが普通かな。M. Tanaka chante
plus mal que ce garçon.「田中氏はこの男の子より歌が下手だ」。

特殊な比較級
ラテン語の比較級を語源としている antérieur「前」、extérieur「外」、inférieur「下」、intérieur「中」、
postérieur「後」、supérieur「上」などは、plus や moins を付けたりしないし、比較の対象を que
ではなく à で表すよ。例えば、Ma visite du château est postérieure à celle de Yuzo.「私がお
城を訪れたのは、裕三より後だ」。celle は指示代名詞（ p.80 § 11. ❶）で、これを使わないと、
Ma visite du château est postérieure à la visite de Yuzo. になるよ。postérieur は日本語の「ポ
スト○○」でイメージしやすいかな。例えば、「ポスト安倍」は「安倍氏の次の人」の意味で、岸田
氏のことだよね。

§35. 仮定文

　最も基本的な仮定文は、Si「もし」で始まるものです。仮定文には大きく分けて2種類あります。Si j'étais un bec-en-sabot, je resterais debout dans le lac toute la journée.「もし私がハシビロコウだったら、池の中に一日中立っているだろう」のように、現実（私は人間である）とは異なる仮定（もしハシビロコウだったら）を立て、その仮定が成立したらどうなるかを述べる（一日中立っているだろう）仮定文（❶）と、S'il fait beau demain, j'irai voir les becs-en-sabot.「もし明日晴れたら、ハシビロコウたちに会いに行くだろう」のように、現実・実際がどうかを問題にせず（明日晴れるかは明日にならないと分からない）に仮定（明日晴れたら）を立て、その仮定が成立したら（明日晴れた場合）どうなるか（ハシビロコウたちに会いに行くだろう）を述べる仮定文（❷）があります。

❶ 非現実の仮定文

Si の後に直説法半過去形（ p.143 §20.）、大過去形（ p.147 §21. ❷）を使います。

現在の事実に反する仮定と、その結果：Si ＋直説法半過去形、条件法現在形
(1081) **Si j'étais un kangourou, je mettrais des fraises dans ma poche.**

　　もし私がカンガルーだったら、ポケットにイチゴを入れるだろう。

　この文では、現在の事実は「私は人間だ」で、この事実に反する仮定「私がカンガルーだったら」を立て、この仮定が成立したら「ポケットにイチゴを入れるだろう」という結果が生じることを表します。実際には、私は人間なのでお腹にポケットもなく、イチゴを入れることもできません。

過去の事実に反する仮定と、その結果：Si ＋直説法大過去形、条件法過去形
(1082) **Si cet homme était venu chez nous hier soir, ma femme n'aurait pas bu.**

　　もしこの男が昨晩うちへ来ていたら、妻はお酒を飲まなかっただろう。

　この文からは、実際には昨晩この男はうちへ来ておらず、実際には妻はお酒を飲んだ、ということが予想されます。

Si ＋直説法半過去形、条件法現在形、または Si ＋直説法大過去形、条件法過去形という組み合わせになることが多いですが、Si ＋直説法大過去形、条件法現在形などの組み合わせもありえます。

(1083) Si j'avais mieux travaillé à l'université, je gagnerais beaucoup plus.

　もし大学でもっとよく勉強していたら、（今頃）もっとたくさん稼いでいるだろう。

　実際には、昔＝大学時代にはあまり勉強をしていなかったので、今あまりお金が稼げていないことが分かります。このように、過去における仮定が成立した場合、現在の結果が変わることを表したい時には、Si ＋直説法大過去形、条件法現在形の組み合わせになります。

この例文最後の plus は s を発音するよ。（📖 p.216 § 34. ❶）

❷ 単なる仮定文

　❶の非現実の仮定文と異なり、現実・事実かどうかを問題にせず仮定する場合には、Si ＋直説法現在形などを使います。仮定の内容が未来のものだとしても、未来形にはせず現在形を用います。

🦉Si ＋直説法現在形、直説法単純未来形

(1084) S'il fait beau demain, j'irai cueillir des fraises.

　明日晴れたら、イチゴを摘みに行くだろう。

結果の部分を命令形で表すこともあります。

(1085) S'il fait beau demain, viens chez nous !　明日晴れたら、うちに来て！

🦉仮定が２つ以上ある場合

　２つ目の仮定を表すために、si ＋直説法現在形ではなく、que ＋接続法現在形を用いることがあります。

(1086) S'il fait beau et que tu sois libre demain, allons cueillir des fraises.

　明日晴れて、君がヒマなら、イチゴを摘みに行こう。

❸ 同じ時制の使用

　これまで見てきた組み合わせはすべて、異なる２つの時制を組み合わせたものでしたが、仮定を表す部分（Si...）と、結果を表す部分（主節）で同じ時制を用いることがあります。ある仮定が成立した場合に、高い確率でその結果が生じることを表すためには同じ時制を並べます。

(1087) Si vous achetez plus de 5000 yens, c'est libre d'impôt !

5000 円以上お買い上げいただければ、免税です！

結果を表す節でも直説法現在形が用いられていますが、これを ce sera libre d'impôt と単純未来形にすると、5000 円以上買い物をしても免税にならない可能性がありそうに感じてしまいます。

❹ si を使わない仮定表現

si で始まる節によって仮定が表されるとは限りません。

🍓 ジェロンディフ（🦡 p.173 § 25. ❼）

(1088) En buvant moins, ma femme me parlerait plus.

飲む量を減らしたら、妻はもっと私と話をしてくれるだろう。

🍓 前置詞 avec / sans

(1089) Avec un peu d'effort, tu pourras nager jusqu'à Hawaï.

ちょっと努力したら、ハワイまで泳いで行けるようになるだろう。

(1090) Sans cet incendie, je n'aurais pas eu cette patate grillée.

この火事がなかったら、この焼き芋を手に入れることはできなかっただろう。

🍓 名詞 + de plus、名詞 + de moins

(1091) Un pas de plus, je me serais élancé dans la troupe de rhinocéros.

あと一歩のところで（←一歩プラスしたら）、私はサイの群に突っ込んでいただろう。

🍓 à + 不定詞

(1092) À vous entendre, je ne peux pas croire ma femme.

あなたの話を聞くと、妻のことが信じられない。

仮定を表さない si

Si ma femme ne boit pas, c'est parce qu'il n'y a rien chez nous.「妻が飲んでいないのは、家に何もないからだ」。この文の Si ma femme ne boit pas の部分は仮定を表さず、単に事実を提示しているだけ。特に、後に c'est parce que のような理由を表す節が続いている場合には、Si で始まるまとまりが仮定を表していない可能性が高いよ。また、この c'est parce que の parce を省略して c'est que とすることもあるから注意してね。とにかく、Si が出てきたらすぐに「もし」と訳してしまわないほうがいいよ。

〔チェック問題〕──────────────────────────────

カッコ内の動詞を適切な形にしてください。

□ 1. S'il (neiger) demain, allons faire du ski.

　　明日雪が降ったら、スキーに行こう。　　　➡ _____

□ 2. S'il avait fait beau hier, nous (aller) faire du ski.

　　昨日晴れていたら、スキーに行っていただろう。➡ _____

□ 3. Si j'(être) un oiseau, je ne (manger) que des poissons.

　　もし私が鳥だったら、魚しか食べないだろう。➡ _____

□ 4. Une seconde de plus, Goemon (couper) Fujikochan.

　　1秒遅かったら、五ェ門は不二子ちゃんを斬ってしまっていただろう。

　　　　　　　　　　　　　　　　　　　　　➡ _____

□ 5. Sans toi, je (pleurer) sans cesse.

　　君がいなければ、ずっと泣き続けているだろう。➡ _____

〔チェック問題 解答〕
□ 1. neige（直説法現在形。未来形にならないことに注意）□ 2. serions allé[e]s（条件法過去形）□ 3. étais, mangerais（直説法半過去形、条件法現在形）□ 4. aurait coupé（条件法過去形）□ 5. pleurerais（条件法現在形）　　➡ ドリル p.166

223

§36. 疑問文

　疑問文の作り方には、[A] 通常の語順のまま、文末に向かって上げて発音する、[B] 通常の語順のまま、文頭に est-ce que を付け、文末に向かって上げて発音する、[C] 主語と動詞の語順を逆にして、文末を上げて発音する、という 3 つの形式があります。

(1093) [A] _S**Vous** _V**habitez à Kireuriwari ?**　喜連瓜破にお住まいなんですか？

(1094) [B] **Est-ce que** _S**vous** _V**habitez à Kireuriwari ?**

(1095) [C] _V**Habitez-vous** _S**à Kireuriwari ?**

疑問詞を使う場合にも 3 つの形式が可能です。

(1096) [A] _S**Tu** _V**fais** _{COD}**quoi ?**　お前、何やってんねん？

(1097) [B] _{COD}**Qu'est-ce que** _S**tu** _V**fais ?**

(1098) [C] _{COD}**Que** _V**fais-tu** _S**?**

　[A] 型は、主語 (S)、動詞 (V) という通常の語順の後に疑問詞を置いています。[B] 型も、文頭に疑問詞（母音で始まる語の前なので que ➡ qu'）がありますが、その後に、est-ce que を挟み、主語 (S)、動詞 (V) の通常の語順。[B] 型で用いられている est-ce que は、それ以降を主語 (S)、動詞 (V) という通常の語順にするための部品と思ってください。est-ce que 自体に特に意味はありません。[C] 型は、疑問詞（上の例では疑問代名詞）を文頭に置き、動詞 (V)、主語 (S) の語順。このように、主語・動詞の語順がひっくり返って、動詞・主語の語順になることを「主語倒置」と言います。[C] 型はフランス語らしい語順とも言えますが、どんな動詞でも用いられる語順というわけではありません。

 ❶ 主語倒置

　動詞・主語の語順になることを「主語倒置」と言いますが、主語倒置にもいくつかの形式があります。

🌰 疑問詞がなく、主語が人称代名詞の場合
主語人称代名詞と動詞の順序をひっくり返して、ハイフンで結ぶ倒置を「単純倒置」と言います。

(1099) [A] _S**Vous** _V**aimez** _{COD}**les chameaux à deux bosses ?**
　　　フタコブラクダはお好きですか？

(1100) [C] _V**Aimez-vous** _{S COD}**les chameaux à deux bosses ?**〔単純倒置した文〕

動詞が 3 人称単数形で -e, -a で終わる時には、動詞と il, elle, on の間に -t- を入れます。これは発音上挿入するものであって特に意味はありません。

(1101) [A] _S**Elle** _V**aime** _{COD}**les axolotls ?**　彼女はウーパールーパーが好き？

(1102) [C] _V**Aime-t-elle** _{S COD}**les axolotls ?**〔単純倒置した文〕

(1103) [A] _S**Elles** _V**aiment** _{COD}**les axolotls ?**　彼女たちはウーパールーパーが好き？

(1104) [C] _V**Aiment-elles** _{S COD}**les axolotls ?**〔単純倒置した文〕

> -t- を挿入することにより、Aime-t-elle と Aiment-elles は全く同じ音になるよ。ただ、elle も elles も代名詞だから、誰を（何を）指すのか分かっている状況で使うはずなので、発音上 elle か elles か区別できなくても問題ないんだ。

助動詞を使う活用形（複合時制）では、主語人称代名詞と助動詞の語順を入れ替え、過去分詞はその後に置きます。

(1105) [A] _S**Vous** _V**avez poivré** _{COD}**la viande ?**

　　　　お肉にコショウを加えましたか？

(1106) [C] _{助動詞}**Avez-vous** _{S 過去分詞}**poivré** _{COD}**la viande ?**〔単純倒置した文〕

(1107) [A] _S**Elle** _V**a poivré** _{COD}**la viande ?**

　　　　彼女はお肉にコショウを加えましたか？

(1108) [C] _{助動詞}**A-t-elle** _{S 過去分詞}**poivré** _{COD}**la viande ?**〔単純倒置した文〕

🐦 疑問詞がなく、主語が名詞（句）の場合

主語の名詞を動詞の前に置いたまま、動詞の後で主語を人称代名詞で受け直すことを「複合倒置」と言います。

(1109) [A] _S**Satoshi** _V**promène** _{COD}**son chien ?**　哲は犬を散歩させているの？

(1110) [A] _{S 名詞}**Satoshi** _V**promène-t-il** _{S 代名詞 COD}**son chien ?**

(1111) [A] _S**Yuko** _V**promène** _{COD}**son chien ?**　優子は犬を散歩させているの？

(1112) [A] _{S 名詞}**Yuko** _V**promène-t-elle** _{S 代名詞 COD}**son chien ?**

(1113) [A] _{S 名詞}**Satoshi et Yuko** _V**ont promené** _{COD}**leur chien ?**

　　　　哲と優子は犬を散歩させたの？

(1114) [A] _{S 名詞}**Satoshi et Yuko** _{助動詞}**ont-ils** _{S 代名詞 過去分詞}**promené** _{COD}**leur chien ?**

疑問詞があり、主語が人称代名詞の場合

(1115) [A] $_s$Tu $_v$rentres $_{CC}$quand ?　お前、いつ帰るの？

(1116) [B] $_{CC}$Quand est-ce que $_s$tu $_v$rentres ?

(1117) [C] $_{CC}$Quand $_v$rentres-tu $_s$?

(1118) [A] $_s$Elle $_v$habite $_{CC}$où ?　彼女、どこ住んでるの？

(1119) [B] $_{CC}$Où est-ce qu' $_s$elle $_v$habite ?

(1120) [C] $_{CC}$Où $_v$habite-t-elle $_s$?

疑問詞があり、主語が名詞の場合

(1121) [A] $_s$Ta femme $_v$rentre $_{CC}$quand ?　君の奥さんはいつ帰ってくるの？

(1122) [B] $_{CC}$Quand est-ce que $_s$ta femme $_v$rentre ?

(1123) [C] $_{CC}$Quand $_v$rentre $_s$ta femme ?

　疑問詞があり、主語が名詞の場合には、動詞の後に主語名詞を置くことができます。動詞が être の場合には必ず主語名詞が être の後に来ます。これは、疑問文に限らずフランス語では文末に être が来ることが嫌われるからです。

(1124) [B] $_{CC}$*Où est-ce que $_s$ta femme $_v$est ?〔être が文末に来るので不可〕

(1125) [C] $_{CC}$Où $_v$est ta femme $_s$?　奥さん、どこ？

複合倒置できない場合

主語が名詞でも、以下のような場合には複合倒置できません。

・疑問詞 où で動詞が être の場合

(1126) [C] $_{CC}$*Où ta femme $_v$est-elle $_s$?　奥さん、どこ？

(1127) [C] $_{CC}$Où $_v$est $_s$ta femme ?

・疑問詞 que の場合

(1128) [C] $_{COD}$Que $_v$fait $_s$ta femme ?　奥さん、何してるの？

(1129) [C] $_{COD}$*Que ta femme $_v$fait-elle $_s$?〔複合倒置不可〕

複合倒置しなければならない場合

疑問詞が pourquoi で、主語が名詞の場合には、[C]型では必ず複合倒置させます。

(1130) [A] $_s$Naoki ne $_v$peut pas dormir $_{CC}$la nuit $_{CC}$pourquoi ?
なぜ、直樹は夜、眠れないの？

(1131) [B] $_{CC}$Pourquoi est-ce que $_s$Naoki ne $_v$peut pas dormir $_{CC}$la nuit ?

(1132) [C] $_{CC}$Pourquoi $_{s\,名詞}$Naoki ne $_v$peut-il $_{s\,代名詞}$pas dormir $_{CC}$la nuit ?

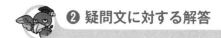

❷ 疑問文に対する解答

quand「いつ？」、où「どこ？」、pourquoi「なぜ？」などの疑問詞（🐬 p.44 § **5.** ❸, p.61 § **8.** ❺, p.93 § **13.**）が付いていない疑問文を「全体疑問文」と言いますが、これに答える時にはまず、oui や non を使って答えます。なお、疑問詞が付いている疑問文を「部分疑問文」と言います。

(1133) — **Lupin vous a ravi votre cœur ?** 「ルパンはあなたの心を盗みましたか？」

   — **Oui, il** COI**m'** v**a ravi** COD**mon cœur.** 「はい、彼は私から私の心を盗みました」

(1134) — **L'inspecteur a arrêté Lupin ?** 「警部はルパンを逮捕しましたか？」

   — **Non, il ne** COD**l'** 助動詞 **a pas** 過去分詞 **arrêté.**

「いいえ、彼はルパンを逮捕しませんでした」

否定疑問文に肯定で答える場合には oui ではなく si、否定で答える場合には non を使います。日本語の「はい」「いいえ」と逆になることに注意してください。フランス語の si（肯定）、non（否定）は、自分の答えが肯定文か否定文かを表している印とお考えください。

(1135) — **Le bec-en-sabot n'est pas un oiseau ?**

   「ハシビロコウは鳥ではないのですか？」

   — **Si, le bec-en-sabot est un oiseau.**

   「いいえ、ハシビロコウは鳥です」

(1136) — **Le bec-en-sabot ne mange pas de sushis ?**

   「ハシビロコウは寿司を食べないのですか？」

   — **Non, le bec-en-sabot ne mange pas de sushis.**

   「はい、ハシビロコウは寿司を食べません」

si は、従属節に代わることもできます。

(1137) **Ma femme me dit qu'elle n'a pas bu, mais je crois que si.**

   妻はお酒を飲んでいないと言っているが、飲んだと思う。

この場合、je crois qu'elle a bu の意味です。

🐦 後続の語群を否定する non / pas

(1138) **Ce garçon est paresseux, et non prudent.**

   この男の子は怠け者であって、慎重なのではない。

(1139) Ces roses sont pour elle, et pas pour ma femme.

このバラは彼女へであって、妻へではない。

口語では non の代わりに pas を用います。

 ❸ 付加疑問文

n'est-ce pas は、疑問文の後で、「〜ですよね？」「〜だよね？」のように、相手に同意を促したり、念押ししたりするために用いられ、英語の「付加疑問文」に似た働きをします。ただし、英語の場合と異なり、n'est-ce pas を付ける疑問文がどんな形（肯定疑問、否定疑問）であろうと、n'est-ce pas ? を付けることができます。肯定文や否定文に付けることもできます。

(1140) Ce sont des flocons de maïs, n'est-ce pas ?〔肯定文の後〕

コーンフレークやないか！

〔チェック問題〕 —————————————————————————

日本語訳を参考に、カッコ内に適切な 1 語を入れてください。

□ 1. Vous êtes de Shiga ? — (　　　　　　), je suis de Kyoto.

　「滋賀出身ですか？」「いえ、京都出身です」

□ 2. Ta mère aime les monaka ? — (　　　　　　), elle aime ça.

　「オカンは最中が好きなん？」「そう、最中が好き」

□ 3. Il n'y a pas de cours aujourd'hui ? — (　　　　　), il y en a.

　「今日は休講？」「いや、授業あるよ」

□ 4. Vous n'avez pas vu les becs-en-sabot au zoo ? — (　　　　　). Désolé.

　「動物園でハシビロコウ見なかったのですか？」「うん、ごめん」

□ 5. Tu n'aimes pas ta femme ? — (　　　　　), je l'aime.

　「奥さんのこと好きじゃないの？」「いや、好きだよ」

〔チェック問題 解答〕
　□ 1. Non　□ 2. Oui（ça については p70 § 9. ❹）　□ 3. Si　□ 4. Non　□ 5. Si
　→ ドリル p.58

§37. 対立・譲歩構文

　ここでは、品詞ごとに分けることをせず、「対立」や「譲歩」を表すことができる表現、構文をまとめていきます。接続詞句（例えば bien que）については、後に続く法によって3つに分けて説明します。

 ❶ 逆接を表す接続詞・副詞

「逆接」を表すことができる接続詞としては mais、副詞としては cependant, pourtant, toutefois, néanmoins などがあります。

(1141) **Ce vin est cher mais ce lait à la fraise n'est pas cher.**
　　　このワインは高いが、イチゴ牛乳は高くない。

(1142) **M. Tanaka est sévère, cependant il est aimé de tous ses étudiants.**
　　　田中氏は厳しいが、学生みんなから愛されている。

　mais と cependant / pourtant などは意味的に似ている部分がありますが、cependant / pourtant は文頭（節頭）以外でも使えます。

(1143) **M. Tanaka est aimé de tous ses étudiants pourant.**
　　　それでも田中氏は学生みんなから愛されている。

 ❷ 通常、後に直説法をとる接続詞句

🦇 **alors que, tandis que**
もともとこの2つの表現は、2つの出来事が同時に起こったことを表す接続詞句ですが、2つの出来事の間に「対立」が感じられれば、対立の意味を込めて訳します。現代のフランス語ではいずれも対立の意味を持つことが多いです。

(1144) **Alors que je parlais avec mon bec-en-sabot, ma femme est rentrée.**
　　　私がハシビロコウとお話ししていた時、妻が帰ってきた。

(1145) **Alors que je fais la cuisine, ma femme regarde les courses de chevaux à la télé.**　私が料理をしているのに、妻はテレビで競馬を見ている。

🦇 même si「たとえ～でも」

si で始まる仮定文の前に「～さえ」を表す même（ p.62 §8. ❺）が付いた形です。

(1146) **Même si je ne suis pas d'accord, ma femme ira boire.**

私が同意しなくても、妻は飲みに行くだろう。

❸ 接続法をとるもの

対立や譲歩を表す構文で最も多いのは、後に接続法をとるものです。

🦇 bien que, quoique, (malgré que)

bien que と quoique の用法は同じと思って構いません。malgré que も同じようなものですが、この構文は誤用であるとする人もいますので、積極的に使う必要はなさそうです。

(1147) **Ma femme n'a pas arrêté de boire, bien qu'elle l'** 接続法過去形 **ait promis.**

妻は酒を飲むのをやめなかった。約束してたのに。

bien que / quoique に続く動詞の主語が、主節の主語と同一で、接続法に置かれる動詞が être の場合、主語と être を省略することができます。

(1148) **Bien que je** être 接続法現在 **sois blessé à la jambe, je vais au travail à la place de ma femme.**

➡ **(1149)** **Bien que blessé à la jambe, je vais au travail à la place de ma femme.**

私は脚を怪我しているが、妻の代わりに仕事へ行く。

🦇 quoi que「何でも～」

quoi que と2語を離して書くこの接続詞句は、後続の動詞の直接目的語になります。

(1150) COD**Quoi que ma femme me dise, ça ne me fait pas rire.**

妻が私に何と言おうと、私が笑うことはない（←それは私を笑わせない）。

次の文は誤りです。それは、parler という動詞が言語名（le français「フランス語」、le swahili「スワヒリ語」など）以外を直接目的語にとれないからです。

(1151) *** Quoi qu'on parle, faites ce que vous voulez.**

次の文も誤りです。今度は、直接目的語の役割を果たさない quoique（1語で書く、bien que と同じ意味の接続詞句）の後に、直接目的語を必要とする dire（接続法現在形に活用して dise）が来ていて、文として不完全だからです。

(1152) * **Quoiqu'on dise, faites ce que vous voulez.**

🐦 qui que「誰でも〜」

(1153) **Qui que vous soyez, vous ne devez pas écosser les *h*aricots sur mon dos.**

あなたが誰であろうと、私の背中でインゲン豆のサヤとりをしてはいけません。

🐦 où que「どこでも〜」

(1154) **Où que vous soyez, gardez cet élastique en souvenir de nos amitiés.**

あなたがどこへ行こうと、我々の友情の証として、この輪ゴムを持っておいてください。

🐦 quel que「どれでも〜、どんな〜でも」

この構文で使われる動詞はほとんどの場合 être。quel は形容詞（🐦 p.44 § 5. ❸）で、属詞の働きをし、主語の性数に一致します。主語が名詞の場合には主語倒置するのが普通です。

(1155) **Il m'aime, _Aquel que _Vsoit _Smon poids.**

私の体重がどうであっても、彼は私を愛している。

(1156) **J'affronte toutes les difficultés, quelles qu'elles soient.** 〔elles = difficultés〕

私はどんな困難にも立ち向かう（←すべての困難に立ち向かう、それがどんなものでも）。

🐦 si 形容詞／副詞 que ...「どんなに〜でも」

(1157) **Si fatigué que je sois, je dois repeindre le mur en ocre ce soir.**

どんなに私が疲れていても、今晩、壁を黄土色に塗り直さなければならない。

次のような結果構文（🐦 p.212 § 33. ❸）との区別に注意しましょう。

(1158) **Il faisait si chaud que j'ai ouvert toutes les fenêtres.**

暑かったので全部窓を開けた。

> 対立・譲歩構文か結果構文かの見分け方。que の後が接続法なら対立・譲歩構文、直説法なら結果構文だよ。

🐦 quelque 形容詞／副詞 que ...「どんなに〜でも」

(1159) **Quelque loin que soit la mer, Masami y va à vélo.**

どんなに海が遠くても、雅己は自転車で海へ行く。

🍓 **tout 形容詞／副詞 que ... 「どんなに〜でも」**

この構文ではもともと que の後に直説法が来ていましたが、最近では接続法も増えてきました。この tout は副詞ですが、例外的に性数一致します（ p.65 §8. ⑩）。

(1160) Toute riche qu'elle soit, elle ne peut pas acheter l'amour.

> どんなに彼女が金持ちでも、愛を買うことはできない。

 ❹ 条件法をとるもの

🍓 **quand, quand bien même ... 「たとえ〜でも」**

quand, quand bien même の後には条件法の活用形が来ますが、主節にも条件法の活用が来るのが特徴です。

(1161) Quand bien même je répéterais mille fois « Un chasseur sachant chasser sait chasser sans son chien », je ne pourrais jamais prononcer correctement cette phrase.

> たとえ « Un chasseur sachant chasser sait chasser sans son chien » を 1000 回繰り返したとしても、この文を正しく発音できるようにはならないだろう。

これはフランス語の早口言葉の一つだよ。言えるかな？ sachant は savoir の現在分詞形。狩りの方法を知っている（sachant chasser）猟師（chasseur）は、自分の犬なし（sans son chien）でも、狩りをすることができる（sait chasser）。

フランス語の早口言葉
Douze douches douces「12 個の心地よいシャワー」。Son chat chante sa chanson「彼の猫が彼の歌を歌っている（所有形容詞の解釈は非常にあいまいなので、他の訳し方も可能）」。As-tu vu le ver vert allant vers le verre en verre vert ?「君は緑のガラスでできた（en verre vert）グラスの方へ向かっている緑のいも虫（ver vert）を見たかい？」。Si six scies scient six cyprès, six cent six scies scient six cent six cyprès.「のこぎり 6 本で糸杉が 6 本挽くと、のこぎりが 606 本あれば糸杉が 606 本挽ける計算だ」。ボクは鳥だから、こんなの上手に発音できるわけないよ。

🍓 **alors même que ... 「たとえ〜でも」**

alors même que の後にも条件法の活用形が来ますが、この構文でも、主節にも条件法の活用が来ます。

(1162) Alors même que ma femme me demanderait de détruire le nid de guêpe, je ne le ferais pas.

> たとえ妻にスズメバチの巣の破壊を頼まれても、私はやらないだろう。

日本語訳を参考にしながら、カッコ内に当てはまる語句を答えてください。

☐ 1. (　　　　　　) tu fasses, je serai là.

　　　君が何をやろうと、僕はここにいるよ。

☐ 2. (　　　　　　) il soit étudiant, il n'étudie pas.

　　　彼は大学生なのに勉強していない。

☐ 3. (　　　　　　) grand que soit ce bec-en-sabot, je n'en ai pas peur.

　　　このハシビロコウがどんなに大きくても私は怖くない。

☐ 4. (　　　　　　) vous soyez, vous pouvez boire ce lait à la fraise.

　　　あなたが誰であろうと、このイチゴ牛乳を飲んで構いません。

☐ 5. (　　　　　　) soit ta décision, je ferai ce que je veux.

　　　君の決断がどうであれ、僕は僕の好きなことをするさ。

〔チェック問題 解答〕
☐ 1. Quoi que　☐ 2. Bien qu' / Quoiqu'　☐ 3. Si / Tout / Quelque　☐ 4. Qui que
☐ 5. Quelle que

bien que, quoique, malgré que などの構文
malgré que < quoique < bien que の順に改まった表現である印象を与えるけれど、日常的には
mais などを使うほうが、普通かな。例えば、Quoiqu'il neige, ma femme est allée faire du surf
au lac Biwa.「雪が降っているが、妻は琵琶湖へサーフィンをしに行った」よりも、Il neigeait,
mais ma femme est allée faire du surf au lac Biwa. のほうが普通かも。malgré que, quoique,
bien que を使うと、動詞を接続法に活用させなければならないからかもしれない。

233

§38. 時の構文

　ここでは、品詞ごとに分けることをせず、さまざまな時間の関係を表すことができる表現、構文をまとめていきます。この構文は、主節が表す内容と、従属節が表す内容との時間的関係によって用いられる法が変わります。

 ❶ 主節が表す内容＝従属節が表す内容（同時）

主節が表す内容と、従属節が表す内容が時間的に同時の場合、従属節内は直説法になります。

🍓 **quand, lorsque**

(1163) **Quand j'avais quinze ans, j'habitais à Brest.**

　　　15 歳だった時、私はブレストに住んでいた。

　quand / lorsque と直説法半過去形を一緒に使うことにはかなり強い制約があります。quand / lorsque の後に直説法半過去形が来るのは、上例のように年齢や時期を表す場合か、文全体が習慣を表す場合が普通です。

(1164) **Avant, quand je** 直説法半過去形 **rasais, je** 直説法半過去形 **regardais la télé.**

　　　昔は、ヒゲを剃る時にはテレビを見ていた。〔過去の習慣〕

習慣ではない場合、例えば、「私がヒゲを剃っていた時、妻は電話線を切った」を訳すと、

(1165) **?? Quand je** 直説法半過去形 **rasais, ma femme** 直説法複合過去形 **a coupé la ligne téléphonique.**

quand を半過去形ではなく、複合過去形の方に付けます。

(1166) **Je** 直説法半過去形 **rasais, quand ma femme** 直説法複合過去形 **a coupé la ligne téléphonique.**

quand の前に même を付けると「〜の時でさえ」の意味になります。

(1167) **Même quand il neige, il va au travail en voiture.**

　　　雪の時でも、彼は車で通勤している。

même と quand の語順が逆になると、対立・譲歩の構文（ p.229 **§37.**）になります。

(1168) Quand [bien même] j'aurais averti ma femme, elle aurait commis cette erreur.

たとえ私が妻に警告しておいたとしても、妻はこの過ちを犯してしまっただろう。

🐢 au moment où ...

quand / lorsque よりも、同時性を強調します。

(1169) **Au moment où** ma femme allait sortir, il s'est mis à pleuvoir à verse.

妻が出かけようとしていた時、どしゃ降りの雨が降り出した。

🐢 comme

少し改まった印象を与えますが、時の表現として comme を用いることができます。

(1170) **Comme** je rasais, ma femme a fait sonner le gong.

私がヒゲを剃っていた時、妻は銅鑼を鳴らした。

comme の後に半過去形が来ていますが、この comme を quand / lorsque にはできません。comme が文頭に来ると、時の表現なのか原因・理由の表現なのか区別できないこともあります。

(1171) **Comme** il faisait beau, ma femme a sauté dans le Dotonbori.

晴れていた時／晴れていたので、妻は道頓堀に飛び込んだ。

(1172) Ma femme a sauté dans le Dotonbori, **comme** il faisait beau.

妻は道頓堀に飛び込んだ、晴れていた時。

原因・理由を表す comme（🐢 p.209 § 33. ❶）は文頭に来るという制約がありますが、時の表現として用いられる comme にはこの制約はありません。

🐢 pendant que, tandis que

基本的には 2 つの出来事が同時であることを表しますが、2 つの出来事が「対立」する場合には、対立の意味を込めて訳します。

(1173) **Tandis que** je faisais la vaisselle, le facteur est venu.

私が食器洗いをしている間に、郵便局の人が来た。

(1174) Je fais la vaisselle, **tandis que** ma femme continue à boire. 〔対立〕

妻は飲み続けているが、私は食器洗いをしている。（🐢 p.229 § 37. ❷）

🐢 à mesure que, au fur et à mesure que

この 2 つは「〜につれて〜」のように、同時進行を表します。基本的に動詞は同じ時制になります。

(1175) Ma femme boit du vin **à mesure que** j'en achète.

私がワインを買うと、妻はワインを飲む（←私が買うにつれて妻は飲む）。

🦉 chaque fois que

「〜するたびに〜」のように、習慣を表します。基本的に動詞は同じ時制になります。

(1176) **Chaque fois que je <u>vais</u> à Osaka, je <u>vais</u> au théâtre Namba Grand Kagetsu.** 　私は大阪へ行くたびに、NGKへ行く。

 ❷ 従属節が表す内容➡主節が表す内容

従属節が表す内容が主節が表す内容に先行する場合、従属節内は直説法になります。

🦉 quand, lorsque

quand / lorsque には、2つの出来事に何らかの時間的な関係があることを示す力しかありませんので、時間的に前後であることを示すために時制を変えることなどが必要になります。

(1177) 〔従属節〕**Quand j'** _{直説法前未来形} **<u>aurai fini</u> d'enlever les arêtes,** 〔主節〕**je vous** _{直説法単純未来形} **<u>enverrai</u> un télégramme.**
　魚の骨抜きが終わったら、あなたに電報を送りますね。

🦉 après que 「〜した後」

après que の後には、助動詞＋過去分詞の複合時制が来ます。日常的には、quand / lorsque ＋複合時制の方がよく使われます。

(1178) 〔従属節〕**Après que j'** _{直説法前未来形} **<u>aurai fini</u> l'écaillage,**
　　　〔主節〕**je t'** _{直説法単純未来形} **<u>amènerai</u> à la station-service.**
　魚のうろこ取りが終わったら、君をガソリンスタンドに連れて行ってあげるよ。

🦉 une fois que 「いったん〜すると」

多くの場合、助動詞＋過去分詞の複合時制が来ます。

(1179) 〔従属節〕**Une fois qu'il s'est endormi,** 〔主節〕**Bun ne se réveille pas avant le matin.** 　いったん寝付くと、文は朝まで目を覚まさない。

主語が同じで動詞（助動詞）が être の場合には、que と主語と être を省略できます。

(1180) **Une fois endormi, Bun ne se réveille pas avant le matin.**

🦉 dès que, aussitôt que, à peine que 「〜するとすぐ」

直後を表します。多くの場合、助動詞＋過去分詞の複合時制が来ます。à peine que はかなり改まった表現で、文頭に置くと主語倒置が起こります。

(1181) 〔主節〕**Kazuhisa m'a dit «Bonjour»,** 〔従属節〕**aussitôt qu'il m'a reconnu.**
　一央は私に気付くとすぐ、私に「こんにちは」と言った。

(1182) 〔従属節〕**À peine ma femme est-elle partie** que 〔主節〕**12 pizzas ont été livrées.** 妻が出発するとすぐ、ピザが 12 枚届いた。

主語が ma femme という名詞なので、複合倒置（☞ p.225 §36. ❶）しているんだけど、分かったかな？

❸ 主節が表す内容➡従属節が表す内容

従属節が表す内容が主節が表す内容より後の場合、従属節内は接続法になります。

🦇 avant que... [ne] 「〜する前に」「〜しないうちに」

基準となる時点までに、何かが行われることを表します。虚辞の ne（☞ p.198 §29. ❾）を入れることがあります。

(1183) **Sors par ici** avant que **mon mari [ne] rentre !**

　　　旦那が帰ってくる前に、ここから出て行って！

🦇 jusqu'à ce que, en attendant que 「〜まで」

基準となる時点までに、何かが継続することを表します。

(1184) **Asseyez-vous devant cette girafe** jusqu'à ce que **je revienne.**

　　　私が戻るまで、こちらのキリンさんの前で座っていてください。

❹ 不定詞・分詞を使った表現

🦇 avant de 不定詞 「〜する前に」

de が入ることに気をつけてください。

(1185) **Ma femme a bien dormi** avant de **boire.** 　妻はお酒を飲む前によく寝た。

主語が異なる場合には、avant que ＋接続法を用います。

(1186) **Ma femme a beaucoup bu** avant que **j'aille au travail.**

　　　私が仕事へ行く前に、妻はたくさん飲んだ。

🦇 après avoir 過去分詞／ après être 過去分詞

(1187) **Après avoir atteint le sommet, ils ont commencé à chanter.**

　　　頂上に到達すると、彼らは歌い始めた。

(1188) **Après être arrivées au sommet, elles ont commencé à remuer nerveusement les genoux.**

　　　頂上に到着すると、彼女たちは貧乏揺すりを始めた。

🍓 ayant 過去分詞／ étant 過去分詞

(1189) **Ayant atteint** le sommet, ils ont commencé à chanter.

頂上に到達すると、彼らは歌い始めた。

(1190) **[Étant] arriv<u>ées</u>** au sommet, elles ont commencé à remuer nerveusement les genoux.

頂上に到着すると、彼女たちは貧乏揺すりを始めた。

助動詞が être の時は省略されることが多いです。

 ❺ 時を表す il y a

🍓 il y a ... que, ça [cela] fait ... que「～してから～になる」

過去のある時点から現在まで継続していることが、どのくらいの期間継続しているかを表します。動詞は直説法現在形が普通です。

(1191) Il y a cinq ans que j'<u>habite</u> à Kawaguchi. 〔直説法現在形〕

川口に住み始めてから5年になります。

(1192) Il y a cinq ans que <u>je suis venu</u> à Kawaguchi. 〔直説法複合過去形〕

川口に来てから5年になります。

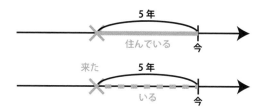

動詞が複合過去形の場合、過去の行為の結果である状態を表していると考えます。この例の場合「川口に来た」という過去の行為➡「川口にいる」過去の行為の結果を表しています。

🍓 il y avait ... que, ça [cela] fait ... que

過去のある時点から、別の過去の時点まで継続したことが、どのくらいの期間継続したかを表します。

(1193) Il y avait cinq ans que j'<u>habitais</u> à Kawaguchi. 〔直説法半過去形〕

川口に住み始めてから5年になっていた。

(1194) Il y avait cinq ans que j'<u>étais venu</u> à Kawaguchi. 〔直説法大過去形〕

川口に来てから5年になっていた。

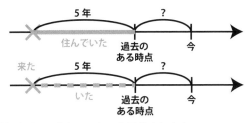

いずれの場合も、現在は川口に住んでいないと予想されます。

 ❻ 時点の表現

何かの出来事が発生した時点を表す最も基本的な前置詞は à ですが、時の表現によっては en を用いたり、前置詞を省略したりします。

(1195) **Le train est arrivé** à 7h38 à Omote-Sando. 〔時刻：à〕

電車は表参道に 7 時 38 分に到着した。

(1196) **Georges est revenu au Japon** le 10 janvier. 〔日付：前置詞なし〕

ジョルジュは 1 月 10 日に日本に戻ってきた。

(1197) **Michèle est rentrée en France** samedi. 〔曜日：前置詞なし〕

ミシェルは土曜日にフランスへ帰った。

> rentrer は、自宅や、出先などから会社へなど、"拠点" となる場所へ戻ること。retrouner は、元いた場所へ戻ること。revenir は、今いる場所へ戻ることを表すよ。

(1198) **Au Japon, l'année scolaire commence** en avril **et finit** en mars. 〔月名：en〕

日本では、学年は 4 月に始まり 3 月に終わる。

(1199) **Les hirondelles reviennent** au printemps. 〔季節名：en、春のみ au〕

ツバメは春に戻ってくる。

(1200) **Soga no Kurayamada no Ishikawa no Maro est mort** en 649. 〔年号：en〕

蘇我倉山田石川麻呂は 649 年に亡くなった。

(1201) **Le réfrigérateur a été inventé** au vingtième siècle. 〔世紀：au〕

冷蔵庫は 20 世紀に発明された。

🐦 **時を表す名詞で、前置詞を付けずに副詞のように用いることができる名詞**

matin, après-midi, soir, nuit, semaine などの時を表す一部の名詞は、前置詞を付けずに副詞のように用いることができます。

(1202) Ce matin, **il a neigé à Limoges.**

今朝、リモージュ（リモージュ焼きで有名）では雪が降った。

(1203) Cette semaine, **Ann ne va pas au club.**　今週、杏は部活に行かない。

「〜頃」の表現

vers ＋時点の表現で「〜頃」を表します。

(1204) **Cet examen finira** vers midi.　この試験は、お昼頃、終了します。

❼「〜前」の表現

il y a ＋時の表現

que がない il y a ＋時の表現は、現在を基準にした「〜前」という過去の時点を表します。

(1205) **La grenouille des fraises a pondu** il y a 5 minutes.

イチゴヤドクガエルは（現在から）5分前に産卵した。

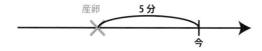

時の表現＋ avant / plus tôt

現在以外を基準にした「〜前」を表します。

(1206) **La grenouille des fraises avait pondu** 5 minutes avant / plus tôt.

イチゴヤドクガエルは（その）5分前に産卵した。

(1207) **Le bus était parti** 5 minutes avant mon arrivée.

バスは私が到着する5分前に出発していた。

avant / plus tôt ＋時の表現

「〜以前」を表します。

(1208) **Ma femme n'est jamais à la maison** avant 23 heures.

妻は23時前にはぜったい家にいない。

 **❽「〜後」の表現**

🍓 dans ＋時の表現
現在を基準にした「〜後」を表します。（🐢 p.116 § 16. ❿）

(1209) Le prochain train pour Ebina partira dans 2 minutes.

次の海老名行きは（今から）２分後に発車します。

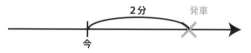

🍓 時の表現＋ après / plus tard
現在以外を基準にした「〜後」を表します。

(1210) Le train pour Ebina partira 2 minutes après.

海老名行きはその２分後に発車します。

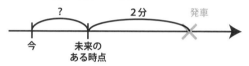

(1211) Le train pour Ebina partira 2 minutes après le train pour Azamino.

海老名行きはあざみ野行きの２分後に発車します。

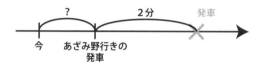

🍓 au bout de ＋時の表現

(1212) Même au bout de huit heures de persuasion, ma femme n'arrête pas de boire.

８時間にも及ぶ説得をしても（←説得でさえ）、妻はお酒をやめない。

> au bout de は、単なる「〜後」というより、示された期間の間、何かが続いたことを表すよ。

🍓 après / plus tard ＋時の表現
「〜以降」を表します。

(1213) Ma femme ne travaille jamais après 14 heures.

妻は 14 時以降はぜったい働かない。

❾「〜から」などの起点の表現

🍓 depuis ＋時の表現

直説法現在形の動詞とともに用いて過去から現在まで何かが継続していることを表すのが最も基本的な用法です。直説法半過去形の動詞とともに用いられると、過去のある時点から別の過去のある時点まで何かが継続したことを表します（今はそうではない）。未来の出来事（例えば「明日から禁煙する」）には使えません。

(1214) Je travaille ici depuis 18 ans.

> 私は 18 年前から（今も）ここで働いている。 p.116 § 16. ⓫

🍓 à partir de ＋時の表現

ある時点から何かが始まることを表します。

(1215) Ma femme répète tous les jours : « À partir de demain, j'arrête de boire.»

> 妻は毎日繰り返し「明日から禁酒する」と言っている。

🍓 dès ＋時の表現

ある時点になるとすぐに何かが始まることを表します。

(1216) Dès l'aube, ma femme boit.

> 夜が明けるとすぐ、妻は酒を飲む。

(1217) Dès maintenant, cliquez ici et vous gagnez 1000 litres de lait à la fraise !

> 今すぐこちらをクリックして、イチゴ牛乳 1000 リットルをゲット！ p.117 § 16. ⓬

> この文、仮定文だけど分かる？ cliquez ici の部分が仮定。et vous gagnez 以降が結果を表しているね（ p.220 § 35.）。

❿「〜まで」などの終点の表現

🍓 jusque ＋時の表現

表された時点まで何かが継続することを表します。

(1218) M. Tanaka doit travailler jusqu'à 23 heures.

> 田中氏は 23 時まで働かなければならない。

(1219) Tu ouvres et fermes le tiroir jusqu'à quand ?

> お前はいつまで引き出しを開けたり閉めたりしてるんだ？ p.118 § 16. ⓭

🍓 pour ＋時点の表現

現在・過去から見て、予定の期限を表します。

(1220) Je finirai de plumer ce poulet pour lundi.

　　月曜までにこのニワトリの毛をむしり終えます。（ p.122 §16. ㉔）

 ⓫ 期間の表現

🍓 pendant / durant ＋時の表現

pendant / durant ＋時の表現は、期間の表現です。

(1221) On a bu et mangé pendant 3 heures.　僕たちは3時間飲み食いした。

 p.120 §16. ㉓

🍓 en ＋時の表現

en ＋時の表現は、所要時間を表します。

(1222) Nous avons atteint Osaka-Umeda en 13 minutes.

　　大阪梅田に13分で到達した。　　 p.112 §16. ❹

🍓 pour ＋期間の表現

pour ＋期間の表現は、現在・過去から見て予定の期間を表します。期間の終了時点が現在以前の場合には、"予定"ではないので、pendant を用います。

(1223) Ce bon de réduction de 0,3% est valable pour 337 ans.

　　この0.3パーセント割引クーポンは、337年間有効です。

(1224) Ce bon de réduction de 80% a été valable pendant 3 minutes.

　　この80パーセント割引クーポンは、3分間有効でした。

§39. 場所の表現

 ❶ 行為が行われる場所、目的地などに関する表現

その場所が町であるか、地方であるか、国であるかなどによって変わります。

🍓 市、町、村など

à を用いるのが普通です。その町の中に住んでいることをはっきり示す場合（「〜市内に」）には dans （🐦 p.115 §16. ⑩）を用います。

(1225) Jean Calvin est mort à Genève.

> ジャン・カルヴァン（キリスト教宗教改革初期の指導者）はジュネーヴで亡くなった。

定冠詞が付く都市名の場合、前置詞 à と縮約（🐦 p.29 §2. ❸）が起こります。

(1226) Le TGV est arrivé au *H*avre. TGV はル・アーヴルに到着した。

> 定冠詞が付く都市名としては、Le *H*avre（ル・アーヴル: フランス北西部の大西洋に面した港湾都市。セーヌ川の河口にある）、Le Mans（ル・マン: フランス西部、パリから1時間ほどの都市。24時間耐久レースで有名）、La Rochelle（ラ・ロシェル: 大西洋に面したフランスの都市）、Le Caire（カイロ: エジプトの首都）、Le Cap（ケープタウン: 南アフリカ共和国の大都市）、La Nouvelle-Orléans（ニューオーリンズ: アメリカ・ルイジアナ州南部にある都市。メキシコ湾に面し、ミシシッピ川の河口に位置。ジャズ発祥の地とされる）などがあるよ。

🍓 県

普通は dans を使います。

(1227) Saint-Tropez est située dans le Var. サントロペはヴァール県に位置する。

(1228) Le tourisme occupe une grande partie de l'activité économique en Savoie. 観光業はサヴォワにおける経済活動において大部分を占めている。

> 原則、en を使うものであっても、何らかの形容詞が付くことによって、前置詞が変わることがあるよ。例えば、「サヴォワで」は en Savoie だけど、「サヴォワ中で」になると、dans toute la Savoie のようになるよ。toute は不定形容詞（🐦 p.50 §6. ❸）だけど、これを付けることによって、定冠詞も必要になるので、前置詞も en ではなく dans に変わるんだ。en の後には原則として無冠詞名詞が来るからね。

🍓 地方、地域

フランスの地方、地域の名には en（🐟 p.112 §16. ❹）を使うのが普通です。

(1229) **Un poulet français sur trois est produit** en Bretagne.

　　フランス産鶏肉の3分の1はブルターニュで生産されている。

🍓 国

　　国名が男性名詞か女性名詞かなどによって異なります。女性名詞の国名と、母音で始まる男性単数名詞の国名の前では en（国名は無冠詞。aller en Russie「ロシアに行く」、habiter en Iran「イランに住んでいる」）、子音で始まる男性名詞の国名の前では au（aller au Japon「日本に行く」、habiter au Portugal「ポルトガルに住んでいる」）、複数名詞の国名の前では aux（aller aux Pays-Bas「オランダに行く」、habiter aux Philippines「フィリピンに住んでいる」）を用います。

(1230) **Picasso est mort** en France.　ピカソはフランスで亡くなった。

> ヨーロッパには女性名詞の国名が多いからか、男性名詞の国名だから本来であれば au を使う Danemark「デンマーク」、Luxembourg「ルクセンブルク」、Portugal「ポルトガル」などに en を用いることもあるんだ。誤用とされているので避けた方がよいけど、将来的には en が「正しい」用法になってしまうかもね。

🍓 五大陸

アジアやアフリカなどの五大州はすべて女性名詞で、en を用いるのが普通です。

(1231) **Le transport à deux roues est populaire** en Afrique.

　　アフリカでは二輪車は人気がある。

🍓 島

無冠詞の島の名には à を用います。

(1232) **Un grand tremblement de terre s'est produit** à Sumatra.

　　大きな地震がスマトラで発生した。

> Malte「マルタ」、Chypre「キプロス」、Rhodes「ロードス」、Madagascar「マダガスカル」、Cuba「キューバ」、Haïti「ハイチ」、Bornéo「ボルネオ」、Sumatra「スマトラ」、Java「ジャワ」などが無冠詞だよ。

冠詞が付く島でも、大きな島には en を用います。小さな島の場合には à の後に冠詞を付けます。

(1233) À la Réunion, **l'esclavage a été aboli en 1848.**

　　レユニオン島では奴隷制度は1848年に廃止された。

 **②位置関係の表現**

🍓 東西南北

ある場所を基準にして、その東/西/南/北に何かがある場合には、à l'est de, à l'ouest de, au sud de, au nord de を用います。ある範囲の中の東部/西部/南部/北部にある場合には、dans l'est de, dans l'ouest de, dans le sud de, dans le nord de を用います。

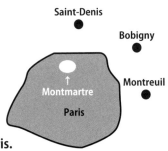

(1234) **Saint-Denis se trouve** au nord de **Paris.**

　　サン・ドニはパリの北にある。

(1235) **Bobigny se trouve** au nord-est de **Paris.**

　　ボビニーはパリの北東にある。

(1236) **Montreuil se trouve** à l'est de **Paris.**

　　モントルイユはパリの北東にある。

(1237) **Montmartre se trouve** dans le nord de **Paris.**

　　モンマルトルはパリの北部にある。

🍓 前後左右

ある場所を基準にして、その前/後/左/右に何かがある場合には、devant（🦅 p.117 §16. ⑬）、derrière（🦅 p.117 §16. ⑭）、à gauche de、à droite de を用います。

(1238) **Amélie est** à gauche de **Bertrand.**　アメリはベルトランの左にいる。

向かい合わせになっている時には en face de を使います。

(1239) **En face de la gare, il y a une statue de panda.**　駅の正面にパンダ像がある。

> この場合、駅の入口とパンダの顔が向かい合っている感じ。Devant la gare になると、パンダ像は駅とは別の方向を向いていてもいいよ。

🍓 上下

ある場所を基準にして、その上/下に何かがある場合には、sur（🦅 p.125 §16. ㉙）、sous（🦅 p.124 §16. ㉘）を使います。

(1240) **Regarde bien ! Il y a un caméléon de Jackson** sous ta chaise.

　　よく見ろ！　お前のイスの下に、ジャクソンカメレオンがいるぞ。

🍓 隣、周辺、中央

(1241) **Antoine est** à côté de **Mireille.**　アントワーヌはミレイユの隣にいる。

(1242) **le saut à l'élastique le moins cher** près de **Paris**

パリの近くで一番安いバンジージャンプ

auprès de は、大切な人などの近くに寄りそうイメージで、物理的に距離が近いだけでなく精神的にも近いイメージがあります。

(1243) **Il reste** auprès de **sa mère.**

彼は母親に寄り添っている。

(1244) **Le Château de Fléchères est le plus grand château ouvert à la visite** aux environs de **Lyon.**　フレシェール城はリヨン近郊で見学できる最大のお城だ。

(1245) **À cause des travaux, circulation interdite** autour de **la Place de la Concorde.**

工事のため、コンコルド広場の周囲は通行禁止。

(1246) **Une statue de Neptune se dresse** au milieu de (au centre de) **la fontaine.**

ネプチューン像が噴水の真ん中（中心）に立っている。

(1247) **Ne cours pas** au milieu de **la route !**　道の真ん中を走っちゃダメだよ。

> 円や四角形などの「中心」は centre、「真ん中」は milieu。線状のものの「真ん中」は milieu と言うことが多いよ。

🦜 方向

(1248) **La voiture roule** vers **la capitale.**　車は首都の方向へ向かっている。

🦜 p.126 § 16. ㉚

> 通りを表す名詞と前置詞
> rue「通り」は、町の中にある通りを表す名詞で、両側に建物が建っているイメージだから、前置詞は dans が付きやすいよ。Les cerfs brament dans la rue.「シカたちが通りで鳴いている」。rue 以外の avenue, chemin, route などには sur が付きやすいかな。Un centre commercial a ouvert sur la route nationale 16.「国道 16 号にショッピングセンターがオープンした」。でも、rue であっても、dans 以外の前置詞が付くことがあるよ。例えば、M. Tanaka est à la rue.「田中氏は路頭に迷っている」。この場合、田中氏は、家やホテルなどではなく、通りにいる感じだね。

§ 40. 非人称構文

非人称構文には、非人称の il しか主語にとらない動詞を使った構文（①）と、非人称の il 以外も主語にとる動詞で非人称の il を主語にする構文（②）の２つがあります。前者は、falloir のみです。

 ❶ 非人称の il しか主語にとらない動詞を使った構文：falloir

(1249) Il _{COI}**me** _V**faut répondre à votre question avant 280 jours.**

280 日以内に、私はあなたの質問に答えなければなりません。

(1250) Il _{COI}**me** _V**faut** _{COD}**280 jours pour répondre à votre question.**

あなたの質問に答えるために、私には 280 日必要です。

 ❷ 非人称の il 以外も主語にとる動詞で非人称の il を主語にする構文

🍓 存在の表現

何か、または誰かが存在することを初めて話題にする時に使うのが il y a の構文です。少し文語的ですが、il est の構文もあります。

(1251) Il y a toujours seize _h_érissons sur ton lit ? 〔avoir〕

君のベッドには、いつもハリネズミが 16 匹いるの？

(1252) Il était une fois une princesse et cent quatre-vingt-cinq becs-en-sabot.

昔々あるところに、お姫さまと 185 羽のハシビロコウがいました。〔être〕

🍓 時、時刻に関する表現

(1253) Il est 18h51. 〔être〕　今、18 時 51 分です。

(1254) Il est temps de boire du lait à la fraise.　今まさにイチゴ牛乳を飲む時だ。

この他：il est tard「遅い」、il est tôt「早い」、il fait jour「夜が明ける」、il fait nuit「夜が更ける」など

🍓 天候に関する表現

(1255) Il fait moins de 10 degrés à Sapporo. 〔faire〕　札幌ではマイナス 10 度。

(1256) Il pleut à torrents seulement sur chez nous. 〔pleuvoir〕

我が家のところだけ、滝のように雨が降っている。

pleuvoir の最も普通の使い方は、非人称の il を主語にして「雨が降る」を表す用法だけど、Les tomates pleuvaient de partout.「そこらじゅうからトマトが降ってきていた」などと言えるよ。スペインのブニョールという町で毎夏に開催される収穫祭の一種のお祭りで、熟したトマトを投げ合うことから日本では「トマト祭」と呼ぶお祭りみたいな場面で使ってみよう。意味上の主語を後に置くこともあるよ: Il pleut des tomates.「トマトが降っている」。

(1257) Il neige à Lille depuis ce matin. 〔neiger〕

リール（フランス北部の都市）では、今朝から雪が降っている。

(1258) Aujourd'hui, il fait bon boire du lait à la fraise.

今日は、イチゴ牛乳を飲むにはいい日和だ。

この他：il fait beau「晴れている」、il fait du brouillard「霧がかかっている」、il fait chaud「暑い」、il fait frais「涼しい」、il fait froid「寒い」、il fait mauvais「天気が悪い」、il fait [du] soleil「日が照っている」、il gèle「ひどく寒い」、il tonne「雷が鳴る」、il vente「風が吹く」など

🐦 発生、出現、欠如などを表す動詞

動詞の後に意味上の主語、つまり発生・出現・欠如したものを表す名詞などが来ます。原則として不特定です。

(1259) Il est arrivé un accident sur la nationale 16. 〔arriver〕

国道 16 号で事故が発生した。

(1260) Il exsite plusieurs restaurants indiens à Koshigaya. 〔exister〕

越谷市にはいくつもインド料理店があります。

(1261) Il manque trente verres. 〔manquer〕　グラスが 30 個足りない。

🐦 il est 形容詞＋ de ＋不定詞

〔de ＋不定詞〕の部分が意味上の主語になっている構文で、日常的にも非常によく使われます。il est の代わりに口語では c'est と言うことがよくあります。

(1262) Il est difficile 意味上の主語 **de prendre une douche avec des rhinocéros.**

サイと一緒にシャワーを浴びるって難しいねぇ。

代名詞 il が出てきたら、すぐに「彼」と訳すのはやめたほうがいいね。「彼」に当たる人がいるか確認してみよう。辞書には非人称動詞としての用法が載っていない動詞でも、非人称構文で使える動詞は、わりと、あるんだ。

§41. 句読点

❶ 終止符（ピリオド）point

平叙文（疑問文や命令文ではない文）の終わりを表したり、略語で後の文字を省略する時に打ちます。また、4桁以上の大きな数で区切り記号としても使われます。日本語とは異なり、小数点にはコンマ（カンマ）を使います（ p.57 §7. ❹）。

(1263) Georges fait la lecture à haute voix.

> ジョルジュは朗読している。

(1264) O.V.N.I. (Objet Volant Non Identifié)

> UFO（未確認飛行物体）

❷ コンマ（カンマ）virgule

文中での小休止を表します。et や ou を用いて3つ以上の要素を並べるとき、最後の要素の直前以外はコンマにします。

(1265) Nous visitons Paris, Lyon et Marseille.

> 私たちはパリ、リヨン、マルセイユを訪問します。

❸ セミコロン point-virgule

コンマ（カンマ）が小休止、ピリオドが大休止を表すとしたら、セミコロンは「中休止」を表します。次の例では、購入するものを、〔野菜〕〔肉・魚〕〔飲み物〕のようにグループ分けしています。セミコロンをコンマ（カンマ）に変えても問題ありません。

(1266) J'achète des tomates, des oignons; de la viande, du poisson; du café et du vin.

> 私はトマト、玉ねぎ、肉、魚、コーヒー、ワインを買う。

❹ コロン deux-points

セミコロンは区切るために使われますが、コロンは逆につなぐために使います。コロンの左右が意味上つながっているのが普通で、多くの場合、コロンより前で述べたことを、コロンの後で補足します。

(1267) **Elle est absente aujourd'hui : elle est malade.**

彼女は今日欠席だ。病気なのだ。

❺ 休止符（中断符）points de suspension

ピリオドを3個並べて打ち、文の中断・未完結を表します。

(1268) **Il était une fois...** むかしむかしあるところに…

❻ 疑問符 point d'interrogation

直接疑問文（☞ p.187 §27. ❻）の文末で用います。

(1269) **Damien m'a demandé : « Tu es libre ? »**

ダミアンは私に「ヒマ？」と尋ねた。

❼ 感嘆符 point d'exclamation

感嘆文や、口調の強い命令文などで使います。

(1270) **Le maître nous a dit : « Taisez-vous ! »** 先生は私たちに「しずかに！」と言った。

❽ ダッシュ tiret

会話文で話し手が変わったことや、補足的説明などの挿入を表します。

(1271) **Ça va ? — Ouais, ça va. Et toi ? — Ouais.**

「元気？」「うーん、まあ。君は？」「うーん、まあ」

ouais は oui のくだけた形で、oui に比べてはっきりと「はい」とは言えない時に使うよ。困惑だったり疑念があることも。

❾ 引用符 guillemets

直接話法（ p.180 §27.）のセリフを表すのが基本的な用法ですが、何かの表現を通常とは異なる意味で用いる場合などにも使うことがあります。次の文の場合には、「よく」と言いながら実際にはよくない感じ、つまり皮肉を言っている感じがします。

(1272) **Ma femme a dit :** « **À table !** »

妻は「めしー！」と言った。

(1273) **Vous avez** « **bien** » **travaillé.**

皆さん、よく勉強しましたね。

> 書き取り（ディクテーション）では、引用符を開く時 Ouvrez les guillemets、閉じる時 Fermez les guillemets という指示が出るよ。ちなみに、改行は à la ligne。

❿ その他の記号

丸括弧	( )	parenthèses
カギ括弧	[ ]	crochets
ハイフン	-	trait-d'union
アンダーバー	_	tiret bas, sous-tiret
アットマーク	@	arobase, arobas
スラッシュ	／	barre oblique
シャープ	#	croisillon
アステリスク	*	astérisque, étoile
大文字	ABC	majuscules
小文字	abc	minuscules
全角	Ａ Ｂ Ｃ	pleine chasse
半角	ABC	demi chasse

※本書に登場する「妻」はすべてフィクションです。

動詞活用表

abattre ㉑
accourir ⑭
acheter ⑦
achever ⑦
admettre ⑳
aller ⑫
annoncer ⑤
apercevoir ㊵
apparaître ㉕
appartenir ⑰
appeler ⑧
apprendre ㊱
arranger ⑥
s'asseoir ㊴
atteindre ㉟
attendre ⑲
avancer ⑤
avoir ①
battre ㉑
boire ㊲
céder ⑨
changer ⑥
chanter ③
charger ⑥
combattre ㉑
commencer ⑤
commettre ⑳
comprendre ㊱
concevoir ㊵
conduire ㉗
connaître ㉕
construire ㉗
convenir ⑰
courir ⑭
couvrir ⑱
craindre ㉟
croire ㉞

danser ③
découvrir ⑱
décrire ㉔
défaire ㉜
défendre ⑲
déplaire ㉚
descendre ⑲
détruire ㉗
devenir ⑰
devoir ㊶
dire ㉛
dormir ⑬
écrire ㉔
effacer ⑤
élire ㉙
employer ⑩
endormir ⑬
s'enfuir ⑮
engager ⑥
entendre ⑲
envoyer ⑪
espérer ⑨
éteindre ㉟
être ②
faire ㉜
falloir ㊻
finir ④
fuir ⑮
inscrire ㉔
introduire ㉗
jeter ⑧
joindre ㉟
lever ⑦
lire ㉙
maintenir ⑰
manger ⑥
mener ⑦

mettre ⑳
mourir ⑯
nager ⑥
naître ㉖
nuire ㉗
obliger ⑥
obtenir ⑰
offrir ⑱
opérer ⑨
ouvrir ⑱
paraître ㉕
parcourir ⑭
partir ⑬
peindre ㉟
perdre ⑲
permettre ⑳
placer ⑤
plaindre ㉟
plaire ㉚
pleuvoir ㊼
poursuivre ㉒
pouvoir ㊷
préférer ⑨
prendre ㊱
prétendre ⑲
produire ㉗
promettre ⑳
provenir ⑰
rappeler ⑧
recevoir ㊵
reconnaître ㉕
redire ㉛
refaire ㉜
rejoindre ㉟
relire ㉙
remettre ⑳
renaître ㉖

rendre ⑲
renoncer ⑤
renvoyer ⑪
se repentir ⑬
répéter ⑨
répondre ⑲
retenir ⑰
revenir ⑰
revoir ㊳
rire ㉝
satisfaire ㉜
savoir ㊹
secourir ⑭
sentir ⑬
servir ⑬
sortir ⑬
souffrir ⑱
soumettre ⑳
sourire ㉝
soutenir ⑰
se souvenir ⑰
suffire ㉘
suivre ㉒
surprendre ㊱
taire ㉚
tendre ⑲
tenir ⑰
traduire ㉗
valoir ㊺
vendre ⑲
venir ⑰
vivre ㉓
voir ㊳
vouloir ㊸

	直説法現在	直説法半過去	直説法単純過去	直説法単純未来
❶ AVOIR ayant eu [y] 持つ、 持っている	j'ai tu as il a nous avons vous avez ils ont	j'avais tu avais il avait nous avions vous aviez ils avaient	j'eus tu eus il eut nous eûmes vous eûtes ils eurent	j'aurai tu auras il aura nous aurons vous aurez ils auront
❷ ÊTRE étant été ある、いる	je suis tu es il est nous sommes vous êtes ils sont	j'étais tu étais il était nous étions vous étiez ils étaient	je fus tu fus il fut nous fûmes vous fûtes ils furent	je serai tu seras il sera nous serons vous serez ils seront
❸ DANSER dansant dansé 踊る	je danse tu danses il danse nous dansons vous dansez ils dansent	je dansais tu dansais il dansait nous dansions vous dansiez ils dansaient	je dansai tu dansas il dansa nous dansâmes vous dansâtes ils dansèrent	je danserai tu danseras il dansera nous danserons vous danserez ils danseront
❹ FINIR finissant fini 終わる、 終える	je finis tu finis il finit nous finissons vous finissez ils finissent	je finissais tu finissais il finissait nous finissions vous finissiez ils finissaient	je finis tu finis il finit nous finîmes vous finîtes ils finirent	je finirai tu finiras il finira nous finirons vous finirez ils finiront
❺ PLACER plaçant placé 置く	je place tu places il place nous plaçons vous placez ils placent	je plaçais tu plaçais il plaçait nous placions vous placiez ils plaçaient	je plaçai tu plaças il plaça nous plaçâmes vous plaçâtes ils placèrent	je placerai tu placeras il placera nous placerons vous placerez ils placeront
❻ MANGER mangeant mangé 食べる	je mange tu manges il mange nous mangeons vous mangez ils mangent	je mangeais tu mangeais il mangeait nous mangions vous mangiez ils mangeaient	je mangeai tu mangeas il mangea nous mangeâmes vous mangeâtes ils mangèrent	je mangerai tu mangeras il mangera nous mangerons vous mangerez ils mangeront
❼ ACHETER achetant acheté 買う	j'achète tu achètes il achète nous achetons vous achetez ils achètent	j'achetais tu achetais il achetait nous achetions vous achetiez ils achetaient	j'achetai tu achetas il acheta nous achetâmes vous achetâtes ils achetèrent	j'achèterai tu achèteras il achètera nous achèterons vous achèterez ils achèteront
❽ APPELER appelant appelé 呼ぶ	j'appelle tu appelles il appelle nous appelons vous appelez ils appellent	j'appelais tu appelais il appelait nous appelions vous appeliez ils appelaient	j'appelai tu appelas il appela nous appelâmes vous appelâtes ils appelèrent	j'appellerai tu appelleras il appellera nous appellerons vous appellerez ils appelleront

条件法現在	接続法現在	命令法現在	備考
j'aurais tu aurais il aurait nous aurions vous auriez ils auraient	j'aie tu aies il ait nous ayons vous ayez ils aient	aie ayons ayez	
je serais tu serais il serait nous serions vous seriez ils seraient	je sois tu sois il soit nous soyons vous soyez ils soient	sois soyons soyez	
je danserais tu danserais il danserait nous danserions vous danseriez ils danseraient	je danse tu danses il danse nous dansions vous dansiez ils dansent	danse dansons dansez	第一群規則動詞
je finirais tu finirais il finirait nous finirions vous finiriez ils finiraient	je finisse tu finisses il finisse nous finissions vous finissiez ils finissent	finis finissons finissez	第二群規則動詞
je placerais tu placerais il placerait nous placerions vous placeriez ils placeraient	je place tu places il place nous placions vous placiez ils placent	place plaçons placez	〔同型〕 annoncer, avancer, commencer, effacer, renoncer など、 -CER 型の動詞
je mangerais tu mangerais il mangerait nous mangerions vous mangeriez ils mangeraient	je mange tu manges il mange nous mangions vous mangiez ils mangent	mange mangeons mangez	〔同型〕 arranger, changer, charger, engager, nager, obliger など、 -GER 型の動詞
j'achèterais tu achèterais il achèterait nous achèterions vous achèteriez ils achèteraient	j'achète tu achètes il achète nous achetions vous achetiez ils achètent	achète achetons achetez	〔同型〕 achever, lever, mener など、 -e+ 子音 + ER 型の動詞 (je lève, nous levons)
j'appellerais tu appellerais il appellerait nous appellerions vous appelleriez ils appelleraient	j'appelle tu appelles il appelle nous appelions vous appeliez ils appellent	appelle appelons appelez	〔同型〕 jeter, rappeler など、 -ETER, -ELER 型の動詞 (je jette, nous jetons)

	直説法現在	直説法半過去	直説法単純過去	直説法単純未来
❾ PRÉFÉRER préférant préféré 〜を好む	je préfère tu préfères il préfère nous préférons vous préférez ils préfèrent	je préférais tu préférais il préférait nous préférions vous préfériez ils préféraient	je préférai tu préféras il préféra nous préférâmes vous préférâtes ils préférèrent	je préférerai tu préféreras il préférera nous préférerons vous préférerez ils préféreront
❿ EMPLOYER employant employé 使う	j'emploie tu emploies il emploie nous employons vous employez ils emploient	j'employais tu employais il employait nous employions vous employiez ils employaient	j'employai tu employas il employa nous employâmes vous employâtes ils employèrent	j'emploierai tu emploieras il emploiera nous emploierons vous emploierez ils emploieront
⓫ ENVOYER envoyant envoyé 送る	j'envoie tu envoies il envoie nous envoyons vous envoyez ils envoient	j'envoyais tu envoyais il envoyait nous envoyions vous envoyiez ils envoyaient	j'envoyai tu envoyas il envoya nous envoyâmes vous envoyâtes ils envoyèrent	j'enverrai tu enverras il enverra nous enverrons vous enverrez ils enverront
⓬ ALLER allant allé 行く 〔助動詞 être〕	je vais tu vas il va nous allons vous allez ils vont	j'allais tu allais il allait nous allions vous alliez ils allaient	j'allai tu allas il alla nous allâmes vous allâtes ils allèrent	j'irai tu iras il ira nous irons vous irez ils iront
⓭ PARTIR partant parti 出発する 〔助動詞 être〕	je pars tu pars il part nous partons vous partez ils partent	je partais tu partais il partait nous partions vous partiez ils partaient	je partis tu partis il partit nous partîmes vous partîtes ils partirent	je partirai tu partiras il partira nous partirons vous partirez ils partiront
⓮ COURIR courant couru 走る	je cours tu cours il court nous courons vous courez ils courent	je courais tu courais il courait nous courions vous couriez ils couraient	je courus tu courus il courut nous courûmes vous courûtes ils coururent	je courrai tu courras il courra nous courrons vous courrez ils courront
⓯ FUIR fuyant fui 逃げる	je fuis tu fuis il fuit nous fuyons vous fuyez ils fuient	je fuyais tu fuyais il fuyait nous fuyions vous fuyiez ils fuyaient	je fuis tu fuis il fuit nous fuîmes vous fuîtes ils fuirent	je fuirai tu fuiras il fuira nous fuirons vous fuirez ils fuiront
⓰ MOURIR mourant mort 死ぬ 〔助動詞 être〕	je meurs tu meurs il meurt nous mourons vous mourez ils meurent	je mourais tu mourais il mourait nous mourions vous mouriez ils mouraient	je mourus tu mourus il mourut nous mourûmes vous mourûtes ils moururent	je mourrai tu mourras il mourra nous mourrons vous mourrez ils mourront

条件法現在	接続法現在	命令法現在	備　考
je préférerais tu préférerais il préférerait nous préférerions vous préféreriez ils préféreraient	je préfère tu préfères il préfère nous préférions vous préfériez ils préfèrent	préfère préférons préférez	〔同型〕**céder, espérer, opérer, répéter** など、-é＋子音＋ER 型の動詞
j'emploierais tu emploierais il emploierait nous emploierions vous emploieriez ils emploieraient	j'emploie tu emploies il emploie nous employions vous employiez ils emploient	emploie employons employez	〔同型〕-OYER, -UYER, -AYER の動詞
j'enverrais tu enverrais il enverrait nous enverrions vous enverriez ils enverraient	j'envoie tu envoies il envoie nous envoyions vous envoyiez ils envoient	envoie envoyons envoyez	〔同型〕**renvoyer**
j'irais tu irais il irait nous irions vous iriez ils iraient	j'aille tu ailles il aille nous allions vous alliez ils aillent	va allons allez	
je partirais tu partirais il partirait nous partirions vous partiriez ils partiraient	je parte tu partes il parte nous partions vous partiez ils partent	pars partons partez	〔同型〕**dormir, endormir, se repentir, sentir, servir, sortir**
je courrais tu courrais il courrait nous courrions vous courriez ils courraient	je coure tu coures il coure nous courions vous couriez ils courent	cours courons courez	〔同型〕**accourir, parcourir, secourir**
je fuirais tu fuirais il fuirait nous fuirions vous fuiriez ils fuiraient	je fuie tu fuies il fuie nous fuyions vous fuyiez ils fuient	fuis fuyons fuyez	〔同型〕**s'enfuir**
je mourrais tu mourrais il mourrait nous mourrions vous mourriez ils mourraient	je meure tu meures il meure nous mourions vous mouriez ils meurent	meurs mourons mourez	

	直説法現在	直説法半過去	直説法単純過去	直説法単純未来
⑰ VENIR venant venu 来る 〔助動詞 être〕	je viens tu viens il vient nous venons vous venez ils viennent	je venais tu venais il venait nous venions vous veniez ils venaient	je vins tu vins il vint nous vînmes vous vîntes ils vinrent	je viendrai tu viendras il viendra nous viendrons vous viendrez ils viendront
⑱ OUVRIR ouvrant ouvert 開ける、開く	j'ouvre tu ouvres il ouvre nous ouvrons vous ouvrez ils ouvrent	j'ouvrais tu ouvrais il ouvrait nous ouvrions vous ouvriez ils ouvraient	j'ouvris tu ouvris il ouvrit nous ouvrîmes vous ouvrîtes ils ouvrirent	j'ouvrirai tu ouvriras il ouvrira nous ouvrirons vous ouvrirez ils ouvriront
⑲ RENDRE rendant rendu 返す	je rends tu rends il rend nous rendons vous rendez ils rendent	je rendais tu rendais il rendait nous rendions vous rendiez ils rendaient	je rendis tu rendis il rendit nous rendîmes vous rendîtes ils rendirent	je rendrai tu rendras il rendra nous rendrons vous rendrez ils rendront
⑳ METTRE mettant mis 置く	je mets tu mets il met nous mettons vous mettez ils mettent	je mettais tu mettais il mettait nous mettions vous mettiez ils mettaient	je mis tu mis il mit nous mîmes vous mîtes ils mirent	je mettrai tu mettras il mettra nous mettrons vous mettrez ils mettront
㉑ BATTRE battant battu 打つ	je bats tu bats il bat nous battons vous battez ils battent	je battais tu battais il battait nous battions vous battiez ils battaient	je battis tu battis il battit nous battîmes vous battîtes ils battirent	je battrai tu battras il battra nous battrons vous battrez ils battront
㉒ SUIVRE suivant suivi ついていく	je suis tu suis il suit nous suivons vous suivez ils suivent	je suivais tu suivais il suivait nous suivions vous suiviez ils suivaient	je suivis tu suivis il suivit nous suivîmes vous suivîtes ils suivirent	je suivrai tu suivras il suivra nous suivrons vous suivrez ils suivront
㉓ VIVRE vivant vécu 生きる	je vis tu vis il vit nous vivons vous vivez ils vivent	je vivais tu vivais il vivait nous vivions vous viviez ils vivaient	je vécus tu vécus il vécut nous vécûmes vous vécûtes ils vécurent	je vivrai tu vivras il vivra nous vivrons vous vivrez ils vivront
㉔ ÉCRIRE écrivant écrit 書く	j'écris tu écris il écrit nous écrivons vous écrivez ils écrivent	j'écrivais tu écrivais il écrivait nous écrivions vous écriviez ils écrivaient	j'écrivis tu écrivis il écrivit nous écrivîmes vous écrivîtes ils écrivirent	j'écrirai tu écriras il écrira nous écrirons vous écrirez ils écriront

条件法現在	接続法現在	命令法現在	備 考
je viendrais tu viendrais il viendrait nous viendrions vous viendriez ils viendraient	je vienne tu viennes il vienne nous venions vous veniez ils viennent	 viens venons venez	〔同型〕convenir, devenir, provenir, revenir, se souvenir, tenir, appartenir, maintenir, obtenir, retenir, soutenir
j'ouvrirais tu ouvrirais il ouvrirait nous ouvririons vous ouvririez ils ouvriraient	j'ouvre tu ouvres il ouvre nous ouvrions vous ouvriez ils ouvrent	 ouvre ouvrons ouvrez	〔同型〕couvrir, découvrir, offrir, souffrir
je rendrais tu rendrais il rendrait nous rendrions vous rendriez ils rendraient	je rende tu rendes il rende nous rendions vous rendiez ils rendent	 rends rendons rendez	〔同型〕attendre, défendre, descendre, entendre, perdre, prétendre, répondre, tendre, vendre
je mettrais tu mettrais il mettrait nous mettrions vous mettriez ils mettraient	je mette tu mettes il mette nous mettions vous mettiez ils mettent	 mets mettons mettez	〔同型〕admettre, commettre, permettre, promettre, remettre, soumettre
je battrais tu battrais il battrait nous battrions vous battriez ils battraient	je batte tu battes il batte nous battions vous battiez ils battent	 bats battons battez	〔同型〕abattre, combattre
je suivrais tu suivrais il suivrait nous suivrions vous suivriez ils suivraient	je suive tu suives il suive nous suivions vous suiviez ils suivent	 suis suivons suivez	〔同型〕poursuivre
je vivrais tu vivrais il vivrait nous vivrions vous vivriez ils vivraient	je vive tu vives il vive nous vivions vous viviez ils vivent	 vis vivons vivez	
j'écrirais tu écrirais il écrirait nous écririons vous écririez ils écriraient	j'écrive tu écrives il écrive nous écrivions vous écriviez ils écrivent	 écris écrivons écrivez	〔同型〕décrire, inscrire

	直説法現在	直説法半過去	直説法単純過去	直説法単純未来
㉕ CONNAÎTRE connaissant connu 知る、 知っている	je connais tu connais il connaît nous connaissons vous connaissez ils connaissent	je connaissais tu connaissais il connaissait nous connaissions vous connaissiez ils connaissaient	je connus tu connus il connut nous connûmes vous connûtes ils connurent	je connaîtrai tu connaîtras il connaîtra nous connaîtrons vous connaîtrez ils connaîtront
㉖ NAÎTRE naissant né 生まれる 〔助動詞 être〕	je nais tu nais il naît nous naissons vous naissez ils naissent	je naissais tu naissais il naissait nous naissions vous naissiez ils naissaient	je naquis tu naquis il naquit nous naquîmes vous naquîtes ils naquirent	je naîtrai tu naîtras il naîtra nous naîtrons vous naîtrez ils naîtront
㉗ CONDUIRE conduisant conduit 導く、運転する	je conduis tu conduis il conduit nous conduisons vous conduisez ils conduisent	je conduisais tu conduisais il conduisait nous conduisions vous conduisiez ils conduisaient	je conduisis tu conduisis il conduisit nous conduisîmes vous conduisîtes ils conduisirent	je conduirai tu conduiras il conduira nous conduirons vous conduirez ils conduiront
㉘ SUFFIRE suffisant suffi 足りる	je suffis tu suffis il suffit nous suffisons vous suffisez ils suffisent	je suffisais tu suffisais il suffisait nous suffisions vous suffisiez ils suffisaient	je suffis tu suffis il suffit nous suffîmes vous suffîtes ils suffirent	je suffirai tu suffiras il suffira nous suffirons vous suffirez ils suffiront
㉙ LIRE lisant lu 読む	je lis tu lis il lit nous lisons vous lisez ils lisent	je lisais tu lisais il lisait nous lisions vous lisiez ils lisaient	je lus tu lus il lut nous lûmes vous lûtes ils lurent	je lirai tu liras il lira nous lirons vous lirez ils liront
㉚ PLAIRE plaisant plu 気に入る	je plais tu plais il plaît nous plaisons vous plaisez ils plaisent	je plaisais tu plaisais il plaisait nous plaisions vous plaisiez ils plaisaient	je plus tu plus il plut nous plûmes vous plûtes ils plurent	je plairai tu plairas il plaira nous plairons vous plairez ils plairont
㉛ DIRE disant dit 言う	je dis tu dis il dit nous disons vous dites ils disent	je disais tu disais il disait nous disions vous disiez ils disaient	je dis tu dis il dit nous dîmes vous dîtes ils dirent	je dirai tu diras il dira nous dirons vous direz ils diront
㉜ FAIRE faisant [f(ə)z-] fait する、作る	je fais tu fais il fait nous faisons [f(ə)z-] vous faites ils font	je faisais [f(ə)z-] tu faisais il faisait nous faisions vous faisiez ils faisaient	je fis tu fis il fit nous fîmes vous fîtes ils firent	je ferai tu feras il fera nous ferons vous ferez ils feront

条件法現在	接続法現在	命令法現在	備 考
je connaîtrais tu connaîtrais il connaîtrait nous connaîtrions vous connaîtriez ils connaîtraient	je connaisse tu connaisses il connaisse nous connaissions vous connaissiez ils connaissent	connais connaissons connaissez	〔同型〕 **reconnaître, paraître, apparaître** t の前の i は î
je naîtrais tu naîtrais il naîtrait nous naîtrions vous naîtriez ils naîtraient	je naisse tu naisses il naisse nous naissions vous naissiez ils naissent	nais naissons naissez	〔同型〕 **renaître** t の前の i は î
je conduirais tu conduirais il conduirait nous conduirions vous conduiriez ils conduiraient	je conduise tu conduises il conduise nous conduisions vous conduisiez ils conduisent	conduis conduisons conduisez	〔同型〕 **introduire, nuire, produire, traduire, construire, détruire**
je suffirais tu suffirais il suffirait nous suffirions vous suffiriez ils suffiraient	je suffise tu suffises il suffise nous suffisions vous suffisiez ils suffisent	suffis suffisons suffisez	
je lirais tu lirais il lirait nous lirions vous liriez ils liraient	je lise tu lises il lise nous lisions vous lisiez ils lisent	lis lisons lisez	〔同型〕 **élire, relire**
je plairais tu plairais il plairait nous plairions vous plairiez ils plairaient	je plaise tu plaises il plaise nous plaisions vous plaisiez ils plaisent	plais plaisons plaisez	〔同型〕 **déplaire, taire *** * ただし、taire の直説法現在 il は il tait
je dirais tu dirais il dirait nous dirions vous diriez ils diraient	je dise tu dises il dise nous disions vous disiez ils disent	dis disons dites	〔同型〕 **redire**
je ferais tu ferais il ferait nous ferions vous feriez ils feraient	je fasse tu fasses il fasse nous fassions vous fassiez ils fassent	fais faisons [f(ə)z-] faites	〔同型〕 **défaire, refaire, satisfaire**

	直説法現在	直説法半過去	直説法単純過去	直説法単純未来
❸❸ RIRE riant ri 笑う	je ris tu ris il rit nous rions vous riez ils rient	je riais tu riais il riait nous riions vous riiez ils riaient	je ris tu ris il rit nous rîmes vous rîtes ils rirent	je rirai tu riras il rira nous rirons vous rirez ils riront
❸❹ CROIRE croyant cru 思う、信じる	je crois tu crois il croit nous croyons vous croyez ils croient	je croyais tu croyais il croyait nous croyions vous croyiez ils croyaient	je crus tu crus il crut nous crûmes vous crûtes ils crurent	je croirai tu croiras il croira nous croirons vous croirez ils croiront
❸❺ CRAINDRE craignant craint 恐れる	je crains tu crains il craint nous craignons vous craignez ils craignent	je craignais tu craignais il craignait nous craignions vous craigniez ils craignaient	je craignis tu craignis il craignit nous craignîmes vous craignîtes ils craignirent	je craindrai tu craindras il craindra nous craindrons vous craindrez ils craindront
❸❻ PRENDRE prenant pris とる	je prends tu prends il prend nous prenons vous prenez ils prennent	je prenais tu prenais il prenait nous prenions vous preniez ils prenaient	je pris tu pris il prit nous prîmes vous prîtes ils prirent	je prendrai tu prendras il prendra nous prendrons vous prendrez ils prendront
❸❼ BOIRE buvant bu 飲む	je bois tu bois il boit nous buvons vous buvez ils boivent	je buvais tu buvais il buvait nous buvions vous buviez ils buvaient	je bus tu bus il but nous bûmes vous bûtes ils burent	je boirai tu boiras il boira nous boirons vous boirez ils boiront
❸❽ VOIR voyant vu 見る	je vois tu vois il voit nous voyons vous voyez ils voient	je voyais tu voyais il voyait nous voyions vous voyiez ils voyaient	je vis tu vis il vit nous vîmes vous vîtes ils virent	je verrai tu verras il verra nous verrons vous verrez ils verront
❸❾ S'ASSEOIR(1) s'asseyant assis 座る 〔助動詞 être〕	je m'assieds tu t'assieds il s'assied nous nous asseyons vous vous asseyez ils s'asseyent	je m'asseyais tu t'asseyais il s'asseyait nous nous asseyions vous vous asseyiez ils s'asseyaient	je m'assis tu t'assis il s'assit nous nous assîmes vous vous assîtes ils s'assirent	je m'assiérai tu t'assiéras il s'assiéra nous nous assiérons vous vous assiérez ils s'assiéront
❸❾ S'ASSEOIR(2) s'assoyant assis 座る 〔助動詞 être〕	je m'assois tu t'assois il s'assoit nous nous assoyons vous vous assoyez ils s'assoient	je m'assoyais tu t'assoyais il s'assoyait nous nous assoyions vous vous assoyiez ils s'assoyaient	je m'assis tu t'assis il s'assit nous nous assîmes vous vous assîtes ils s'assirent	je m'assoirai tu t'assoiras il s'assoira nous nous assoirons vous vous assoirez ils s'assoiront

条件法現在	接続法現在	命令法現在	備　考
je rirais tu rirais il rirait nous ririons vous ririez ils riraient	je rie tu ries il rie nous riions vous riiez ils rient	ris rions riez	〔同型〕 sourire
je croirais tu croirais il croirait nous croirions vous croiriez ils croiraient	je croie tu croies il croie nous croyions vous croyiez ils croient	crois croyons croyez	
je craindrais tu craindrais il craindrait nous craindrions vous craindriez ils craindraient	je craigne tu craignes il craigne nous craignions vous craigniez ils craignent	crains craignons craignez	〔同型〕 plaindre, atteindre (j'atteins, nous atteignons), éteindre, peindre, joindre (je joinds, nous joignons), rejoindre
je prendrais tu prendrais il prendrait nous prendrions vous prendriez ils prendraient	je prenne tu prennes il prenne nous prenions vous preniez ils prennent	prends prenons prenez	〔同型〕 apprendre, comprendre, surprendre
je boirais tu boirais il boirait nous boirions vous boiriez ils boiraient	je boive tu boives il boive nous buvions vous buviez ils boivent	bois buvons buvez	
je verrais tu verrais il verrait nous verrions vous verriez ils verraient	je voie tu voies il voie nous voyions vous voyiez ils voient	vois voyons voyez	〔同型〕 revoir
je m'assiérais tu t'assiérais il s'assiérait nous nous assiérions vous vous assiériez ils s'assiéraient	je m'asseye tu t'asseyes il s'asseye nous nous asseyions vous vous asseyiez ils s'asseyent	assieds-toi asseyons-nous asseyez-vous	
je m'assoirais tu t'assoirais il s'assoirait nous nous assoirions vous vous assoiriez ils s'assoiraient	je m'assoie tu t'assoies il s'assoie nous nous assoyions vous vous assoyiez ils s'assoient	assois-toi assoyons-nous assoyez-vous	

	直説法現在	直説法半過去	直説法単純過去	直説法単純未来
⑩ RECEVOIR recevant reçu 受け取る	je reçois tu reçois il reçoit nous recevons vous recevez ils reçoivent	je recevais tu recevais il recevait nous recevions vous receviez ils recevaient	je reçus tu reçus il reçut nous reçûmes vous reçûtes ils reçurent	je recevrai tu recevras il recevra nous recevrons vous recevrez ils recevront
⑪ DEVOIR devant dû, due, dus, dues 〔義務〕〔推量〕	je dois tu dois il doit nous devons vous devez ils doivent	je devais tu devais il devait nous devions vous deviez ils devaient	je dus tu dus il dut nous dûmes vous dûtes ils durent	je devrai tu devras il devra nous devrons vous devrez ils devront
⑫ POUVOIR pouvant pu 〔可能〕	je peux tu peux il peut nous pouvons vous pouvez ils peuvent	je pouvais tu pouvais il pouvait nous pouvions vous pouviez ils pouvaient	je pus tu pus il put nous pûmes vous pûtes ils purent	je pourrai tu pourras il pourra nous pourrons vous pourrez ils pourront
⑬ VOULOIR voulant voulu 〔願望〕	je veux tu veux il veut nous voulons vous voulez ils veulent	je voulais tu voulais il voulait nous voulions vous vouliez ils voulaient	je voulus tu voulus il voulut nous voulûmes vous voulûtes ils voulurent	je voudrai tu voudras il voudra nous voudrons vous voudrez ils voudront
⑭ SAVOIR sachant su 知る、知っている	je sais tu sais il sait nous savons vous savez ils savent	je savais tu savais il savait nous savions vous saviez ils savaient	je sus tu sus il sut nous sûmes vous sûtes ils surent	je saurai tu sauras il saura nous saurons vous saurez ils sauront
⑮ VALOIR valant valu 価値がある	je vaux tu vaux il vaut nous valons vous valez ils valent	je valais tu valais il valait nous valions vous valiez ils valaient	je valus tu valus il valut nous valûmes vous valûtes ils valurent	je vaudrai tu vaudras il vaudra nous vaudrons vous vaudrez ils vaudront
⑯ FALLOIR - - - fallu 〔必要〕	il faut	il fallait	il fallut	il faudra
⑰ PLEUVOIR pleuvant plu 雨が降る	il pleut (ils pleuvent)	il pleuvait (ils pleuvaient)	il plut (ils plurent)	il pleuvra (ils pleuvront)

条件法現在	接続法現在	命令法現在	備　考
je recevrais tu recevrais il recevrait nous recevrions vous recevriez ils recevraient	je reçoive tu reçoives il reçoive nous recevions vous receviez ils reçoivent	 reçois recevons recevez	〔同型〕**apercevoir, concevoir**
je devrais tu devrais il devrait nous devrions vous devriez ils devraient	je doive tu doives il doive nous devions vous deviez ils doivent	 dois devons devez	
je pourrais tu pourrais il pourrait nous pourrions vous pourriez ils pourraient	je puisse tu puisses il puisse nous puissions vous puissiez ils puissent	- - -	
je voudrais tu voudrais il voudrait nous voudrions vous voudriez ils voudraient	je veuille tu veuilles il veuille nous voulions vous vouliez ils veuillent	 veuille/veux veuillons/voulons veuillez/voulez	
je saurais tu saurais il saurait nous saurions vous sauriez ils sauraient	je sache tu saches il sache nous sachions vous sachiez ils sachent	 sache sachons sachez	
je vaudrais tu vaudrais il vaudrait nous vaudrions vous vaudriez ils vaudraient	je vaille tu vailles il vaille nous valions vous valiez ils vaillent	 vaux valons valez	
il faudrait	il faille	- - -	
il pleuvrait (ils pleuvraient)	il pleuve (ils pleuvent)	- - -	3人称複数形については p.249 例文 (1256) の「ワンポイント解説」

和文索引

266

De quelle couleur sont les yeux de ton bec-en-sabot ?

著者紹介
田中善英（たなか・よしひで）
　獨協大学外国語学部フランス語学科教授。専門は、フランス語の文法、コンピュータ等を用いた外国語教育、社会言語学（特に話者の少ない言語の維持政策）。イチゴ牛乳と鳥好き。特にハシビロコウが好きで、ぬいぐるみから LINE のスタンプまで、ハシビロコウグッズを集めることが趣味。
　著書：『1 日 5 題文法ドリル　つぶやきのフランス語』（白水社）

みんなの疑問に答える　つぶやきのフランス語文法

2022 年 4 月 15 日　印刷
2022 年 5 月 10 日　発行

著　者 ©　田　中　善　英
発行者　　　及　川　直　志
印　刷　　株式会社精興社

101-0052 東京都千代田区神田小川町 3 の 24
電話 03-3291-7811（営業部），7821（編集部）
www.hakusuisha.co.jp
発行所　　　　　　　　　　　　　株式会社　白水社
乱丁・落丁本は、送料小社負担にてお取り替えいたします。

振替 00190-5-33228　　Printed in Japan　　加瀬製本

ISBN978-4-560-08936-1

■白水社■

文法が身につき、日常生活で使える 1500 題

1日5題文法ドリル
つぶやきのフランス語

田中善英 [著]

ツイッターから生まれた，愉快なフランス語ドリル．日
常生活で使える 60 課，全 1500 題．1 日 5 題ずつ練習する
と，約 1 年でフランス語の基本的な文法事項をひと通り
カバーできます．それぞれの設問は，使ってみたい，人
に教えたいフランス語フレーズばかりですので，毎日飽
きずに進めることができます．解答と合わせて，学習者
の理解を助けるワンポイント解説も多数掲載．ハシビロ
コウが何度も登場する，肩の凝らないフランス語練習問
題で，初級を突破！

◇四六判　247 頁